槐廳載筆

[清] 法式善 撰
王慧穎 點校

圖書在版編目（CIP）數據

槐廳載筆 /（清）法式善撰；王慧穎點校 . -- 重慶：西南大學出版社, 2023.12
ISBN 978-7-5697-1962-8

Ⅰ.①槐… Ⅱ.①法… ②王… Ⅲ.①科舉考試－中國－清代－文集 Ⅳ.①D691.46-53

中國國家版本館CIP數據核字(2023)第166720號

槐廳載筆
HUAITING ZAIBI

[清]法式善　撰
王慧穎　點校

責任編輯：張　昊
責任校對：李　君
特約校對：鄭祖藝
裝幀設計：散點設計
排　　版：瞿　勤
出版發行：西南大學出版社（原西南師範大學出版社）
印　　刷：印通天下网络科技有限公司
幅面尺寸：150 mm×230 mm
印　　張：27
字　　數：370千字
版　　次：2023年12月 第1版
印　　次：2023年12月 第1次印刷
書　　號：ISBN 978-7-5697-1962-8

定　　價：118.00元

前言

《槐廳載筆》作者法式善(1753—1813),清代官員、文學家,原名運昌,字開文,號時帆,別號梧門、詩龕。蒙古烏爾濟氏,隸內務府正黃旗。乾隆四十五年(1780)進士,中試時受乾隆帝嘉賞,賜今名[1]。曾授官檢討、國子司業、祭酒、侍讀學士等。

法式善出身仕宦,父祖均供職清廷,父親廣順,乾隆二十五年(1760)舉人,雅好詞章。法式善幼時穎悟,家教甚嚴,"五歲讀宋五子書,十三通經史"[2],"太淑人每日燈下必嚴核,讀書未嘗或弛也"。讀書肄業、進士及第後,吏職文臣,"性好文",于居所"搆詩龕及梧門書屋,法書名畫盈棟几"[3]。一生勤勵文職,又愛好著述,筆耕不輟,成就頗多。曾參與《四庫全書》編纂,著有《清秘述聞》十六卷、《槐廳載筆》二十卷、《陶廬雜錄》六卷以及《存素堂詩集》三十八卷、《存素堂詩初集錄存》二十四卷、《存素堂詩二集》八卷、《存素堂詩續集錄存》九

---

[1] 蔣祖怡,陳志椿主編;王英志等副主編:《中國詩話辭典》,北京出版社,1996年,第160-161頁。
[2] 法式善:《存素堂文集》,嘉慶丁卯(1807)刊本。
[3] 趙爾巽等:《清史稿》,卷485列傳272。

卷。《清史稿》列傳卷二百七十二、《清史列傳》卷七十二皆有傳,清代阮元編有《梧門先生年譜》(嘉慶21年)。

《槐廳載筆》是一部史料筆記,乃作者官國子監祭酒時所作,主要記述了清初至嘉慶初年有關科舉考試的制度、掌故、軼聞等。全書主體分為十二類,共二十卷。另有補遺目錄一卷。卷一、二為規制,主要記載清代科舉政令、制度。卷三為恩榮,主要記載皇帝對及第舉子和入仕臣工的恩賞。卷四、五為盛事,主要講述清代科舉人才選拔之盛況,尤其是一門多進士現象。卷六為知遇,主要講述舉子臣工受皇帝知遇之恩、破格擢拔之事。卷七、八、九為掌故,卷十、十一為紀實,此五卷主要記載科場典制、掌故、禮俗及各屆考官人選、考試錄用情況。卷十二為述異,主要記載舉子赴科試期間所遇奇異之事;卷十三為炯戒,主要記載官員科場舞弊事。卷十四為品藻,主要記錄科考官守正清廉的表現。卷十五為夢兆,卷十六為因果,此兩卷軼聞主要解釋士子科舉仕途得第或失意的因由,頗具離奇色彩。卷十七至二十為詠歌,主要載錄及第落第、遷官授職時的酬贈感懷詩,多為應制詩。周中孚謂:"題曰《槐廳載筆》,蓋國子監廨舍祭酒所視事處,庭中古槐植自元時,以許魯齋得名,故以名書,非翰林第三廳故事也。是書與《清秘述聞》相表裏,《述聞》為經,而此編為緯也。"

本書二十卷,十二大類,從多個層面展現了清代科舉,所引材料豐富,徵引採集各種書籍四百種,對研究清代科舉文化有較高的參考價值。本書具有極高的史料價值,可以幫助讀者深入理解清代科舉制度的特點,以及中國古代科舉制度的沿革。如卷一規制載:"順治三年丙戌,取中四百名。四年丁亥,再行會試,取中三百名。六年己丑,取中四百名。九年壬辰,取中四百名。十二年乙未,取中三百五十名。十五年戊戌,取中四百名,又欽賜殿試一名。十六年己亥,雲、貴蕩平,恩詔再行會試,取中三百五十名。十八年辛丑,取中四百名。康熙三年甲辰,取中一百五十名。六年丁未,取中一百五十名。九年庚戌,取中三百名。"卷九掌故載:"康熙三十三年秋七月,御試翰詹於西苑,擢贊善陸菜爲內閣學士,餘各賞賚有差。試題:豐澤園賦;理學有真僞論。菜名在第一。夏六月,再試於暢春園。試題:萬壽無疆賦,以題爲韻。詹事徐秉義名在第一,并賜御書'擢秀清流'四大字,少詹事以下皆有賜。"諸如此類史料記載有助後人對古代科舉的認識。本書還有一定的文學價值。書中載錄了大量的詩歌,得第謝恩、落第抒情、赴任酬贈,雖多應制體,但較爲集中地展現了清代科舉詩歌的風貌,對於瞭解古代科舉文學以及古代士子科舉仕宦心理有一定的積極意義。此外"述異""夢兆""因果"等卷,在反映科舉文化的同時,也折射出歷史悠遠的古代神秘文化的漫延及其對清人社會心理的滲透。從藝術角度看,本書側重於記事,承源"世語體",趣聞瑣記,文辭簡約,行文自如,亦是一部可讀性較強的筆記。

《槐廳載筆》流傳版本如下:有嘉慶四年(1799)刻本,至同光朝收入《存素堂全集》。至民國,又有《存素堂全集》影印本。1970年,收入《近代中國史料叢刊》(正編),由臺北文海出版社印行,是目前最通行的版本。1995年,收入《續修四庫全書》,由上海古籍出版社印行。就筆者所見,尚未有點校本面世。

今不揣學淺,予以點校整理,勉力而爲,願千慮一得而免百密一疏。但限於學力,本書體例或有不純,搜討或有不盡,點讀或有不妥,校對或有不是不全,懇請讀者指正。

凡例

一、本書校点所用底本爲影印《續修四庫全書》清嘉慶1799年刻本，亦即本書傳世之最早版本。

二、本書對校本有《中國近代史料叢刊》、"中國基本古籍庫"及美國哈佛大學燕京圖書館影印本。同時參校本書所引文獻典籍之文。

三、本次點校以書内文與引書原文對勘爲主。校對以保留原貌爲上，除明顯錯訛外，一般不作校補。

四、凡有所校補，則於句末標出校碼。内文錯字、衍字用小字括以( )號，校正、增補之文字括以【 】號。原書之雙行小字注文則括以[ ]號，字體大小較正文小一号。本書校勘記附於每一卷卷尾，以便尋檢。

五、古體字、異體字、俗體字一律徑改，不另出校記。

六、影印本模糊難悉處，均不妄補，仍守古人闕疑之例，以□別之。

七、本書分節據所徵引文獻的書目爲斷限。

自序

余官翰林學士時，輯錄科場、貢舉、官職、姓字、編年、系地，題曰《清秘述聞》。茲備員太學五載矣，所與酬接款洽者，皆海內博學强識之士。猥以余喜談科名故實，多以舊聞軼事相質。余性善忘，凡有所稱説，必叩其始末，溯其源流，筆諸簡牘，又恐無以傳信，檢閲群書互相參證。歲月既久，抄撮漸多。仿朱氏《日下舊聞》體例，分十二門釐二十卷，題曰《槐廳載筆》，備掌記而已。然而言必求其有當，事必期於可徵。雖耳目所及，尚多罣漏，而一百五十餘年來，國家深仁厚澤、教養兼施之至意，已可得其大略焉。覽斯書者，自當感激恩遇，勵身修行，以無負作人之雅化。豈區區以文章爲報稱也哉！

國子監祭酒法式善

例言

余官學士時,嘗考順治乙酉以來鄉、會試考官名字、爵里及試士題目,并學院、學道、題名,甄輯之爲《清秘述聞》十六卷。其後改官祭酒,聚生徒講業,睹聞益廣。復博采科名掌故,見於官書及各家譔著足資考據者,做朱檢討《日下舊聞》之例,鼇而錄之爲二十卷,命之曰《槐廳載筆》。槐廳者,國子監廨舍,祭酒所視事處。庭中古槐植自元時,以許魯齋得名,非沿翰林院第三廳故事也,因成書之地以爲名,猶之《清秘述聞》云爾。

自有科目,因革損益,隨時而異,要其著令,皆爲典常,錄規制爲第一。

右文之世,科第最隆,殊眷異寵,錫之自上,錄恩榮爲第二。

青箱世繼,業比籯金,家祥遞衍,鵲起聯蹁,有同治譜,錄盛事爲第三。

守真葆璞,特達爲難,物色風塵,薦剡破格,錄知遇爲第四。

昭代取材，粲然大備，鴻博經學，召試朝考，散館大考，教習庶常，互相條貫，錄掌故爲第五。

搢紳先生，敘述平生，得諸閱歷，言之親切，錄紀實爲第六。

奇踪詭跡，駭俗警衆，砭愚牖頑，自所不廢，錄述異爲第七。

憸壬奸慝，聖世必誅，爰書所麗，義在彰癉，錄鑒戒爲第八。

惠迪從逆，吉凶因之，萌於朕召，問之太人，錄夢兆爲第九。

廉聲德望，蔚著當時，文鶩采馳，道路傳播，錄品藻爲第十。

倚伏迭乘，去來皆驗，理不足據，事有果然，錄因果爲第十一。

臚傳感遇，典試紀恩，拜手颺言，於斯爲盛，錄詠歌爲第十二。

凡所徵引，具有成編，都非撰造。斷章取義，葑菲不遺，弗以全書，遂湮隻句。軼聞逸事，求備取盈而已。嘉慶四年端陽後十日書成，漫識數語。國子監祭酒梧門法式善。

目錄

卷一	規制一	2
卷二	規制二	20
卷三	恩榮	38
卷四	盛事一	62
卷五	盛事二	80
卷六	知遇	98
卷七	掌故一	114
卷八	掌故二	136
卷九	掌故三	162
卷十	紀實一	182
卷十一	紀實二	208
卷十二	述異	236
卷十三	炯戒	252
卷十四	品藻	262
卷十五	夢兆	288
卷十六	因果	308
卷十七	詠歌一	322
卷十八	詠歌二	340
卷十九	詠歌三	358

卷二十　詠歌四 …………………………………378
補遺目錄 ………………………………………400
徵引書目 ………………………………………402
附載 ……………………………………………420

槐廳載筆

卷一

規制一

順治初，定題，差考官。日期：雲南、貴州四月初十日題，四川、廣東、廣西、福建五月十二日題，浙江、江西、湖廣六月十三日題，陝西、江南六月二十三日題，河南七月十三日題，山東、山西七月二十日題，順天八月初四日題。《大清會典》

十七年，又定在京同考各官，除郎中不差外，吏部取各部員外、主事、中行評博、國子監科甲出身官員，及近京廉慎素著科甲推知，開列職名，題請欽定。其守部進士，亦盡行開列，恭候欽點，即日入闈。在外同考，各省督撫公慎酌量扣定日期，將本省及鄰省才望素著推知或科甲教職等官，倍數密取到省。即日公闈入闈，以絕弊竇。以上各同考官，先取進士出身者，不足，兼取舉人出身之員。同上

康熙二十六年，題准順天鄉試同考官。嗣後六部員外郎、主事、中書等官，及守部進士俱停開列，止用直隸科甲出身知縣，由順天府咨呈吏部行文。直撫共起送三十名，限八月初一日來京，不許私寓外城，候題請欽點。同上

雍正元年，諭考官以秉公精鑒、識拔文才爲主，何論曾否入闈。嗣後凡遇鄉科，各省督撫臨場，調齊科甲出身之員，不論已未分房監，臨試以時義一篇，其文理優長者，入内簾房，考荒疏者，供外場執事。則分校得人，而佳文盡拔矣。同上

順治三年，定會試主考官。屆期，禮部開列内院大學士、學士，六部尚書、侍郎，都察院堂官職名，題請簡用。同考官二十員，内用翰林院十二員，六科官四員，吏部司官一員，禮部司官一員，兵部司官一員，戶、刑、工三部司官每試輪用一員。各該衙門推舉資俸優深、才望素著者，送内院裁定，入闈閲卷。同上

順治三年丙戌，取中四百名。四年丁亥，再行會試，取中三百名。六年己丑，取中四百名。九年壬辰，取中四百名。十二年乙未，取中三百五十名。十五年戊戌，取中四百名，又欽賜殿試一名。十六年己亥，雲、貴蕩平，恩詔再行會試，取中三百五十名。十八年辛丑，取中四百名。康熙三年甲辰，取中一百五十名[是科改試策論]。六年丁未，取中一百五十名。九年庚戌，取中三百名[是科仍以八股考試]。十二年癸丑，取中一百五十名。十五年丙辰，取中一百九十五名。十八年己未，取中一百五十名。二十一年壬戌，取中二百名。二十四年乙丑，取中一百五十名。二十七年戊辰，取中一百五十名。三十年辛未，取中一百五十名。三十三年甲戌，取中一百五十名。三十六年丁丑，取中一百五十九名。三十九年庚辰，取

中三百名。四十二年癸未，取中一百五十九名，又欽賜殿試三名。四十五年丙戌，取中三百名。四十八年己丑，取中三百名。五十一年壬辰，取中一百七十七名，又欽賜殿試十五名。五十二年癸巳萬壽，恩詔開科會試，取中一百九十六名。五十四年乙未，取中一百九十名。五十七年戊戌，取中一百六十五名。六十年辛丑，取中一百六十三名，又欽賜殿試二名。雍正元年癸卯，特開恩科會試，取中一百八十名，又加取九十名，共取中二百七十名。二年甲辰八月，補行正科會試，取中二百十三名，又加取七十七名，共取中二百九十名，又欽賜殿試一名。五年丁未，取中二百十名，又欽賜殿試一名。同上

雍正二年，諭上年天下舉人會試來過一次，今年會試來者甚多，恐往返道路及在京守候，盤費均難接濟，特加恩賞。將入場之雲南、廣東、廣西、貴州、四川五省舉人，每人賞銀十兩。福建、浙江、【江】南①、江西、湖廣、陝西六省舉人，每名賞銀七兩。直隸、山東、河南、山西四省舉人，每名賞銀五兩。禮部務按進場舉人名籍，查明給與本身，俾得均沾實惠。即于明日出示曉諭，勿致稽遲遺漏。同上

順治十五年，題准禮部題請讀卷官，由內三院、詹事府、吏戶兵刑工五部、都察院、通政司、大理寺各衙門堂官，通行開列，恭請欽點十四員。提調用禮部堂官，監試用監察御史，

---

① 按，"江"字原脫，今從《大清會典》補。

受卷、彌封、掌卷用內院侍讀學士以下官、禮部司官、六科給事中、內院典籍、撰文辦事中書等官,印卷用禮部司官,巡綽用鑾儀衛,供給用光祿寺、禮部司廳等官,寫榜用內院禮部等官。同上

凡庶吉士考選,順治三年,題准於二甲三甲進士內選取,送翰林院讀書。滿漢學士教習,俟學業有成,復行考試,優者以翰林官用,二甲除編修,三甲除檢討,其餘兼除科道部屬等官。同上

九年,題准分省考選。直隸、江南、浙江各取五人,江西、福建、湖廣、山東、河南各取四人,山西、陝西各取二人,廣東一人。以二十名讀滿書,二十名讀漢書,考選引見。或由內院具題,或由吏、禮二部會同內院具題,或限年歲,或論地方,或出題考試,無定例。順治十二年以後,選取無定員。同上

康熙十二年,題准吏部將進士年歲、籍貫開送翰林院,由翰林院題請考選日期,會同吏、禮二部引見。同上

凡試錄、登科錄,順治二年,定揭榜以後刊刻試錄、登科錄進呈。又定正、副主考,如有丁憂事故不曾入場者,試錄後序用。同考官銜名居首之員,撰刻祇許撰序,不許干預主考之事。十八年,題准停止刊刻試錄,惟於場內繕寫題名錄,解送進呈。同上

康熙八年,議准復行刊刻試錄、登科錄。十四年,題准復停止刊刻試錄。十七年,定各省科舉題名錄,俱照河南體式

刊刻。二十三年，議准鄉試、會試錄併進士登科錄，俱照例刊刻。二十六年，題准各省鄉試主考官，出闈之後刊刻試錄，許住省一個月，無故踰限者，各該衙門查參。五十一年，欽取進士。禮部將取中姓名、籍貫另刻一紙，附入試錄。五十三年，議准文武進士會試錄及題名錄，考完時，業經呈覽部內，再行刊刻，事屬重複，應行停止。其各直省文武鄉試題名錄及試錄，亦著停止刊刻。至文武進士殿試登科錄，內載御製策題、恩榮次第，并無重複之處，仍照舊例遵行。同上

雍正元年，覆准鄉、會試錄，自癸卯科爲始，仍行刊刻。又題准順天鄉試錄，將考官迴避之子弟補考，欽命題目，欽定批中舉人姓名、籍貫，及搜落卷內，欽定批中舉人姓名、籍貫，照壬辰科例一并刊入試錄。同上

凡試有定期，歲在子午卯酉，以八月鄉試；丑辰未戌，以三月會試，均於九日、十有二日、十有五日鎖闈，三試之。同上

凡試文藝，鄉、會試均第一場書藝三、論一，第二場經藝四、五言八韻詩一，第三場策。同上

舊制第一場書藝三篇、經藝四篇，第二場論表各一篇、判五條，第三場策五道。康熙二年，停止書藝、經藝，改鄉、會試爲二場。頭場策五道，二場四書論一篇、經論一篇、表一道、判五條。康熙七年仍復舊制。乾隆二十二年，易表以詩，而去論判，且移經文於二場。乾隆二十三年，復於第一場增性理論一篇。乾隆四十七年，始改今制，於是首場四題皆由欽

命,益昭慎重矣。同上

凡會試及順天鄉試,書義三題皆由欽命。試前一日,禮部侍郎、順天府尹恭領詣貢院,交知貢舉提調送入内簾,經藝策論皆考官公定。同上

凡考官,鄉試正、副各一人,由禮部開列侍郎以下、編修、檢討、中允、贊善、給事中、御史、中書、評事、博士以上官。會試正、副考官各二人,間用正一人副二人,或正二人副一人,開大學士、學士、尚書、左都御史、侍郎、左副都御史。同上

凡出榜,鄉、會試由考官諏日豫行。知貢舉監臨届期内簾啓門,及外簾各官。會於一堂,出中式硃卷、對内號、檢墨卷,無譌,迺按名書榜畢。各官朝服望闕,行三跪九叩禮。鄉試於順天府署前,會試於禮部署前,懸榜三日。同上

凡經理試事,鄉試順天監臨以府尹,提調以府丞,内外監試以御史。會試知貢舉以禮部侍郎,提調以儀制司司官。同上

順治二年正月,定直省額中舉人一名,取應試諸生三十名。[康熙二十九年,覆準江南、浙江每舉人一名,送應試諸生六十名。三十年,加至百名。乾隆九年,議定直隸、江南、浙江、江西、湖廣、福建大省八十名,山東、河南、山西、廣東、陝西、四川中省六十名,廣西、雲南、貴州小省五十名。十二年,議定直隸改照山東省例取六十名,又勅加恩每副榜一名,應試諸生大省加取四十名,中省加取三十名,小省加取二十名。]提學考試精通三場者,方準應試。

凡在籍貢監生,願就本省鄉試者,許一體考試。又直省現任

教職，準提學考送應試。二月，禮部請令直省選拔文行兼優者，大學二名，小學一名，送國子監肄業，仍以貢監名色應試，從之。又定鄉、會試三場試題，初場四書三題、五經各四題、士子各占一經，二場論一道、判五道、表一道，三場經史時務策五道。鄉、會試同。六月，定鄉、會試期。〔鄉試以子午卯酉年八月初九日第一場，十二日第二場，十五日第三場。會試以辰戌丑未年二月三場，日期與鄉試同。雍正五年，以會試春季遇閏，場期改至三月，嗣後會試遇閏，先期奏聞。乾隆九年，勅改三月舉行會試。〕又定主考房官同堂閱卷，去取專在主考。又定鄉、會試卷，有文理優長限于額數者，取作副榜。九月，定磨勘試卷，禮部會同科道磨勘，首嚴弊倖，次簡瑕疵。《皇朝通志》

康熙二十四年正月，奏準會試及順天鄉試四書題目俱乞欽定，其五經及二三場題目仍令考試官擬出。三月，定會試三場畢，主考等官遴選試卷十本，繕寫進呈，恭候欽定。以後順天鄉試同。同上

殿試讀卷，掌院學士充讀卷官，講讀學士以下充受卷、彌封、掌卷官。其直省鄉試，順治初，惟順天、江南、浙江、江西、湖廣、福建以講讀學士以下充正副主考官。至康熙三年，定制各省通行差遣，會試則掌院學士并充主考官，講讀學士以下充同考官。先是順治四年，會試同考官亦用庶吉士，武會試則學士以下充主考官。順天武鄉試，侍讀以下充主考官，其文武會試主考官兼用講讀學士，則康熙九年定制。《詞林典故》

雍正元年，令文鄉、會試庶吉士亦充外簾官，又國初各省設提學道，惟順天等大省稱學院，然亦不專用翰林。同上

順治十年六月，始以翰林五品以下官，提督直隸、江南、浙江學政，其學習國書者不差。同上

康熙二十三年十二月，吏部議定順天學政，以侍讀、侍講、諭德、洗馬開列。江南、浙江以侍讀、侍講、諭德、洗馬、中允、贊善開列，停其補用郎中、道府。同上

三十九年七月，各省學道員缺，翰林官與郎中并差。同上

五十六年八月，禮部題請順天鄉試主考官。得旨，此次同考，即於所開正副考官內，每房各用二人，不得派同省之人。雍正元年二月，定各房校閱，仍用同考官一人。同上

三年三月，以遣學試兩差，考試翰、詹、科、道、部屬諸臣文字於太和殿。考取人員姓名識以牙籤，貯以金筒，臨遣時，大學士齎至午門前，每省掣正陪各一員，引見差用。同上

乾隆元年三月，上諭內閣："今年八月舉行恩科鄉試，其正副考官必人品端方、學問醇正者，始足膺衡鑒之寄。朕即位之初，不能深知諸臣之底蘊。著鄂爾泰、張廷玉、朱軾、徐本、邵基、任蘭枝、徐元夢、福敏、孫嘉淦、楊名時於翰、詹、科、道、部屬內，各舉所知，多舉數員，於五日內交送內閣彙奏，候朕考試簡用。庶得文品兼優之員，以副掄才之大典。"同上

順治元年，詔江南、陝西鄉試於十月舉行。《科場條例》

順治三年，奏准本年八月再行鄉試。同上

順治十七年，滇省貢院未修，學臣未到，庚子科鄉試於十八年補行。同上

康熙十六年，特行鄉試，順天專差考試，山東、山西、陝西會在河南考試，湖廣、江西會在江南考試，福建會在浙江考試，每科舉十五名，取中一名。同上

康熙二十年，奏准貴、川本年鄉試於壬戌年補行。同上

康熙二十二年，補行雲南省辛酉科鄉試。同上

乾隆九年，順天鄉試因搜檢逾期，順天府奏改試期一日。同上

乾隆九年，奉上諭："明年二月會試，天氣尚未和暖，搜檢時不無寒冷，且各省俱須覆試，士子到京未免稍遲，著改期於三月舉行。該部即預行曉諭知之。欽此。"同上

順治三年，奏准來年三月再行會試。同上

順治十六年，諭雲、貴新附地方綏輯需人，現在候選官員尚未足用，應預爲徵取，以備任使，著於今秋再行會試。同上

雍正元年，恩旨開科，議准甲辰正科會試，改於甲辰八月舉行。同上

康熙五十一年，題准六十萬壽特開鄉、會恩科，照順治丙戌、己亥科例，於二月舉行鄉試，八月舉行會試。同上

雍正元年，恩旨開科，本年四月鄉試，九月會試。同上

康熙三十九年，覆准直隸正、副主考，除應開列官員照常開列外，將侍郎、學士、京堂、翰林、科道、部屬等官，由進士舉

人出身者，無論已未典試，通行開列。同上

康熙三年，題准鄉試正、副考官，不必指定某衙門官差往某省，各衙門應差官員職名，概行開列，題請欽點。同上

康熙十一年，題准各省鄉試主考，內閣、進士、中書與各衙門應差官員，一體開列題差。同上

雍正三年，奉上諭："前各省正、副主考，朕皆視其人謹慎者派往，并未試其文藝，間有不能衡文者，此皆由中式之後荒疏年久。故耳著將應差委之翰林，由進士出身各部院官員查奏，朕試以文藝差委。遵旨將翰林及進士出身官員人數查明具奏，召集於太和殿，試以四書題文二篇，欽點王大臣監試彌封訖，恭呈御覽，欽定甲乙，封貯內閣，以備鄉試差遣。"同上

"各省正副主考，奉旨著將應差委之翰林，由進士出身之各部院官員查奏，試以文藝，差委應否。將翰林由進士出身之部院郎中、員外郎、主事、中行、評博及此內由舉人出身之人，一并考試。之處摺奏請旨、奉旨用由進士出身之人，不用由舉人出身之人。欽此。"同上

順治五年，題准直省鄉試正副主考官，令內院、吏部、禮部公同考選；差往其各省同考官，令該巡按、提學公同考選派用。同上

順治八年，題准順天、江南正副主考，浙江、江西、福建、湖廣正主考，差翰林官八員；浙江、江西、福建、湖廣副主考，山東正主考，差給事中五員；山東副主考，山西副主考，河南、

陝西正主考，差光祿寺少卿一員，吏、禮二部司官各二員；河南、陝西副主考，四川、廣東正副主考，廣西、雲南正主考，差戶、兵、刑、工四部司官各二員；廣西、雲南副主考，貴州正副主考，差行人二員，中書評事各一員。如光祿寺官或缺，戶、兵、刑、工四部司官，充山西副主考；中書、行人、評事充廣東副主考。凡應差八員，總送十六員，應差五員，總送十員。禮部會同內院擬定正陪，疏請簡命。同上

順治十一年，題准如光祿寺官或缺，應於太常、太僕寺少卿內取一員，充山西正主考。如光祿、太常、太僕三寺少卿俱缺，照八年例行。同上

雍正四年，將御試取定人員，書名牙籤，盛以金筒，每屆按省分差之期。設黃案於午門外，令書名人員齊集，命大學士同禮部堂官捧金筒置黃案上，掣籤唱名。宣讀上諭畢，大學士將所掣名籤恭請欽定，正副主考遵旨差往。同上

順治二年，定鄉試房考。京闈用中行及候選進士，如不足取，在外推知到京，即送赴都察院衙門嚴加扃鑰，多撥兵番巡察。候順天府會宴之日，即於是日伴行入朝，同主考、監臨等官陛辭。入院內簾官專司校閱，有越俎侵事，聽所司參奏。同上

順治五年，題准順天房考。聽禮部會同吏部選用。順治十一年，題准內閣中書舊例准鄉、會試，而內閣中書亦充鄉試分房。嗣後有內閣中書應鄉試，不得開送內閣中書分房。同上

順治二年，定各直省房考。取本省科甲，屬官不足，聘鄰省科甲推知及鄉科教官，掛議遷謫者，不與其房數。悉以各直省科舉之數爲準，每房分閱三百卷，或二百五十卷。計數分房，計房取官。而其應取者，必以治行最年、力強學識俱到者爲主。至於《春秋》《禮記》，孤經恐易揣摩，臨時聽監臨官互換房，分《易》《詩》《書》三大經。入簾次日，亦聽監臨官將房考官單密送主考官，臨分卷時，照單定房，以杜關節之弊。同上

順治八年，題准江南房考。聽提學會同巡按及布按二司選用，務取潔守實學。每十員用二十員，公同鬮定，取充內簾房考。同上

順治十五年，定會試應開送同考。各衙門除曾經直省典試及會試分房不開外，其現在各官，臨期密開職名，移送禮部，題請欽點。同上

康熙五十四年，奉上諭：「會試每一房之卷，令不同省房官二員同閱。如一人有情弊發覺，二人并坐，俾各知畏懼，互相覺察。」[會試舊例，房考用十八員，是科《易》《書》《詩》，每房用房考二員，共用三十二員。順天鄉試同。雍正元年，復改用一員。]同上

順治二年，定前場題目。將經書分段書籤，公同拈掣。如《論語》分爲十段，主考掣至某書某段。即令房官於本段內各擬一題，仍書籤候掣出者，用之餘題，俱準此例。同上

康熙七年，題准考試官。將本身取中四書五經題目擬出

者,降四級調用。若將本身取中題目擬出,又錯寫字者,革職。內簾官錯出題目字樣,士子各習專經不稟明監臨官,傳進內簾官改正;照題紙錯字謄寫,以致中式者,罰停會試二次。主考官場內發題過卯辰二時者,罰俸六個月。同上

康熙十八年,議准場內擬題。四書掣定幾章,每題每人各擬一道;五經掣定幾章,每題每人各擬十道,俱送正副考官寫籤入筒,當堂拈掣。同上

福建學政戴瀚條奏,向來鄉會師生,正副主考謂之座師,各經同考官謂之房師。此因知遇之實,而有其名者。乃外此又有別房,同經者則為對房,老師閱薦未中者為薦卷老師。《春秋》《禮記》為孤經,習《春秋》者,亦認《禮記》房為師,習《禮記》者,亦認《春秋》房為師。此等非實有分義之正,不過假借名色,以便結交黨援,應行嚴禁等語。應如所奏。鄉、會試除座師、房師照舊以師生往來,不得袒護黨援。外至對房、薦卷及《春秋》《禮記》孤經等對房,與本人毫無關涉,不得濫認師生,借端交結。倘有仍前濫認者,或經察出,或經首告,交部嚴加議處。至果有黨援袒護實情,比座師、房師袒護黨援之例,加一等治罪。同上

順治八年六月,禮部議定,凡遇應考年分,鄉試取滿洲五十名,蒙古二十名,漢軍五十名,各衙門無頂帶筆帖式,亦准應試。滿洲、蒙古通漢文者,繙譯漢文一篇。惟通滿文者,作滿文一篇。漢軍文字篇數,則如漢人之例。會試取中滿洲二

十五名,蒙古十名,漢軍二十五名,各衙門他赤哈哈番、筆帖式哈番俱准應試。滿洲、蒙古通漢文者,繙譯漢文一篇,惟通滿文者,作滿文二篇,漢軍文字篇數,亦如漢人之例。八月,恩詔廣滿洲、蒙古、漢軍會試,中額二十五名。是科禮部奏,順天鄉試、滿洲、蒙古試卷,應用滿洲內院、禮部堂官各一員爲主考官。其漢軍試卷,聽漢主考官閱定。又議定本年鄉試,明年會試,漢軍文字第一場書義二篇、經義一篇,如未通經者,作書義三篇;二場論一篇;三場策一道。順治十一年鄉試,十二年會試,第一場書義三篇、經義二篇;二場論一篇、判五條;三場策三道。至順治十四年鄉試,十五年會試,三場文字篇數乃與漢人一例。是年,內三院會同禮部議定,八旗鄉試、會試、殿試均以滿洲、蒙古共爲一榜,漢軍與漢人共爲一榜。《八旗通志》

雍正壬子、乙卯二科,皆以鄰省舉人充鄉試同考官,故福建壬子科,杭世駿以甲辰舉人膺是任。《四庫全書總目》

向例會試以二月入場。雍正五年,歲閏天寒,是科特旨改於三月。并令嗣後會試之期,遇有閏月,該部先行奏聞。乾隆十年,乙丑科始奉旨以三月會試,永爲定例。而士子入闈,自雍正八年,定例每人給衤夸被一件。時既春深,賜兼挾纊,聖朝體恤士子,可爲至矣。《日下舊聞考》

鄉試考官,歷科正副,皆止一人。惟乾隆庚子順天鄉試,皇上特命協辦大學士尚書蔡新爲正考官,而以侍郎杜玉林、

學士嵩貴副之,爲他科所無云。同上

順天鄉試,分編字號。八旗滿洲、蒙古爲滿字,八旗漢軍爲合字,順天、直隸生員爲貝字,江南、浙江、福建、江西、湖廣貢監爲南皿,順天、直隸、山東、山西、河南、陝西、奉天貢監爲北皿,雲南、四川、貴州、廣東、廣西貢監爲中皿,奉天生員爲夾字,宣化生員爲旦字,承德生員爲承字,又長蘆商籍生員,康熙年間編設鹵字號,乾隆十八年御史魏涵輝奏裁。同上

順治九年壬辰科,分滿、漢爲二榜。蒙古入滿洲榜,漢軍入漢人榜。滿榜賜進士及第出身并同漢榜,一甲麻勒吉等三人授職修撰、編修,又選滿洲賽冲阿等六人爲庶吉士,漢軍遲煌等四人爲庶吉士。十二年乙未科,仍分滿洲、蒙古一榜,至館選時,漢軍庶吉士不歸漢班,與滿、蒙爲一。《館選錄》

乾隆辛未、壬申、辛卯、戊戌四科,賜下第舉人年七十以上者司業、學正等銜。壬申科詔以下第舉人,現任學正王延年,年在七十以上,准爲額外司業。次年癸酉,又以現任助教曹洛禋,年八十以上,并爲額外司業。三十五年庚寅,原任訓導王世芳,年一百十二歲,來京恭祝萬壽,恩賞司業職銜。在籍食俸,皆出優老特恩,不爲常例。《國子監志》

康熙丁巳科,河南、山東、山西、陝西、四川同在河南開科。《河南志》

貢院在崇文門內觀星臺西北,南向,外東西磚門各一。乾隆二十七年,增南面磚門二,磚門外設五城、巡墻、官廳三

楹。東磚門內有明經取士牌樓一，點名廳六楹，守備廳三楹，監試廳九楹，外廳三楹。西磚門內有"爲國求賢"牌樓一，外供給所房九楹，進題公館六楹，點名廳六楹，守備廳三楹，監試廳九楹，外廳三楹。又東西側設內磚門，房三楹，東西官廳三楹，南面照壁一，中有"天開文運"牌樓一。第一龍門五楹，有"貢院"墨字匾一，內東側五魁祠三楹，西向。第二龍門五楹。第三龍門有"龍門"金字匾一，東側都統參領房十二楹，西側都統參領房二十八楹。第三龍門至至公堂甬道中，有明遠樓二重，下馬牌上懸諭旨。東西井三堂七楹，匾曰"至公中懸"，御書"旁求俊乂"四字，聯曰"立政待英才慎乃攸司知人則哲，與賢共天位勗哉多士觀國之光"。御製四詩，勒石堂中，護以朱欄。至公堂前，抱廈五楹，回廊三面，設木栅欄。堂之東西設大庫，東西更道各長二十丈，栅欄各一，傍曰"東、西文場"。自至公堂至第三龍門以內，東西號房各五十七連，共九千六十四間。東文場內又設官生號房六十一間，西北隅小號房四十連，共八百三十六間。至公堂後內龍門門內，聚奎堂七楹，中有"聚奎"匾一，其東西二楹，總裁官居之。堂之兩旁，各三楹，副總裁官居之。堂後，有穿堂三楹，兩側刷印刻字房各五間。最後會經堂五楹，有"會經堂"匾一，兩旁御史住房各一楹，又兩旁經房各四楹，東西經房各五楹，凡經房十八，同考官居之。供事、收掌房各三間，庭中井一。至公堂東，御史廳三楹，提調房二層，每層一楹，謄錄所六層，每層五楹，大供給所二層，每層十楹，東廂房二層，每層三楹，南面大厨房四間，飯房四間，庭中井一。至公堂西，監試大厨房四間，收掌房三楹，御史廳二層，每層三楹，受卷所二層，每層四楹，彌封所二層，每層四楹，又側座三楹，東西南北瞭望樓四周圍，外棘墻一，墻高一丈五尺，内棘墻一，墻高一丈。遇鄉試年，大興、宛平二縣，詳順天府，咨行工部修理。《順天府册》

貢院在城東南隅，元禮部舊基也。永樂乙未，改爲貢院，制甚偪隘。嘉靖中，議改創西北隙地。又有言，東方人文所會，宜因其址而充拓之，卒未果。至萬曆二年，始命工部重建，因故址拓旁近地益之，徑廣百六十丈。外爲崇墉施棘，徼道前入，左右中各樹坊，名左曰"虞門"，右曰"周俊"，中曰"天下文明"。坊内重門二，左右各有廳，以備稽察。次曰龍門，踰龍門直甬道爲明遠樓，四隅各有樓相望，以爲瞭望。東西號舍七十區，區七十間，易舊制板屋以瓦甓，可以避風雨，防火燭。北中爲至公堂，堂七楹，其東爲監試廳，又東爲彌封、受卷、供給三所，其西爲對讀、謄録二所。又後爲燕喜堂三，東西室凡十六楹，諸書吏、工匠居之，其後爲會經堂，堂東西經房相屬，凡二十有三楹，同考者居之。《春明夢餘録》

孫氏《春明夢餘録》謂："翰林院本元之鴻臚署。"焦氏《玉堂叢語》載："宣德七年，以故鴻臚寺爲翰林院。"考《元史·百官志》，止有侍儀使，無鴻臚。所云故鴻臚寺，當是永樂年間所建爾。《瀛洲道古録》

槐廳載筆

卷二

規制二

皇帝踐阼之四年，蔣虎臣先生上言："蒙聖恩忝膺學政，然校士無專署，不稱國家作人至意。今鹽臣移署津門，臣昧死上言，乞以其署爲多士考課地，臣暨士子幸甚！"章下部覆請，如學臣言。詔曰："可。"王畿學臣，自是都門有專署矣。《棲雲閣文集》

歲在庚子，京畿復例，應賓興禮。臣遵新令，通列諸臣名以上。維時群工濟濟，咸鵠立於朝門，肅心靜聽，罔知所屬，前此未有也。八日辛卯，上命臣賜履貳同官臣朝生，往典厥事。《經義齋集》

庚午，順天鄉試考試官，翰林院侍講學士王掞，編修魏希徵。同考試官，知縣何訥等十五人。舊例順天鄉試考試官，例用編修、檢討，皆史官也。武試則用侍讀、侍講，[康熙戊午武鄉試，予以侍讀爲正主考官，侍講韓公元少副考。]特用講學防揣摩也。同考例用京官，員外郎、主事、中書舍人、行人等官。用外官，自是科始。《居易錄》

庚辰科會試，總裁大學士兼刑部尚書吴琠，大學士兼吏部尚書熊賜履，户部右侍郎李柟，都察院僉都御史王九齡。熊自癸丑至甲戌、丁丑，今庚辰凡四典禮闈，向所未有也。僉憲舊不列名，聞自丁丑科始。同上

特命翰林院侍讀汪灝，提督山西學政。初以翰林官出視學政，惟直隸爲然。康熙二十年，以浙江人文之藪，亦用翰林，他省仍舊。其改用翰林，則自此始。〔山西學道僉事于漢翔休致。〕同上

監察御史江蘩條奏會試事宜，奉旨與御史王承祐前疏，下九卿、詹事、科道再議。以直隸、山東爲北左，河南、山西、陝西爲北右，江南、浙江爲南左，江西、湖廣、福建、廣東爲南右，四川、雲南爲中左，廣西、貴州爲中右。從江請也。得旨允行，著於功令。同上

禮部題覆國子監請廣八旗中額疏。查庚午順天鄉試，滿洲、蒙古原取中舉人十名，今增六名，共取中舉人十六名；漢軍原取中舉人五名，今增三名，共取中舉人八名。辛未會試，滿洲、蒙古原取中進士四名，今增二名，共取中進士六名。漢軍原取中進士二名，今增一名，共取中進士三名。奉旨依議。自康熙三十二年癸酉科會試，舊例止分南北中卷。康熙辛未科，雲、貴、廣西無中式者，御史王承祐、江蘩因上疏條奏，請于南北中卷之內再分左右，九卿兩議具奏。奉旨著畫一具奏，九卿因議以直隸、山東爲北左，河南、山西、陝西爲北右，

江南、浙江爲南左,江西、湖廣、福建、廣東爲南右,四川、雲南爲中左,廣西、貴州爲中右。得旨允行。甲戌、丁丑遵行兩科闈中,但握算左應中若干卷,文之佳惡皆不暇論,以故真才屈抑頗多。予爲總憲,欲疏請復舊例,以入直南書房不果。上己卯十一月副都御史梅桐厓銷疏言之,事下禮部,部兩議以上,復下九卿。予時爲刑部尚書,首言會試合天下之人才,止當論文,不當算各省額數之多寡。若會試分省定額,則鄉試亦應分府定額乎?況科場鉅典當防弊竇,既分五經,又分南北,若再分左右,恐闈中易于揣摩,此又弊竇當防者也。諸公皆以予言爲然。會總憲涒來兄澤宏,少宗伯慎菴封濚持後議,遂復兩議上之。上竟從前議。大司空儼齋〔鴻緒〕曰:"始終力主持此事者,先生一人而已。"因記本末於此。同上

禮部會九卿題爲會試關天下之人材,閱卷宜照從前之定例,仰請乾斷,酌復成規,以光大典事。都察院左副都御史梅銷題云云,該臣等會議得,會試乃聚天下之材,而拔其尤者,以光朝廷賓興大典。舊例分南北中卷,衡量可謂至平,又分左右,未免分析太繁,相應例照舊例,南北卷內,不必細分左右。將廬州等府,滁州等州,舊係中卷者,俱歸於南卷。其雲南、貴州、四川、廣西四省,去其中卷名色,每科雲南定爲雲字號,額中二名;四川定爲川字號,額中二名;廣西定爲廣字號,額中一名;貴州定爲貴字號,額中一名。康熙三十九年會試,奉恩詔加額。明年會試,應將雲南、四川各加中二名,廣西、

贵州各加中一名，庶人材不致淹抑，而遠方士子皆得均霑皇恩矣。奉旨依議。同上

舊例詞林第一甲一名及第者，止充會試同考官，不出典各布政司。鄉試自康熙己酉科，己亥狀元徐元文以侍讀典陝西試，甲辰狀元嚴我斯以修撰典山東試，始變常例。其後壬子科，庚戌狀元蔡啓傅典順天試；乙卯科，癸丑狀元韓菼典順天試；丁巳科，丙辰狀元彭定求典順天試；辛酉科，己未狀元歸允肅典順天試；丁卯科，乙丑狀元陸肯堂典江西試。遂沿爲例。《池北偶談》

八旗鄉會試開科，始於順治辛卯、壬辰至丁酉停止。康熙己酉、庚戌復舉行，至丙辰停止。丁卯夏五月，以亢旱肆赦，再復開科之例。按：開科之例，前後稍有不同。順治壬辰、乙未，滿洲、蒙古用滿文，另爲一榜。[壬辰狀元麻勒吉兩江總督，乙未狀元圖爾宸工部侍郎。]庚戌、癸丑，滿洲、蒙古槪用漢文，即附漢人通爲一榜。辛未、甲戌，復開科，例仍之。同上

丁卯夏，恩詔"八旗滿洲、蒙古、漢軍，原有定例，同漢人一體開科取士。前因用兵，暫行停止，今仍照舊舉行"。禮部題請於直隸舉人額外，滿洲、蒙古取中舉人十名，另編滿字號；漢軍取中舉人五名，另編合字號。漢軍稱烏金超哈故也。會試亦於漢進士額外，滿洲、蒙古取中四名，漢軍取中二名，皆與漢人一體作文考試。盛京生員，附入在京八旗。本年鄉試期迫，俟庚午、辛未科舉行云。同上

旗下滿洲人准鄉會試,自順治壬辰科始,康熙中停止,數科後復舊,遂行至今。然其例先後不同。順治中滿人、漢人分爲二榜,壬辰滿狀元麻勒吉,漢狀元鄒忠倚;乙未滿狀元圖爾宸,漢【狀元】史大成①。康熙庚戌科以後則滿漢人同一榜,皆試漢文矣。麻官至江南江西總督、刑部侍郎;圖官至陝西巡撫、工部侍郎。《分甘餘話》

　　明初三科有四書疑問,仿元制也。洪武甲子,易以四書,名曰制藝,本朝照行。康熙癸卯、甲辰、丙午、丁未兩鄉會試,革去頭場,止用論策取士,論題仍用四書。己酉,復八股制藝,至今遵行。《應庵隨錄》

　　康熙二年癸卯八月,改取士法,八股制藝永行停止。鄉會試用策論表判,減三場爲二場,至戊申七月,詔復舊制。《尊鄉贅筆》

　　康熙元年以前,考取鄉會試做八股文章。二年八月內,因上諭:"八股文章實於政事無涉,自今以後將浮飾八股文章永行停止,惟于爲國爲民之策論表判中出題考試。欽此。"自甲辰改制科,歷丁未至康熙八年己酉,禮部題定,嗣後照元年以前例,仍用八股文章考試。《蚓庵瑣語》

　　禮部議覆科臣滿普請除鄉試之弊一疏,稱直隸各省鄉試,時將三品京堂官以下一并開列等語。臣愚謂,各省或可仍由舊章,惟順天都畿重地,勢利環集,宜如部臣議,將三品

---

① 按,"狀元"字原脫,今從《分甘餘話》補。

以下開列，聽皇上特簡大臣差遣。蓋身既列在大僚，萬一不公不法致受辱，如李蟠等之事，皇上即寬其處分，亦當愧恨，不敢自齒于衣冠之類矣。至房考，亦將京官、外官盡開列，恭聽欽點。又嗣後旗人、漢人點名授卷，後即入號房，不許混亂行走及踰牆找尋代作等語，俱應如部臣議，以塞弊端者也。《榕村全集》

學臣職司文教，不但考校之日務須執清公，而教養三年，尤宜竭盡誠悃。近來得此差者，不能盡教士之職，以仰贊育材之化。揆厥所由，雖因人品之未樹，亦緣學植之久荒，欲推所業以及于人而不得也。今皇上方簡任清端之士，而人之心術、操行或難遽見。仰請於點用學差之時，自翰林官以下皆令到內廷考試。窮日之力，試以一書一經一論一策，擇其文理最優、議論有本者，欽點差遣。則學醇者，行必不悖，且教士衡文取諸素業，自不至漫不關心，迄無成效矣。仍乞於試日，皇上臨軒親命題目，以杜預擬。及陛辭之際，仍加天語訓飭，庶幾自愛。同上

往予與韓慕廬同官學士，寓直閣中，相與言及文章風氣。天子雅意，振興儒術，使文明之化光被天壤，而士且狃於科舉之習，雷同剿說，徼倖苟得，而無奇偉俊拔者出其間。思欲少更取士之制，略近古意，其後予副貳春卿，乃與長屬斟酌定其式。第一場試經義兩三篇、經疑三四篇，折衷於注疏、章句、集注與諸儒之解，又略仿宋慶曆間歐陽文忠公之議，所謂寬其日限，隨場去留之法，第一場去若干人，留若干人。次試二

場,又去若干人,留若干人。次試三場。慕廬又言,第二場增律賦一首,其判用唐人體,設爲疑獄,以觀其所比之條,則去留必審,而士知務實學。既具稿將上之,而公卿間有以蘇氏設法取士,不過如此爲言者,遂不果上。《憺園集》

該臣等會議得,會試原係掄才,舊例分南北中卷,酌人才之多寡,定爲均平之額,通行年久。我皇上御極以來,文教翔洽,人才彙征,行之已十科,亦未嘗更改。嗣於康熙三十年,臺臣王承祐等條奏,南北中卷各分左右,其時九卿諸臣以例未經行,難以懸斷,會議准行,乃行之。甲戌、丁丑兩科,往往拘於左右定額,不得專意掄才,以致佳卷已收,而旋棄者甚多。查臺臣王承祐等所奏原因,康熙三十年,雲、貴、廣西不中一人起見,但此三省未改例。以前中式者未嘗無人,近又蒙恩,一科不中,獨得揀選,與進士同矣。既有揀選以通遠方之仕路,則會試酌復舊典,以專羅天下之真才,似適得其平。且科場暗中取士,尤宜防弊,今細分某地某左、某地某右,恐行之日久,易于揣摩;或有不肖房官,狥私滋弊,亦未可定。應如憲臣梅鋗所奏,停分左右,悉照南北中卷舊例,遵行可也。《有懷堂文稿》

康熙二十二年癸亥閏六月,奉命典試四川。初八日宣旨,先是十九年四月平明辛酉,例當舉秋試,撫臣杭君愛以新經底定,議於亥秋補行,已復請改期九月上皆可,其奏至是。禮臣以考官請故事,蜀諸曹郎,或評博中行,無遣詞臣者。上

以文教懷柔遠人，特命象瑛及吏部員外郎王君材任往，蓋異數也。《健松齋集》

鄉試硃、墨卷，向無磨勘之例。康熙四十一年壬午科，始奉聖祖仁皇帝特旨，命魏象樞、李基和等三四人專司其事。後因試卷繁多，始令九卿公同磨勘，誠國家慎重求賢大典之意也。但日久懈生，漸失初意，且政因時設，事勢亦殊，人文既盛，解額遞增，倍於往昔。直省中式舉人多至一千三百餘，每人三場，則卷近四千，合墨、硃卷之數及八千。九卿辦事之餘，日不能完數卷，逾冬越春，究難遍閱。且六部衙門本無暇於閱文，而試卷浩繁又非旬月可畢。至若戶、刑二部，尤為煩冗，自晨至暮，披閱不停，斷無暇磨勘試卷；以致近日禮部通傳，有竟日無一人至者，甚至將試卷分送九卿私寓，恐或倩代點閱，勉強塞責，勾當公事，非所謂實心實政也。《穆堂初稿》

翰林官講讀學士以下，編檢以上馳驛。比四品京堂得騎馬七匹，余跟役僅六名，尚餘馬一匹。沿途營汛、火牌應撥兵六名護送，而營伍多虛籍，馬尤缺。二十二日辰刻啟行，惟京營遵例撥兵六名，至蘆溝橋則馬兵四，步兵二矣。驛地錢糧，內依品官，應日支廩給銀一錢六分，跟役五名，應日支口糧銀各五分。晚至良鄉縣，止予小錢二百五十文充廩給，而口糧則無有。夫廩以給官，糧以養役，朝廷所以待使者，即周官委積之意，顧有名無實如此。國家經費為官吏所侵蝕者，可勝計哉？是晚，宿良鄉縣，廿三日至涿州，始與中路分行。是日雨,時畿輔方旱,躍然以喜泥塗,不暇衂也。廿四日至定興,仍雨。廿五日至安肅,令某俗吏也視王使若無睹,又禁夫役不得受僱,驛卒尤悍劣。廿六日,予病馬數匹,日晏始至保定,宿城外守道。余同姓諱維鈞來候,謝以功令,不敢往答,遂入城。廿七日早,乘馬行四十里至陘陽驛。余初出都時,宗丞江公贈轎一乘,謂典試事重大,驛馬性未必良,馳驛或蹉跎,則不獨非所以愛身,亦非所以敬君事也。余甚然其言。然連日僱夫,甚費力,遂決然舍轎,自保定以往皆乘驛馬。清苑、滿城之西,有山曰郎山,皆人立,紺碧參天,絕類信州靈山、池州九子,馬上望之,頗以為樂。直隸道中多植柳,蓋前撫軍于公成龍所令。日久困于斧斤,存者無幾,惟方順橋至慶都近三十里獨甚盛,蓋前滿城知縣張君煥所補植者。夾道密布,綠陰如幕,道兩傍皆小溪,雨後有淺水與柳影相映,騎馬行道中,側望郎山,若游蘇堤盻飛來峯也。《穆堂別稿》

凡進士釋褐在國子監,獨詞科諸臣在瀛洲亭,己未群公已然。《隱拙齋集》

順治二年四月,禮部議覆都給事中龔鼎孳疏。言故明舊制,考取舉人,第一場時文五篇,二場論一篇、表一篇、判五條,三場策五道。今應如科臣請,減時文二篇,照故明洪武時例,用時文五篇,於論表判外增用詩,去策改用奏疏。至京城貢院頹壞,仍即修葺。得旨。考試仍舊例行,貢院著即修葺。《梅崖雜記》

頒陝西恩詔："該省生員、鄉試舉人，會試俱照直隸及各省事例，一體遵行。各學廩增附生員，仍舊肄業，俱照例優免丁役。其有被闖賊威迫曾授偽職者，盡行赦宥。生員歸學，舉人准赴京會試。"同上

禮科都給事中龔鼎孳奏言，江南底定，宜舉賓興，急宜【遣】學臣往理科場諸務①。下所司速議。同上

命江南鄉試于十月舉行，從科臣龔鼎孳、學臣高去奢請也。同上

順天提學御史曹溶疏，稱遼東十五學，遷隨入關，僑居失業，學問久荒。今逢考監大典，乞寬取百人，就近教育考課。又言本朝教化方隆，流寓士子俱准北闈鄉試，今場事已竣，或特准送監以充太學，一體候試。下所司議之。同上

禮部議覆江南學臣高去奢疏，言江南鄉試，舊額生員中式一百二十五名，監生三十八名。今南雍已裁，本省在監者即與生員一體考試，應增二十名。從之。同上

八年八月，禮部議奏，今科順天鄉試取滿洲舉人五十名，蒙古舉人二十名，主考應用滿洲內院禮部官各一員閱卷；漢軍舉人五十名，聽漢主考官閱卷；又監生額數既加三十八名，應增漢同考官二員。至漢軍舉子試藝，本年鄉試，明年會試，第一場書藝二篇、經藝一篇，如未通經者作書藝三篇；二場論一篇；三場策一道，自後試藝以次加增。順治十一年鄉試，十

---

① 按，"遣"字原脫，今从《梅崖雜記》補。

二年會試,第一場書藝三篇、經藝二篇;二場論一篇、判五條;三場策三道。順治十四年鄉試,十五年會試,第一場書藝三篇、經藝四篇;二場論一篇、表一篇、判五條;三場策五道。從之。同上

山左科場條例。耳字號額中式一名,本爲四氏學設,以四配皆聖,故從耳也。久之譌聖裔爲孔裔,順治丁酉,耳號拆名。得顔公光敏主者,以與孔裔不合,輒抑之副榜,易以孔公興炸。是三氏既不得出耳號之外,又不得薦耳號之中,反同禁錮。先君䢟【視】學政①,建議于撫按兩臺略謂設至聖司,衡必不以伯魚先顔淵,黜顔以尊孔,非其道也。今議孔裔額中一名外,耳號亦額中一名,則孔裔既無脫科,而三氏亦得同升矣。兩臺會題相會曰:"事關重典,然不可徒口爭。"奈何先君竭力任之,卒得請嗣三氏,諸後人始得獲雋。《施氏家風述略》

乾隆丁丑,欽定科制二場,經文四首,改表爲詩八韻一首,先日選韻,總裁屬同考寫之以刻。《蘀石齋詩集注》

本朝會試及京闈鄉試,所用同考官凡十八員,謂之十八房。按,分經本始於宋理宗紹定二年,但不載房數。今之十八房,蓋沿前明制也。然明亦有不定十八房者。《明史·選舉志》:初制會試同考八人,其三人用翰林,五人用教職。景泰中俱用翰林部曹,正德中用十七人,翰林十一,科部各三。萬曆十一年,以《易卷》多,減《書》之一,以增於《易》。十四年,

---

① 按,"視"字原脫,今从《施氏家風述略》補。

《書》卷復多,乃增翰林一人以補之,此十八房之始也。四十四年,又因余懋學奏,《易》《詩》各增一房,遂有二十房。[顧寧人云:天啓乙丑,《易》《詩》經仍各五房,《書》三房,《春》《禮》各一房,爲十五房。崇禎戊辰,復爲二十房;辛未,《易》仍合五房,爲十八房;癸未,復爲二十房。]本朝酌中定制,《易》《詩》各五房,《書》四房,《春秋》《禮記》各二房,共十八房,相沿已久。近日,因同考官以經分房,有關節者,易於按經尋索,特旨不復分經,但以一二爲次,仍用十八人。此不惟可以防弊,且各經試卷多寡不等,限之以房,則卷少者甚閒,而卷多幾於日不暇給。余分校壬午鄉闈,籖掣《詩》五房,通計京闈卷八千有餘,而《詩經》獨至五千卷,是五考官較十三考官所閱之卷尚多三分之二,不得已分八百餘卷入《春》《禮》四房助校,然《詩經》猶各閱八百餘卷。其視《易》《書》等房不過二三百卷,閒劇大不侔也。今不分經,則各房所閱卷多寡適均,可從容校閱,不至苟簡矣。《陔餘叢考》

沈作喆寓簡,宋初發解進士,率以秋季引試,無定期。紹興中,乃定諸州科場并用,八月一日鎖院,十五日引試。《夷堅志》:"春試向例在正月。"淳熙十四年庚戌,以首春雪寒,特展半月。此宋時秋試在八月,春試在二月之源流也。元仁宗因李孟言亦定以八月鄉試,二月會試。明因之後,御史喬璧星請改期于三月,李九我駁之,張幼于亦有《會試移期議》一篇,然終明之世,未嘗改移。本朝始改三月,遠方士子既免匆遽,而天暖無呵凍之苦,衣單無懷挾之弊,最爲善政。至殿試之期，元時在三月初七日，明初在三月初一日，成化八年改在十五日，後遂爲例。然二月會試，而三月朔即殿試，禮闈中閱卷爲日無幾，豈不太促？本朝殿試在四月二十五日，傳臚在五月朔日。乾隆二十六年辛巳，奉旨改四月二十一日殿試，二十五日傳臚，嗣後或遲或早，隨時酌定，更爲盡善。同上

漢京師置五經博士，郡國置文學椽。至宋崇寧初，每路設提舉學士一人。元各省設儒學提舉二人。明宣德間，勅遣各省提學官以重其任。循及我朝，凡提督學政之官，於直隸、江南、浙江曰學院，以翰林院侍讀、侍講等官充之；餘曰學道，并繫以按察司副使、僉事之名，由六部郎及知府之有資望者推用，其後遇缺則請特簡。蜀之稱學院也，自雍正五年宋少卿始也；其有題名碑也，自康熙三十三年周僉事始也。《白華前稿》

湖廣學道駐武昌，而湖南各府縣隸之。雍正四年，晋學道爲學院，置湖南學政，而湖北遂爲專使。於時廣東之分肇高，陝西之分甘肅，皆以江南之分江蘇、安徽者例之。其後肇高、甘肅復併舊制，而湖南、北分置至今。同上

雍正癸卯，館選五十六員，乙巳散館，授編檢，三十三員用六部主事，四員中行評博，九員州縣，二員教職，二員內有文有保。二十一名館選，十九人有文無保，十九名俱館選，有保無文。三十九名館選，十六人文保俱無。一百六十七名選四人清書，止派五人傳臚，張廷珩特旨授檢討，與一甲三人同

入南書房。館選後又補點帥念祖一人，除庶常外，另有記名十七人，著問有情願在官學教習者，令其自陳，又單點記名三十人，以知縣即用。《茶餘客話》

順治己丑新進士即用道府，二十餘人分發兩廣，止此一科，後不爲例。《藤陰雜記》

乾隆二十五年二月，禮部覆安徽學政劉墉奏。嗣後歲科兩試，童生兼作五言六韻排律一首，其有詩文并佳者，自應列在前茅，以示鼓勵。或有文入彀而詩句尚欠諧叶者，量爲節取，學政隨時面加訓誨，并轉飭教官，于月課時一體限韻課詩。《條例約編》

乾隆二十八年七月，禮部覆貴州學政李敏行奏。嗣後各省考試選拔生員，刪去判語，改爲五言八韻排律一首。同上

乾隆壬申，舉行萬壽恩科，三月鄉試，八月會試，外省鄉試俱二月舉行，因去會試之期匆迫也。《南園筆記》

雍正四年，查嗣庭、汪景祺以罪置法內閣，九卿會議，浙江鄉會試俱行停止。旋奉恩詔開科。同上

雍正十年，特詔湖南、湖北兩闈考試，於湖南地方建立試院，每科另簡考官。同上

乾隆三十三年，應行開列人員，奉旨停其考試，各該衙門於合例人員內揀選彙送，吏部帶領引見。同上

雍正五年，遵旨議定鄉試房考官。除順天鄉試仍照例開列各衙門官員，恭候欽點外，其外省鄉試，飭令所屬地方官，

將在籍候選之進士、舉人，確訪讀書立品文行素優者，該縣備造履歷，送督撫驗看，以備鄰省調取。至本省知縣入簾之例，概行停止。同上

順治十四年，諭禮部，江南省在明朝亦係直隸，故典試皆用詞臣，今已改爲省，以後着照浙江一體題差。《史館綴聞》

禮部議覆福建御史趙祥星疏，言會試大典，別弊宜嚴，第一場四書題目請欽定，密封送內簾刻印頒發。其二三場題目，體裁既繁，仍責令主考官照例擬出。得旨。第一場四書題目候朕頒發，餘着考試官照例出題。上以欽定會試四書題三道，遣官齎示主考官刊發士子。同上

禮部奏言，自元年以來，殿試中式舉人俱在天安門外，臣等伏思，臨軒策士，大典攸關，應于太和殿前丹墀考試。報可。同上

乾隆三十六年四月，掌貴州道御史張霔奏：“鄉會科場及各項考試，其詩止限排律一首，即一詩工拙可覘所學淺深，誠無取乎，誇多鬥靡。乃近科新進士朝考，于欽命詩題有賦至二首或三四首者，伏思每科蒙我皇上特派親信大臣閱卷，秉公詳校，酌議甲乙進呈，欽定其優劣，原不以篇什多寡爲衡。但多作詩之人，一經繳卷，衆口爭傳，故雖已揭浮簽，糊名莫辨，竟有可即作詩之人而知其爲某某者。是此項試卷，其始不過意在騁才角勝，而行之既久，恐易犯詭遇之端，不可不預防其漸。現屆朝考在邇，臣愚敢請旨飭禁令，各遵照制科定

式詩題，祇賦一律，毋許借此逞弄筆墨，故爲示異矜奇。此外，如庶常散館、翰林大考以及考試試差，嗣後亦均不得違例多作，以肅成規，而符體制於防閑，似較爲慎密。"奉硃批："所奏是。着照所請行該部知道。欽此。"《邸鈔存略》

槐廳載筆

卷三

恩榮

順治戊戌春三月，閱卷事畢，由貢院入左掖門回奏時，上在乾清宮謂內侍曰："今日諸試官放榜，是喜事。"命御裼衣，乘步輦至乾清門，總裁官暨同考官朝見畢，命各官升階賜坐，視御座相去不及丈許。大學士傅以漸、學士李霨等將閱卷諸事各奏對畢，復命賜茶。是日，天顏怡悅，遍視各官，良久曰："爾等面貌俱比前較瘦，應是看文日久，可早回家去。"遂起謝恩出。《寶綸堂稿》

戊戌春，世祖親覆試江南丁酉貢士，以古文詩賦拔武進吳珂鳴第一。是年，禮闈榜後，上諭特賜珂鳴進士，與中式舉人張貞生等一體殿試，尋改庶吉士。同時，崑山葉方藹試《瀛臺賦》甚工，上深喜之。踰年，己亥秋復行會試，葉中式，賜一甲第三人及第。《池北偶談》

國朝狀元多不永年，中間惟丙戌傅閣學[以漸]、丁亥呂閣學宮大拜卒。己丑劉修撰[子壯]、壬辰鄒修撰[忠倚]、戊戌孫修撰[承恩]、辛丑馬侍讀[世俊]，皆不數年而沒，豈氣數為之耶？

孫修撰之歿，世祖章皇帝深悼惜之，賜白金三百兩歸其喪，蓋曠典也。同上

姜宸英，字西溟，以古文名世。四十年，入《明史》《一統志》二館，充纂修官，食七品俸十餘年，上久知其名。康熙癸酉始中順天鄉試，年已六十餘。至是中會試第八名，殿試初擬汪士鋐一甲第二、張虞惇第三，宸英名在二甲第四。及讀卷，上問："進呈十卷中有姜某乎？"韓閣學菼對，宸英在史館久，"臣識其字蹟，某卷當是也"。上云："姜某讀書多，能古文，可拔置一甲。"於是升置及第第三人，而虞惇移第二，士鋐移二甲第一。宸英晚遇而蒙特達之知，曠代所無也。《居易錄》

上召海寧舉人查慎行、武進舉人錢名世、長洲監生何焯、休寧監生汪灝于南書房，屢試詩及制舉文，特賜焯、灝舉人，明年一體會試。《香祖筆記》

考試新差提督各省學政，翰林侍讀學士張廷樞等、郎中翁嵩年等十一人于南書房稱旨，人賜御書一幅。[八股題：夫子循循然善誘人一節，詩題：恭和御製考試歎。]同上

本朝惟高陽李文勤公，三典會試。今孝感熊公，以癸丑、甲戌、丁丑、庚辰、癸未五典會試。澤州陳公，以壬戌、辛未、癸未亦三典會試。可謂盛事。按，明二百七十年，惟金谿王公英，永樂戊戌、宣德庚戌、正統壬戌三典會試耳。同上

康熙九年十二月十九日，上召對弘德殿。學士臣哈占引、臣蔡啟僔、臣孫在豐、臣徐乾學、臣牛鈕、臣博濟、臣德格

勒、臣沈獨立，以次奏事畢。命臣啟傅、臣在豐、臣乾學，進殿內分立御座旁。上曰："今日無事，汝三人可各賦一詩，滿庶吉士講書可也。"中涓傳旨，賜坐，詩成并蒙睿獎，賜茶而出。
《憺園文集》

葉方藹，順治戊戌充貢士，入都，先皇帝召見親試，列名第八。己亥春再試，拔第一。八月舉南宮，九月傳臚曰："親諭，朕知汝久，特拔汝為一甲進士。"又數對臣下，稱道文學。
《讀書齋偶存稿》

三月二十三日，皇上陞太和殿傳臚，元龍蒙恩賜第一甲第二名及第。謝恩禮畢，即隨金榜由午門中道而出。順天府備上馬宴，於東長安門外，大京兆親為簪花披紅具黃，蓋儀從遊街，至順天府署中，賜恩榮宴。京兆親送歸寓，恭紀以詩："仙仗森嚴旭日明，丹墀深處集群英。姓名幸近魁三象，臚唱初傳第二聲。疏屬乍離千載遇，圭璋特達寸心驚。雲呈五色愜虛譽，御道欣隨榜後行。公卿環問一書生，年齒家門與細評。黃蓋朱旗煩導引，青衫白面載恩榮。敢將溫飽虛初志，豈有文章報聖明。白髮高堂庭訓在，綵衣南望不勝情。"《愛日堂集》

翰林院侍讀寶應喬君，以疾卒於京師，其子崇烈，扶其柩歸，塟於縣治東南箕山之陽。乞檢討吳江潘君末銘其藏，又請彝尊為文，伐石以表君墓："君萊諱，子靜字，別字石林。世為寶應人。曾祖邦，從祖份，不仕，父可聘，天啟二年進士，掌河南道御史,以廉直聞,母王氏,有壼行。君中康熙二年鄉試,六年賜進士出身,除内閣中書舍人,十一年充順天鄉試同考官,關節不到,以父老請歸終養。尋丁憂,居喪盡禮。服除,補原官。十七年,有詔舉博學宏詞備顧問,君被薦。明年,召試體仁閣下,賦詩居一等,改授翰林院編修,纂修《明史》。史館初設在東安門内,肩輿不得進。君體肥,艱于步趨①,騎贏一頭,晨入申出,考稽典籍。念崇禎朝乏實録,與同館四人,先撰長編,以資討論。會廣西平,補行鄉試,君奉命主考,稱得士。還充《太祖高皇帝實録》纂修官,《實録》以國書譯漢文,文義後先恒齟齬。君能曲暢本旨②,一經濡削③,語簡而事加詳。經進,天子稱善。時上再試詞臣,悦君作。曰,'喬萊學問優長,文章古雅,爰命君充日講官,知起居注'。尋遷左春坊左中允,纂修三朝典訓,進翰林院侍講,再進侍讀。"
《曝書亭集》

　　曹爾堪,字子顧,别字顧菴,十歲能屬文,十二善詩詞,時人擬之聖童。順治丙戌舉浙江鄉試,壬辰登第,改翰林庶吉士,授編修。爲文敏給博麗,兼長衆體,閣試兩稱最,同館皆遜服之。乙未春,亦分校禮闈,得士二十二人。如陳尚書敱永、胡學士簡敬皆有聞當世。是時,世祖章皇帝力崇文治,數

---

① 按,"艱"《曝書亭集》作"窘"。
② 按,"旨"《曝書亭集》作"指"。
③ 按,"經"《曝書亭集》無此字。

召試諸詞臣,品目甲乙。君扈從瀛臺,上霽顔顧問。嘗受詔與吴學士偉業等同注唐詩,書成,稱旨。時被褒嘉,中外驚傳其語。無何以侍郎公憂歸,服除,補舊秩,俄遷侍讀,陞侍講學士。故事翰林官皆積歲待遷,君半歲遷至再,殆殊遇也。《學餘堂文集》

羨門叔父謁駕時,特蒙温旨,召賜"松桂堂"匾額,未由陳請。《南畇詩稿註》

丙辰,余與叔北行。乙丑春,乾清宫覆試,亦得同與。同上

青崖侍直南書房,命賦詩,恭呈睿覽。臨軒批閲,天語褒嘉,誦至"天空一片明"句,尤蒙獎譽,特置第一。《菀青集》按,題爲《賦得曠然塵慮清》五律,蕭山陳至言青厓作。

雲舉編修,奉旨讀書殿内,三年得詩一卷,輒題其後:"春風阿閣舊巢痕,鶴貌猿吟興尚存。一自集賢論考最,纔知三載是君恩。看殘禁月冰壺冷,開遍宫花曉樹温。緑字青編香捲後,誰言蓬海浩無垠。"《查浦詩鈔》按,雲舉,名阿金,滿洲鑲白旗人,辛未庶吉士,授檢討,此云編修俟考。

康熙甲戌三月初二日,車駕自霸州回。初五日,兩院長奏請散館。上命内閣擇日考試,次日上幸暢春苑,面諭閣臣云:"庶吉士散館,在暢春苑好。"蓋以舊例或在體仁閣,或在保和殿也。十二日吻爽,諸臣集院東御柳下,坐辰刻。上御澹寧居,内閣九卿啓奏畢,諸臣以次引見,每十人爲一班,凡

三十有四人，億名在十之五。上坐御榻以次詳問，兩院長跪左側，一一奏對訖，天顏喜甚。見畢，上入，內諸臣皆出。閣臣請題，上諭內閣擬進欽定。於是諸臣復以次入，在澹寧居堦下布席。澹寧居爲苑中聽政之所，凡三楹，不甚高，繚以長廊，無丹雘彫鏤之飾。雖史傳所稱，茆茨土階，何多讓焉？少頃，閣臣捧黃紙朱字題二，授兩院長，以一授修撰臣戴有祺，以一授庶吉士臣楊中訥。閣臣復傳上諭云："爾等清書繙畢，將漢書題目都做來。"諸臣就坐，申刻賜饌肴八點四湯飯各一，復賜茶，茶罷，行三叩頭禮謝恩。先是未試前十日，夢與同年戴紱同几席，試殿廷，而戴卷視億差大，心甚怪之。未幾，突起燄火，一切就燼，倉皇逸出，相視笑曰："此番我卷當與君同矣。"又一友人來前曰："君向以不鼎元爲怏怏，今日之事定是佳兆，安知昔日所云'日華高照處，佳氣正絪縕者'，不驗今日耶？"因思戴固漢書也，卷安得與億同？且平日未有此詩句，真屬不解，然有生來所得異夢，往往奇驗，豈昔夢不虛而今夢乃相玩弄耶？御試，舊例習清書者，不得及漢文，至是特諭滿漢文兼考。億思兩年間，奔馳南北，國書尚未嫻習，天顏咫尺，何敢草草，欺誑聖明，遂不復措意國書，止作"仁是天地之心"論，賦得別館"春寒淑氣催"五言十二韻，即用夢中句子作結。跽御榻前，直陳云："臣蒙皇上殊恩，於稠人之中拔置庶吉士，未及三月給假南還，至上年十一月赴館，肄習日淺，實未精熟。今若冒昧繙譯，直是上欺君父，臣既不敢欺，又不忍負皇上拔擢之恩，伏乞再留教習三年，以圖報稱。"於是內閣諸臣竟將億卷附漢書之末，而名次適與戴相連，嘻異矣！越三日，上親閱國書諸卷，多不稱旨，切責長院，嚴加處分，獨億以漢書文字，兩蒙皇上激賞，竟欲拔置第一。內閣諸臣格於舊例，奏億卷無清書，不便遽置高等。上沉吟良久，問狄億年紀幾何。閣臣對年紀狠小，上曰："狄億漢文甚佳，字亦是文人之筆，且情願學習，志甚可嘉，著再教習三年。"伏念億草芥單寒，行能無算，遭逢盛世，幸簉清班。今復邀此異數，後先情事竟與夢中一一符合。天恩高厚，儌然豎儒何從報答，惟有捐糜頂踵，以仰酬夫萬一而已。《御試恭紀》

康熙四十一年十月二十八日，與揆愷功學士同試南書房。感舊："天上青雲客，人間白雪翁。交新雙闕下，話舊十年中。詩讓揮毫速，文慙起草工。薦賢名偶玷，深愧躡追風。"是日，召試十二人，欽定揆叙第一，慎行第二。《敬業堂詩集》

奉旨免赴教習廳，賦呈院長揆公："第二廳前逐隊過，北扉咫尺接鑾坡。詔恩已免春秋課，館職猶充弟子科。變白果能生黑否，出藍其奈謝青何。回思東閣傳經地，老廁門墻媿自多。"同上

前年，皇上命東宮出閣，講學文華殿，特召歸德湯先生於江南，命以禮部尚書管詹事府事，重德行也。逾年，蘇州翁先生亦自國子祭酒，擢爲少詹事。先生表帥六館，盡袪監中夙弊，所條奏諸教育法，準於古制，時議惜不盡用。今而知朝廷

之用先生,其意良厚。而其職則以古司成,而行少傅之事,無以異也。《湛園未定稿》

臣英謬以疏賤讕薄,際昌時,邁景會,以康熙六年丁未,成繆彤榜進士,授翰林院庶吉士。是年冬,以先大夫憂去。九年庚戌,服闋,補原官。十一年壬子秋,授編修。次年春,充禮闈同考官。三月,上幸南苑,命臣英偕同官臣史鶴齡,扈從于行宮進講,詔獻《南苑賦》。嗣後每巡行必侍從,或獨往,或與侍讀臣孫在豐偕。《篤素堂文集》

康熙乙酉春,上南巡江浙,嗣立以商邱宋中丞疏,薦召試秋八月,應詔。北發,十月抵闕,奉敕開館,選錄《四朝詩》。潛鱗弱羽,儵[倏]荷吹噓,玉檢瑤函,親承繙校,不翅海客之乘查浮天也。《閭邱詩集》

尤名侗,字展成,江南長洲人。文辭超軼,經術醇深,弱冠名播天下,所交皆人倫英傑。初仕永平司李,後以博學宏詞科特授翰林,朝野榮之。《今世說》

徐名乾學,字原一,庚戌探花及第,官贊善,與弟果亭、立齋并以文章顯名,當世時號"三徐"。學博才雄,與之游,恂恂謙謹,言論所及爲藝林所宗。同上

沈朝初,字洪生,東田其別號。考諱世奕,順治乙未進士,由翰林國史院庶吉士授編修,充日講官,後以君貴,贈朝議大夫,司經局洗馬。妣范氏,翰林院檢討必英姊,累贈太恭人洗馬。公生子五人,君行三,生而穎悟,好學問。范檢討異

之，推劉、盧之好①，更妻以女。初讀書舅氏萬卷樓，窺其藏簡殆遍。故禮部尚書韓公菼，文章海內宗主。方伏處里閈，君與兩兄延款於家，商榷討論。戊午魁其經，己未進士，改授庶吉士。先是君仲兄旭初，由丙辰進士官編修，一時父子兄弟并在翰林，時人榮之。辛酉，授編修。乙丑正月，御試詞臣於保和殿。越日，覆試乾清宮，才十一人，而君與焉。二月會試，分校得士多孤寒名雋。七月，以外艱歸。服闋，又二載，入都。壬申三月，授右春坊右贊善，四月轉左。甲戌夏，遷司經局洗馬，未幾侍直內廷。召見西暖閣，試御前，《金蓮花》詩稱旨，又命書綾字一幅。丁丑冬，擢左庶子。己卯夏，遷翰林院侍講學士。庚辰夏六月十七日，召試暢春苑。翼日，賜御書綾字詩一幅。是歲冬，轉侍讀學士。君自授職後，御試凡六，悉奉溫旨。嘗進呈《紀恩》詩有"兩世三人蒙簡擢，廿年六試荷優容"之句，紀其實也。《穆堂初稿》

南溪學士曹爾堪，字子顧，號顧菴，嘉善人。勳之長子，順治壬辰進士，選庶吉士，兩冠閣試，授編修。扈從瀛臺南苑，世祖褒問，諭令與吳偉業同註唐詩。丁艱，起補轉侍讀，旋陞侍講學士，轉盼三擢，異數也。《檇李詩繫》

藍潤，自吉士歷春坊及國史、宏文兩院，皆侍從清要，被恩眷尤渥。顧性廉介樸直，嘗僦屋窮巷中，閣屋著書。出則敝車羸馬，不異儒素故事。直隸、江南皆以臺員視學，世祖特

① 按，劉琨、盧諶。

简用词臣,以润爲江南上江督学使者。润至,尽剔积弊,励颓靡,拔寒畯,士风文体爲之一变。世祖每顾廷臣曰:"居官如蓝润可法也。"会直省监司多以不称职报罢,朝议难其人。顺治十二年谕曰:"翰林官员,简擢中秘,习知法度,今用人孔亟,必得文行兼优者,以学问爲经济,庶能饬法惠民,助登上理。兹朕亲行裁定,如某某等,皆品行清端,材猷赡裕,信任既久,图报必殷。"于是润遂以右参政督粮福建。《浣初集》

秋月瀛台赐䜩,赉绥币及菱藕诸物。上命以御船载各官至䜩所,传旨在䜩诸臣,笑谈无禁。《丛碧山房诗註》

高曰聪,字作谋,号云曙,癸丑进士。辛酉以中书舍人典试广东,是科得人最盛。复命擢刑部员外郎,陞户部郎中。戊辰奉使提学福建,总督奏公廉明第一。辛巳,调天下学臣在籍者赴南河,特免之。是年秋,上谕诸大臣保举贤才,李公光地、彭公鹏两抚军交章荐公,至有"日月争光"之语。海内方拭目以待公之大用,而公竟以疾卒,闻者莫不惜之。《山左诗钞案语》

偶见明人纪载,以人臣数典文衡者爲遭逢盛事。永乐、正统间,钱侍郎习礼三爲会试同考官,两主乡试,三充廷试读卷官。又刘文靖健,再主两京乡试,四爲会试同考官,一主会试,六充廷试读卷官。李文正东阳,再主两京乡试,两爲会试同考官,两主会试,八充廷试读卷官。杨文敏荣,一典京畿乡试,九爲廷试读卷官。胡忠安滢,十知贡举。士林皆传爲美談。余自通籍以來，康熙丙戌、壬辰、乙未三科爲會試同考官，雍正癸卯主順天鄉試，雍正癸卯、甲辰、乾隆丁巳三主會試，康熙辛丑，雍正癸卯、甲辰、丁未、庚戌，乾隆壬戌六充廷試讀卷官。其餘廷試諸年，皆以子弟與試，引例回避。惟雍正癸卯年，胞弟廷瑑、堂弟廷珩、姪孫若涵同登甲榜，廷試時余不應讀卷，蒙世宗憲皇帝特降諭旨，破格簡用，尤異數中之罕見者。《澄懷園語》

各省督學之官，最難稱職，而在人文繇盛之省，則難之又難。蓋胥吏弊竇，孔多人情，愛憎不一，而又歷三年之久，偶或檢點不到，則謗議隨之，而衆口傳播矣。予三弟廷璐爲翰林時，奉命督學河南，以生員阻撓公事約束不嚴罷斥。後蒙世宗皇帝鑒其誠樸，宥過特用，且畀以江蘇最繇劇之任。三年報滿，有公明之譽，蒙恩嘉獎，再留三年。又在任稱職，屢遷至少宗伯。今上即位，又留三年，前後三任九年矣，乃向來所無之事。閱二年，江蘇又缺員，上仍欲命廷璐往，玉再四懇辭，遂命六弟廷瑑往。是兄弟二人四任此官，誠異數也。同上

皇上御極之元年，大化旁流，仁風翔洽，誕興文教，廣育群材。特詔鄉會兩科，一歲并舉，且增加原額。夏四月，臣廷玉典順天鄉試，蒙恩晉秩宮保，榮極愧深，非伊朝夕。九月會試，皇上過信臣愚，仍使與左都御史臣軾同主試事。承命之日，戰汗悚懷。伏念臣世受國恩，當聖祖仁皇帝時，臣父先臣英，服勤四十餘年，預參機務；臣兄弟三人，俱由詞臣侍從；臣

供奉内廷，屢遷吏部侍郎。皇上龍飛，復蒙眷倚，命作秩宗，兼掌翰林。臣弟臣廷璐，典試八閩，晋秩學士。臣於京兆試竣，既叨殊榮，而臣之子弟廷玠、若震、若涵等三人，又蒙特試激賞，并賜舉人。一門之内，受恩至渥。兹復校士南宫，臣廷璐亦共鎖院。皇上擢臣爲地官之長，命臣廷璐視學中州。仰戴天光，繹思廷訓，負荷重而報稱難，凛凛若涉冰淵。謹與諸臣晝夜批閱，詳校慎取，得中式卷如額。我皇上軫念人才，惟恐尚有遺逸，特詔佳卷之在額外者，一并進呈。考官子弟之引嫌者，悉令補試，欽命中式九十人。而廷玠、廷璩、若涵三人，俱蒙恩遴選。臣廷玠入對大廷，復蒙拔置二甲第一，天語優奬。《澄懷園文存》

若靄，壬子中順天鄉試第六十一名。舉人榜發，廷玉方入内直，世宗憲皇帝見題名録，遣内侍傳諭曰："張若靄中式矣。"少頃，内侍捧松花石硯一方以賜，此若靄拜賜之始也。癸丑成進士，殿試後三日，憲皇帝御懋勤殿閲卷，因諭讀卷官曰："爾等所擬名次，尚有未協。中擬第五卷，策語懇摯，識見老成，非經生可比，字畫亦端楷，應將原擬第三卷改爲第一，原擬第五卷改爲第三。"命大學士批於卷首。及啓彌封，則第一係會元陳倓，第三則張若靄也。帝大喜，諭曰："此大學士張廷玉之子。策内議論，確有識見，想其習覩習聞，禀承家訓，得大臣忠君愛國之意，是以敷陳之言，切當懇摯如此。張廷玉佐朕多年，居心行事，比諸古人，皋夔稷契，信可無愧。

且自伊祖父，累世厚德，繩繩相繼，宜其後人克肖，賢才蔚起，以副國家之用。朕於爾大臣等，深願人人如此，乃慊於懷耳。"是時，廷玉在直廬辦事，遣內侍傳諭曰："爾子張若靄取中探花矣！特告大學士知之。"廷玉聞旨，驚懼失措，免冠叩首，懇辭數四。內侍傳奏，未蒙俞允，已批定甲第，令讀卷官捧出填榜。廷玉奏請面見啓事，仍免冠叩首，繼以泣下。奏曰："三年大比，合計天下應鄉試者十數萬人，而登鄉薦者不過千餘人。以數科之人來京會試，而登春榜者亦只三百餘人。是此鼎甲三名，雖拔於三百餘人之中，實天下士子十數萬人之所想望而不可得者。臣家世受皇恩，無所不極其至。臣子若靄又占科名最高之選，臣實夢寐難安，願讓與天下寒士。若君恩祖德庇祐，臣留其福分以爲將來上進之階，更爲美事。"憲皇帝憐其愚忱，乃命改爲二甲第一名，并將前後情節，頒發上諭宣示中外，俾天下讀書人共知之。同上

唐東江，既成進士，需次又久而選令朝邑。天子熟聞先生名，召試乾清宮西暖閣，稱旨。不令之任用主事銜，留行走翰林中。已而補儀部，尋擢銓部，出典浙試。其典試也，既以掄文鉅眼，又念昔日辛苦之地，精明較閱，所拔皆兩浙才儁，號稱得人。《白漊文集》

王拙園宮詹，以高門華胄早擢詞林。嘗蒙御試乾清宮，賦詩第一。凡史館大著作多出其手，屢膺簡命，典黔試，視蜀學。同上

乾隆三十有四年三月會試，直省貢士牒名，禮部列疏以聞。於是臣綸偕、臣德保欽承簡畀，爲正副考官，典厥事。是日，命甫下，恭逢皇上御門聽政，臣綸膝席叩謝。伏蒙聖慈進臣，而諭以搜採之宜詳，甄錄之宜慎。竊惟學識凡猥，屢玷文衡，自戊午、己未兩預分校，辛酉充陝西鄉試正考官，至戊辰會試知貢舉，其年秋充武會試正考官，庚辰再充順天鄉試正考官。茲復疊被殊施，重叨恩訓，即日入闈，載悚載懼。《繩菴文集》

康熙己未，詔舉博學鴻詞，海內老宿名士雲集輦轂。月給司農錢以膳，入高等者，授爲翰林。及期御試體仁閣下，西清給札，光祿傳餐，恩遇隆渥，實唐宋制科所未有。海鹽彭羨門孫遹，袞然舉首。命下之日，自王公九卿及庠序諸生，思先睹試帖以爲快。一時同舉諸公，則有其年陳君、次耕潘君、大可毛君、鈍翁汪君、悔菴尤君、竹垞朱君，他如施愚山、麗雪厓、王華亭、湯睢州諸君子，皆當代鴻儒，得人之慶，莫盛於此。《香樹齋文集》

無錫杜詔紫綸，少從鄉先輩嚴中允蓀服、顧舍人梁汾遊，工於倚聲。康熙四十四年，聖祖南巡以諸生進《迎鑾詞》，駕幸惠山，又進《梁谿望幸詞》。召見御舟，賜綾詩一幅。已而被召來京。一日傳待詔者八人，入南書房，命寫《御製金蓮花》賦，各賦《紀恩詩》一首。紫綸獨進一詞，拔置第一，旋命纂修《歷代詩餘》，又命修《詞譜》。辛卯舉京兆秋試，壬辰欽

賜進士,改庶常。《詞科掌錄》

交河坦齋王公蘭生,以諸生用,安溪相國薦與編纂《律呂正義》諸書。聖祖以癸巳秋特賜公與禮部試,辛丑與殿試,改庶吉士。世宗憲皇帝嗣位,授編修,乙巳遷司業,丙午主廣東秋試事,詔督學浙江,三遷至侍讀學士,移節安徽,晉閣學。是秋即主江南試,以學臣而主試,亦前此所未有也。《鮚埼亭文集》

姜湛園先生以布衣用,崑山葉公薦,入修明史局,以翰林纂修官食七品俸,仍許與試,尋兼與《一統志》事。凡先生入闈,同考官無不欲急得先生者,顧俛得俛失。而先生亦疏縱,累以醉後誤違科場,格致斥。又嘗於謝表中,用義山點竄堯典二語,受卷官見而問曰:"是語甚粗,其有出乎?"先生曰:"義山詩未讀耶?"受卷官怒,高擱其卷,不復發謄。康熙丁丑,年七十矣。先生入闈,復違格,受卷官見之嘆曰:"此老今年不第,將絕望而歸耳。"爲改正之,遂成進士。及奉大對,聖祖識其手書,特拔置第三人,賜及第,授編修。甫二年,而以己卯試事同官,不飭簠簋,牽連下吏。滿朝臣寮皆知先生之無罪,顧以其事涇渭各具,當自白,而不意先生遽病死。新城方爲刑部,嘆曰:"吾在西曹,顧使湛園以非罪死獄中,媿如何矣!"同上

呂光禄,諱謙恒,字天益,號樵澗,河南新安人。在聖廟時,侍從垂十四年。丁酉科主山東試,庚子科主湖廣試。今

上御極之，歲癸卯四月舉恩科，又以御史主浙江鄉試。甲辰二月，補順天鄉試正科，復以户科充同考官。八月，補會試正科，又以刑科充同考官。先生凡五持文柄，既明且介，所拔皆得人。三科省元，又皆先後得第，入翰林，尤門墻之盛。甲辰順天鄉試，子耀曾亦以主客爲同考官，父子同闈分校，時論以爲榮。《月槎集》

高士奇，字澹人，號江村，錢塘人。自少好學能文，家固貧。年十九之京師，以諸生就京闈試，不利，落魄羈窮，賣文自給。新歲爲人書春帖子，往往自作聯句，用寫其幽憂牢落之懷。偶爲聖祖皇帝所見，大加擊節，立召見。旬日之間，三試皆第一，於是簡入内廷供奉，旋授内閣中書舍人，擢翰林院侍講，洊陞詹事府少詹事。《詩抄小傳》

徐乾學，字原一，號健菴，崑山人。先生昆季皆一代偉人，蔚爲國器。視王氏之珠，薛家之鳳，不翅過之。而仙韶法酒，臚唱三聲，履跡衣香，集成一品，尤屬古今，僅事以是，識與不識，咸嘖嘖稱三徐云。季爲立齋相國，其得第獨先；次爲果亭閣學，康熙癸丑第三人及第；長即先生，庚戌探花，由編修洊陞至大司寇。三公以博學高才，連掇上第，位列卿相。門地之隆，賓客之盛，一時無兩。同上

姜宸英，字西溟，慈谿人，以古文詞馳譽江表，書法亦通神。聖祖仁皇帝稔識，嘗與朱彝尊、嚴繩孫并稱，目之曰"三布衣"。己未詞科之舉，朱、嚴皆入翰林，而先生不遇。久之，

用薦入史館,食七品俸,未授官,年七十始捷南宮,是爲康熙之丁丑科。殿試進呈名稍殿,上問:"十卷中有浙江姜宸英乎"?大臣有識其字蹟者謂:"第八卷當是。"上云:"宸英績學能文,至性尤篤,可拔置一甲,爲天下讀書人勸。"於是以第三人及第,授史職。己卯主順天試,所搜羅多名下士。以是來讒慝者之口,下獄勘問,事未及白而先生已赴玉樓召矣。同上

梁啓心,字首存,一字蔎林,豁父先生長子也。家世錢塘,自君爲學官,弟子籍仁和。少負清才,與弟今少師有二難之目。吾杭文體日趨於骩骳,左塾之門,虞庠之彦,以甘辭軟調邀取時譽。而君獨知問學,覃思閉户,默而深湛,循歷曲折,時時躪曾王之閫奥。文品峻潔,如白雲在空,孤鶴警露。同時接跡而起者,嚴在昌之清奥,任應烈之精切,孫灝之窈窕密栗,陳兆崙之律麗雄奇,皆能開設壇坫,推倒一世,而心每懾君爲畏友。少師既得氣以去,君戰藝於棘闈,屢詘茶陵。彭少詹來視浙學,名冠一䨇,交河王學士拔君於五百人之中。貢入太學,隨計入京師,非其好也。歲在壬子,始舉於鄉,又八年而成進士,改庶常。例當俟散館,豁父先生老矣。少師時官少司寇,侍從禁廷,不獲伸循陔之願。君陳情乞養,朝餐夕膳,所以娛適老人者無弗至。聖天子廉其孝,即家授職編修,蓋異數也。《道古堂文集》

王蘭生,字振聲,一字坦齋,交河人。幼端凝喜問學,誦朱子易,本義不遺一字。安溪李文貞公督學畿輔,拔置縣學

爲諸生,遂禀學焉。益自刻厲研,極性命之理,自樂律、音韻旁及中西象數,莫不深造。從文貞公修《朱子全書》,冥心編校,教學相長,泊然於聲利榮祿之外者十有三年。聖祖仁皇帝問士於文貞,首以公薦。召直内廷,晝夜三接。歲癸巳,命與舉人一體會試。九月蒙養齋開局,與編纂事。旋以父病乞假歸,丁憂,方持重服,召赴熱河行在。復毋(母)病請急,有旨命韻書帶回,就家纂輯,蓋異數也。服闋,復赴書局,日侍講殿,祗承顧問,晨入酉歸,不間寒暑。歲辛丑,試禮部不利,賜一體殿試,以二甲第一名進士,改庶常,充武英殿總裁,纂修《駢字類編》《子史精華》。是年冬,世宗憲皇帝嗣位,以内廷近臣例,邀錫賚嗣,散館,授翰林院編修。雍正三年四月,奉旨凡諸館有律呂門目者,俱著會同修纂,旋命署國子監司業事。明年,出典廣東鄉試,爲正考官,未報命,實授司業。俄有提督浙江學政之命,面乞便道省親。五年,擢翰林院侍講。六年,轉侍讀。七年,晉侍讀學士,調安徽學政,復留即充江南鄉試正考官,以學使典鄉闈,前此未有,復調陝西學政。同上

尤侗,字展成,江南長洲人,康熙己未召試博學鴻詞,官翰林院檢討,家居後加侍講。所著《西堂雜俎》傳入禁中,章皇帝稱爲真才子。後入翰林院,聖祖稱爲老名士。位雖不尊,天下羨其榮遇,比於李青蓮。西堂少時,專尚才情,詩近溫李。歸田以後,仿白樂天流於太易,雖街談巷議,一切入韻

語中。遠近或以游戲視之，比於王鳳洲之評唐伯虎不知。四十至六十時，詩開闔動盪，軒昂頓挫，實從盛唐諸公中出也。《國朝詩別裁集小傳》

雍正十一年癸丑一甲授職外，張若靄授編修，任啓運授檢討。先是張若靄已定一甲三名，拆卷後大學士張廷玉懇求降甲，繼以泣，乃改二甲一名，授編修。乾隆元年丙辰，庶常外部用五十二員，即用知縣二十一員，丁巳庶常外分部二員，即用知縣三十六員，助教一員。《茶餘客話》

大宗伯德清蔡公升元，康熙壬戌狀元，叔啓傳爲庚戌狀元，有紀恩詩云："入對彤廷策萬言，句臚高唱帝臨軒。君恩獨被臣家渥，十二年間兩狀元。"《雨村詩話》

乾隆十四年十一月初二日，內閣奉上諭："聖賢之學，行也，文末也。而文之中，經術其根柢也，詞章其枝葉也。翰林以文學侍從，近年來因朕每試以詩賦，頗致力於詞章。而求沈酣六籍，含英咀華，究經術之閫奧者，不少槩見，豈篤志正學者鮮歟？抑有其人而未之聞歟？夫窮經不如敦行，然知務本則於躬行，爲近崇尚經術，良有關於世道人心。有若故侍郎蔡聞之，宗人府府丞任啓運，研窮經術，敦樸可嘉。近者侍郎沈德潛，學有本源，雖未可遽目爲鉅儒，收明經致用之效。而視獺祭爲工，剪綵爲麗者，迥不侔矣。今海宇昇平，學士、大夫舉得精研本業，其窮年矻矻宗仰儒先者，當不乏人。奈何令終老牖下，而詞苑中寡經士也？內大學士、九卿，外督撫，其公舉所知，不拘進士、舉人、諸生以及退休閒廢人員。能潛心經學者，慎重遴訪，務擇老成敦厚、純樸淹通之士，以應精選勿濫，稱朕意焉。欽此。"

乾隆十六年閏五月十八日，奉上諭："朕前降旨，令九卿、督撫薦舉潛心經學之士。雖據大學士等核覆，調取來京候試，現在到部尚屬寥寥。但觀此番內外諸臣保舉，尚未能深悉朕意。蓋經術根柢之學，原非徒以涉獵記誦爲能。朕所望於此選者，務得經明行修、淹洽醇正之士，非徒覘其工射策、廣記問、文藻詞章，充翰林才華之選而已。亦非欲授以政事，責其當官之効，如從前各保一人故事，此朕下詔之本意也。在湛深經術之儒，原不必拘拘考試。若如內外所舉，已有四十餘人。即云經術昌明，安得如許積學未遇之宿儒？其間流品自不無混淆，豈可使國家求賢之盛典，轉開倖進之捷徑，勢不得不慎重考試，以甄別之。間有素負通經之譽，恐一經就試偶遇僻題，必致重損夙望，因而托詞不赴，以藏拙爲完名，苟如此用心已不可爲醇儒矣！其安所取之。然此中亦實有年齒衰邁，不能跋涉赴考者。伏勝年九十餘，使女孫口授遺經於鼂錯，其年豈非篤老，何害其爲通儒？此所舉內，果有篤學碩彥，爲衆所真知灼見，如伏生之流者，即無庸調試，朕亦何妨降旨問難經義，或加恩授以官階，示之獎勵乎？著大學士、九卿將現舉人員，再行虛公覈實，無拘人數，務取名實相符者，確舉以聞。如果衆所共信，即可不必考試。若仍廻護前舉,及彼此瞻徇,則尤重負朕尚經學求真才之意,獨不畏天下讀書人訾議與後世公評耶?欽此。"

尋內閣等衙門謹奏,此內惟陳祖范、吳鼎、梁錫璵、顧棟高等四人。臣等彼此諮詢,多有知其平素品行端謹,留心正學者,雖未敢遽謂湛深經術,足以追踪曩哲。上稱明詔,而就數十人中詳加較量,充屬潛心經學之士,奉旨保舉經學之陳祖范、吳鼎、梁錫璵、顧棟高。既據大學士、九卿等公同覆核,衆論僉同。其平日研窮經義,必見之著述,朕將親覽之以覘實學。在京者,即交送內閣進呈,其人著該部帶領引見。在籍者,行文該督撫就近取之。朕觀其著述,另降諭旨,或願赴部引見,或年老不能進京,聽其著述不必另行繕錄,致需時日,啓剿襲猝辦、【膺】鼎混珠之弊。欽此。

內閣傳上諭,臣吳鼎恭進《象數集說》一部、《集說》附錄一部、《易問》一部、《春秋四傳選義》一部、《易堂問目》一部、《考律緒言》一部。臣梁錫璵恭進《易經揆一》一部。隨蒙恩授臣吳鼎、臣梁錫璵國子監司業。是日,召對於勤政殿,面奉恩旨云:"你們以經學保舉,朕所以用你們去教人。如今大學士、九卿等公保你們,這是你們積學所致,不是他途。"倖進臣吳鼎、臣梁錫璵謹奏:"臣等草茅下士,學識荒陋,蒙皇上格外天恩,授臣等以司業之任。臣等惶恐之至,實在承當不起。"復蒙聖訓云:"經是讀書的根本,但窮經不徒在口耳,須要躬行實踐。你們自己躬行實踐,方能教人躬行實踐。"臣吳鼎、臣梁錫璵謹奏："臣等何能教人,惟遵奉聖訓,自己勉勵,以此教人,求少報天恩於萬一。"隨叩頭謝恩而出。尋奉上諭,吳鼎、梁錫璵所著經學各書,著派翰林二十員,中書二十員,在武英殿各繕寫一部進呈,原書給還本人,所有紙札飯食,皆給之於官,著梁詩正劉統勳董理其事。欽此。《感恩錄》

范承謨,字覲公,漢軍鑲黃旗人,大學士文程之次子。年十七選充侍衛,仍以茂才得應制科,中順治壬辰進士,由翰林院編修擢秘書院侍讀學士,遷國史院學士,康熙七年,授都察院副都御史,巡撫浙江。《東原文集》

壬午,西湖龍井新建行宮,御製詩正查典故,汪孟鋗撰《龍井聞見錄》獻之行在,稱旨。即命同諸生考試,授中書,終主事。子如藻、如洋、如淵俱入翰林。《石鼓齋雜錄》

孫文靖士毅,杭之臨平鎮人,家世業賈。時德清蔡某在鎮授徒,強令附學,父弗喜也。入泮後,仍居于肆。四十中己卯舉人,庚辰下第,旋困珠市口店,亦未知名。辛巳二甲三名,不用,歸。應壬午召試,謂家人曰:"此去若不得官,即沉西湖,誓不歸里。"旋以第一人授中書,不十年,開府滇陽,入翰林,職兼將相。年幾八十,先以征安南,封公削去,至是仍贈公世襲伯爵。浙江科目中膺五等之封,惟公一人而已。同上

一甲三人,未散館,皆主文衡,向所未有。惟庚戌科石修撰韞玉,主考福建;王編修宗誠,主考雲南;而予亦奉同考京

闈之命。事未竣,余及石君特恩視學黔楚,王君自滇中復命復充會試同考官。半歲之中,三人皆疊邀恩命,則又從來未有之異數云。《曉讀書齋雜錄》

先學使公,康熙甲子舉於鄉。其冬,仁皇帝詣闕里,釋奠至聖,助祭者特恩即授職,公當宰縣,不肯就。越三年,登進士第,入翰林,授檢討講官。闕上憶公名,召問其家世及幸魯時事,喜甚,遂補日講起居注。典浙江鄉試,所拔多寒畯。會學臣當遣,禮部列名以請。是時,天下惟直隸、浙江有學院,例以閣部大臣爲之,上意在公也,顧問曰:"翰林未開坊者,亦可乎?"部臣曰:"簡在聖心耳。"遂以公提督浙江學政。編檢爲學院自公始也。先學使,名光敦,字學山。《樂圃閒述》

吾鄉戴笈圃先生第元,壬午江南副考官,戊子湖北學院,丁酉湖北副考官。可亭均元,庚子江南副考官,戊申湖北副考官。石士心亨,丙午江南副考官,丁未湖北學院。蓮士衢亨,癸卯江南副考官,己亥湖北正考官。可亭爲笈圃先生弟,石士、蓮士爲笈圃先生子。文運之盛,萃于一門。而又于江南、湖北歷歷不爽,斯亦奇矣。至笈圃先生曾任安徽學院,可亭亦任此官,其他文衡不可枚舉。其榮幸爲吾鄉所僅見云。《虛谷閒談》

槐廳載筆

卷四

盛事一

山東王曰高，癸卯典江南，取兩鼎甲，五尚書，三大學士，得人最盛。《一統志》

李霨，字景霱，高陽人，父國楷，明天啓中爲東閣大學士。霨弱冠登順治丙戌進士，改庶吉士，累拜大學士，時年甫三十有四。同上

白夢鼐，字仲調，江寧人，康熙庚戌進士，官大理評事。夢鼐少與兄夢鼎俱崇尚志節，時有"二白"之目。及居官，多所平反，都御史魏象樞亟稱之。戊午，補行福建鄉試，夢鼐爲考官，得士極盛。同上

田逢吉，字凝只，高平人，順治進士，選庶吉士，歷內國史院學士，終浙江巡撫。逢吉年五歲，父馭遠爲流賊所執，以刀脅之，號泣父旁，若請代狀，賊感動，得無害。在翰林，分校主試，得熊賜履、李光地、張鵬翮、趙申喬、陸隴其等，皆爲名臣。嘗奉使賑淮陽，奏請寬逃人，禁使流移者，獲隨地收養，全活

無算。同上

　　蔣永修,宜興人,督學湖廣,釐正文體,葺學官二十四處,修復石鼓書院,請復周子世襲,建義倉義學,敦勵士行,表揚節孝,人咸勸興。同上

　　熊賜履,字敬修,祚延子,順治進士,官檢討,館閣著作皆出其手。康熙中,官學士,上書數千言,悉嘉納之。遷掌院事,知經筵,進講宏德殿,拜武英殿大學士,尋罷歸。二十七年,召拜禮部尚書,遷吏部。三十八年,復入閣。四十二年,乞休,卒謚文端。賜履八主文衡,《世祖實錄》《兩朝國史》《政治典訓》《北征方略》《孝經衍義》《朱子全書》《明史》皆充總裁官。潛心理學,所著有《學統閑道劄記》及文集若干卷。同上

　　熊伯龍,字次侯,漢陽人,順治進士第二,授翰林院編修,歷官侍讀學士。性孤介,砥礪名節,在館閣二十年,文章推重當世。好汲引後學,精於藻鑑。主試浙江,督學順天,及官祭酒,多所識拔,年五十三卒。同上

　　魯瑗,字建玉,新城人,康熙進士。授檢討,典試山西,稱得士。爲國子司業時,集諸生講論,娓娓不倦,累陞右通政。致仕,主教豫章書院。生平無疾言遽色,人自不敢干以私,學者稱"西村先生"。同上

　　順治甲午,浙江鄉試,熊鍾陵伯龍主試。一榜狀元及第者三人,乙未史大成,鄞縣人;甲辰嚴我斯,歸安人;庚戌蔡啓傅,德清人。《浙江通志》

徐倬，年十歲游會稽，受知於倪文正公，因謁劉蕺山，遂以正學爲依歸。癸丑成進士，授編修，乞歸養者十年。癸酉主順天鄉試，年已七十。學老文鉅，靈光巋然，碑板之文，照爛四方。嘗輯《全唐詩録》進呈，所著詩文十餘種，合之爲《蘋邨集》。同上

順德人黄章年，近四旬爲博士弟子，六旬餘，試優補廩。八十三，貢入太學。康熙己卯歲，北闈秋試已百歲。大書"百歲觀場"四字於燈，令其曾孫爲之前導。《國子監志》

每一科賜第之後，必選天下英俊魁碩之士，教之養之，既成而後授職，一代之相才出其中，一代之名臣亦往往出其中。若定菴宫子，器識文藝兼優者也。庚戌之役，余忝居總裁，以第一人拔諸多士之中。天下業已依光附景，矜式恐後。癸丑選入庶常，鉛槧攻苦，猶爲諸生時也。每拈一題，豎義摘詞，出人意表，如《瀛臺》等賦，則揚班之遺也；如《性情》諸説，則程朱之粹也；如《屯田》諸策，則董賈之劚切也；如《册詔》諸作，則燕許之高華也；其古風排律五言等作，俱枕籍騷雅，則岑杜之蒼鬱也。豈不珠聯璧合，星明霞燦也乎？《兼濟堂文集》

孫君承恩榜進士，其第三人，君也。君吴氏，諱國對，字玉隨，又字默巖。初母夫人有身，夢二龍相對，已而同乳生二男子。君先生故名對，其季曰龍。當世廟時，用誅流以懲南北鄉試之弊。其明年禮闈校士，上親定題目，夜半遣親臣齎送鎖院，其防密如此。既策之於廷，上曰："吾既以法懲除積

弊,宜可得天下真才。"故於是歲所取士,恩意尤有加焉。連數日引見宫門,拔其爲庶吉士者三十二人,與承恩等三人讀書翰林中。上嘗幸景山瀛臺南苑,輒召以從,賜坐延問如家人。有欷歔感泣者嘗問君,侃侃以對,上重焉。舊制初教習分國書、漢書,人習一書至是,上謂此皆真才。漢書其所嘗習,命人兼二書,每間一月,御試之殿中,親第其高下,由是翰林之選益重焉。君海内名宿,試皆在上第。長於諷詠,指物引類。對坐客,運翰如飛,鏗鏘幽窈,旨趣感人。顧是時雖重漢書,而士之不能習國書者,則斥以去。君既專精辭翰,又年盛氣盈,文采丰儀,懾伏一世,若無以爲我難者。久之於國書不能竟學,乃喟然嘆:"此乃天之所以限我才也。"明年,則以病去。居六年,補編修,典試福建,遷國子司業侍讀,又乞遷葬。去居八年,補侍讀,提督順天學政。事竣又以病去,蓋公於仕途未嘗久居,其官如此。《午亭文編》

　　國家右文,特重學臣之選,非射策中甲科不得與,又非才望爲廷臣所共推。雖已銓除,往往至尊親爲更定。學使清要,固倍他司,其稱否,亦易見,合數十州郡千百之人士評隲,稍一不當,則訴怨立起。即秉公持慎三年,書升所取,或非所錄,亦終不足厭人望,故學使之任爲極難。潮陽楊公鍾岳來視閩學政,在庚申之二月。是歲補行鄉試,公承前學使錄科,後搜羅伏逸,特拔中式者若而人。次年辛酉鄉試,中式者若而人。隨上春官成進士者,又若而人。銖銖較之,至兩而差,

寸寸度之，至丈而爽，公何料士之審若此？《託素齋文集》

同年，僉都御史陳省齋肇昌，黃岡人，有六子。次子大章，康熙戊辰進士，翰林庶吉士。第四子大群、五子大華，庚午同捷楚榜，大華又解元也。是科，長子大年亦中順天副榜第一。省齋即于是冬擢僉憲。父子兄弟極一時之盛，朝士榮之。後幼子大輦，又中壬午鄉試。《居易錄》

本朝會試，自順治丙戌至康熙辛未已歷十八科〔中增丁亥、己亥二科。〕其登內閣、九卿、督撫三品者。惟丙戌、乙未二科最盛。丙戌大拜四人，傅聊城以漸、李文勤霨、魏柏鄉裔介、馮文毅溥。尚書八人，沙宗伯澄、高司寇景、傅司空維鱗、冀司空如錫、朱司空之弼、艾司寇元徵、魏敏果象樞、劉端敏榗。督撫尚書三人，袁清獻懋功、朱河督之錫、林漕督起龍。左都御史一人，劉遷安。鴻儒侍郎十五人，李宗伯霨棠、石司農中、張司寇爾素、陳司農協、王司空天眷、胡少宰兆龍、梁少宰清寬、梁少宰清遠、田司農六善、楊司馬時薦、于司寇嗣登、朱司農裴、李司馬棠馥、楊司空運昌、王司農度。左副都御史一人，董洛陽篤行。巡撫右副都御史一人，張閩撫汧。通政使二人，晉洪洞淑軾、劉羅山士蘭。大理卿一人，王文安景祚〔本名印祚〕。內院學士一人，夏蓋州敷九。同上

乙未，大拜一人，宋文恪德宜。尚書三人，王司農日藻、王司農隲、陳文安敱永。侍郎十二人，史宗伯大成、田宗伯種玉、王宗伯澤宏、胡少宰簡敬、于司農可託、嚴司農沆、王司農

遵訓、暨不佞士禎、孫司馬光祀、楊司馬雍建、李司馬贊元、梁司空鋐。左副都御史一人，徐武進元琪。總督侍郎二人，徐清獻旭齡、慕漕督天顏。巡撫侍郎三人，田浙撫逢吉、劉東撫芳躅、曹貴撫申吉。巡撫副都御史二人，劉直撫祚遠、伊雲撫闢。內閣學士一人，綦高密汝楫。通政使一人，楊臨清鼐。太常卿一人，洪南安士銘。太僕卿一人，蔣丹徒寅。國子監祭酒一人，馮涿州源濟。蓋丙戌龍飛首科，即乙未極盛不能及也，後王宗伯澤宏與予亦至尚書。同上

李容齋天馥相國，壬戌典會試，得士最盛。子孚青，先以己未進士入翰林。一日宴集諸門生，史講學夔獻詩有云"郎君館閣稱前輩，弟子門墻半列卿"，時以爲不減唐人文章舊價"留鶯掖桃李，新陰在鯉庭"之句。同上

本朝鼎甲之盛，無如蘇州。蘇州之盛，又以長洲、常熟二縣爲最。長洲狀元四人，康熙丁未繆侍講肜、癸丑韓少宰菼、丙辰彭侍講定求、乙丑陸侍講肯堂，韓以下三人皆兼會狀兩元。常熟狀元三人，順治戊戌孫承恩、康熙己未歸少詹允肅，今科庚辰汪修撰繹。他若湖州之德清，兩狀元皆蔡氏。康熙庚戌啓僔，壬戌升元，叔侄也，又皆戌科大奇。同上

河南提學道張仕可，字惕存，京江相國素存弟也。父公選九徵，先以吏部爲河南學道，父子相距三十年。江西提學道王式穀，字誨存，睢州人，大理寺卿公垂[紳]子也，祖去非震生，先爲江西學道，祖孫相距二十八年。余官京師三十餘年

間，皆及見之。同上

　明彭吏侍華，爲庶吉士。其兄文憲公，時以學士教習，然猶從兄弟。康熙癸丑，崑山徐宮允秉義果亭，以鼎甲第三授編修，入館。其母弟相國立齋，以翰林掌院學士司教習，具疏題明，特旨免秉義教習，曠典也。乙丑會試，華亭王戶侍鴻緒儼齋爲總裁，其母兄編修九齡爲同考試官，尤僅見。同上

　太常寺少卿王楨，字文木，號雨嵐，弱冠補上庠，有聲塲屋。順治乙酉，世祖章皇帝龍飛，首科領鄉薦。明年丙戌成進士，以二甲高第，除中書科中書舍人。是年再行鄉試，公分校，得故吏部尚書諡恭定郝公惟訥等十二人。己丑考選，授兵科給事中。癸巳轉吏科右給事中，掌登聞鼓，尋轉吏科左給事中。乙未分校禮闈，得故太常寺少卿尹君源進等二十一人。得人之盛，前後無與比。《蠶尾集》

　順治戊子，順天鄉試第四名張永祺，壬辰榜眼及第，第五名戴王綸，乙未榜眼及第，第八名熊伯龍，己丑榜眼及第。《池北偶談》

　康熙庚戌狀元蔡啓傳，壬戌狀元蔡升元，俱德清人，升元即啓傳從侄。同上

　順治戊戌鼎甲三人，常熟孫承恩，鹽城孫一致，全椒吳國對，皆江南人，皆中甲午順天榜。同上

　順治以來，蘇州會元六人。乙未秦鉽，長洲人。丁未黃虨緒，崇明人。癸丑韓菼，丙辰彭定求，乙丑陸肯堂，丁丑汪

士鋐,俱長洲人。狀元七人,戊戌孫承恩,常熟人。己亥徐元文,崑山人。丁未繆彤,吳縣人。癸丑即菼,丙辰定求,己未歸允肅,常熟人。乙丑即肯堂,兼會狀者三人。同上

崑山徐氏兄弟三人,長乾學,康熙庚戌探花及第,刑部尚書。次秉義,癸丑探花及第,右庶子。次元文,順治己亥狀元及第,以户部尚書大拜。同胞三及第,前明三百年所未有也。惟宋李宗諤子昭遘,昭遘子果卿,果卿子士廉,三世探花及第。同上

順治己亥,狀元徐元文榜姓陸,探花葉方藹,皆崑山人。庚戌狀元蔡啓僔,榜眼孫在豐,皆德清人。明崇禎癸未,榜眼宋之繩,探花陳名夏,皆溧陽人。同上

武進楊修撰廷鑑,吕閣學宫僚壻也。一明崇禎癸未狀元及第,一順治丁亥狀元及第。[廷鑑二子,大鶡己亥庶吉士、按察使,大鶴己未諭德。]同上

本朝一邑科第之盛者,無錫壬辰狀元鄒忠倚,乙未探花秦鉽[長洲籍],秦又會元也,己亥榜眼華亦祥[榜姓鮑],甲辰探花周宏[榜姓秦]。崑山三徐兄弟及第外,又有己亥探花葉方藹。德清庚戌二及第外,又有丙辰榜眼胡會恩,壬戌狀元蔡升元。常熟戊戌狀元孫承恩,丙辰探花翁叔元,己未狀元歸允肅。同上

全椒吳氏兄弟同胞五人,其四皆進士。長國鼎,前癸未進士,官中書舍人。三國縉,順治己丑進士。四國對,順治戊

戌進士榜眼及第，官翰林侍讀。五國龍，亦前癸未進士，官禮科都給事中。國對、國龍孿生也。國龍子晟康熙丙辰進士，昺辛未進士榜眼及第。同上

桐城張禮書英，兼翰林院學士，掌院事。子廷瓚，同時官翰林侍讀學士，又同爲日講官。同上

華亭王左都鴻緒，先爲內閣學士，二兄頊齡、九齡皆翰林侍講學士。同上

順治乙酉鄉試，山東法若真，以五經疏聞於朝，特旨授中書舍人，仍與會試。丙戌遂入翰林，其弟若貞，同科進士，給事中。同上

長洲彭氏定求，丙辰狀元，寧求，壬戌探花，同曾祖兄弟。同上

近日地氣，自江南至江北，而揚州爲極盛。如甲戌顧圖河，江都人，榜眼及第。庚辰季愈，寶應人，榜眼及第。癸未王式丹，亦寶應人，會狀兩元及第。一時稱科名盛事，此前未有也。《香祖筆記》

江淮以北，鼎甲甚不易得，蓋自明時已然。然如直隸、滄州，順治丙戌呂讀學[顯祖]，乙未戴少參[王綸]，皆榜眼及第。河南柘城縣，康熙甲辰李侍郎[元振]，庚辰王編修[露]，一榜眼及第，一探花及第，露即會元也。滄州又有丁亥會元李人龍，官內閣中書舍人。然則堪輿家言，信有徵矣。同上

近歲遭逢之奇，無如毘陵趙中丞申喬者。申喬，康熙庚

戌進士，初仕爲商邱令，陞刑部員外郎。引疾家居，特旨起擢浙江布政使，尋巡撫其地。弟申季，丁丑進士，自廣西知縣召入翰林。子鳳詔，戊辰進士，知臨汾縣，甫一載，超擢太原知府。熊詔，己丑進士，特賜狀元及第。《分甘餘話》

丹徒張氏吏部文選郎中九徵，順治乙酉解元，丁亥進士，終河南督學。諸子玉裁，康熙丁未進士，第一甲第二人及第，終翰林院編修。玉書，順治辛丑進士，文華殿大學士兼戶部尚書。仕可，康熙丙辰進士，亦以僉事爲河南督學，遷湖廣布政使司參議。恕可，康熙戊辰進士，浙江杭州府知府。玉書子逸少，康熙甲戌進士，翰林院編修。同上

近科鼎甲三人，皆至八座者甚少，同時者尤少。惟癸丑狀元韓菼，第二人王鴻緒，第三人徐秉義，同時爲八座。韓禮部尚書，王工部尚書，徐吏部侍郎，衣冠詫爲盛事，本朝設科已來，所未有也。《歸田錄》記："首甲三人并登兩府者惟天聖五年一榜。"此足相匹。同上

本朝康熙丁卯解元張兆鵬，吾邑芳千人也，父仍休寧庠。庚午浙江解元吳筠，歙溪南人。辛未狀元戴有祺，吾邑瑶溪人，會元張瑗，祁門人，亦一科同郡兩元矣。《萬青閣偶談》

古今名爵之盛，王謝尚矣。唐如張說，三世宰相。明如靈寶許氏，一門皆貴。希遇我朝建興人物之盛，亦有足述者。父子尚書，王崇簡、王熙，宛平人。兄弟總憲，徐元文、徐乾學，崑山人。父子同時總督，白色純、白秉節，遼東人。一榜

三鼎甲，馬世俊狀元、鮑亦祥榜眼、葉方藹探花，俱江南丁酉科。方月江，猶所取也。一門三鼎甲，徐元文、徐秉義、徐乾學俱探花同榜。一縣兩宰輔，山東益都孫廷銓、馮溥，俱己卯科。洪承疇以內閣經略五省，吳興祚由知縣三年陞總督。《梅窗小史》

翰林院檢討，曲阜顏君光敩學山，爲復聖顏子六十七世孫，中康熙二十七年進士，改庶吉士，除今官。三十二年秋，典浙江鄉試還，天子命提督浙江學政。近例學院以翰苑兼坊局銜者充之，君以史官特簡，異數也。士三年大比，浙東、西就試者至萬餘人，主司之不公，士且攢譏誎誚，有裂牓紙，而以瓦礫擊其後者矣。君來，牓既放，雖見抑者無怨。及聞君再至，交以手加額。君亦杜絕千請，惟真才拔擢，克循祖父忠孝之門風，入稟太夫人之訓。焚膏點筆，靡間晨暮，席門甕牖韋帶紃履之士，悉甄綜，無遺才。飯糲茹藿，甘之如飴，士皆鼓舞自奮，而君斯瘁矣。《曝書亭集》

自世祖章皇帝定鼎以來，國家舉行臨軒策士之典。凡十有三，而以第一人及第者，吾郡獨居其五，海內傳爲盛事。中間有太公與太夫人皆無恙，能享其子之祿，而屢受天子貤封之錫者，則惟學士徐公肅、侍講繆歌起兩先生之家爲然。《鈍翁續稿》

王子厚諱曰溫，一字綠野，其先山西洪洞人也。明初遷尉氏之古三亭岡，遂占籍。尉氏傳十餘世，皆有隱德。至芝童公,萬曆庚子魁於鄉,漢中推官,遷同知青州府。生子二,長鳴玉,次鳴球,即封公也。封公中順治庚子鄉試第一,甲辰中會試。有子六人,子厚其長也。子厚少負軼才,年十一補博士弟子,有神童之目。癸卯舉於鄉,丁未會試中式,時年二十三。初封公甲辰未嘗與殿試,至是父子同對策大廷,人以爲榮。《湯子遺書》

接侍以來不敢恩門牆,忽忽逾月。伏聞御批有薦舉人員,着候到齊之日考試之旨。聖恩汪濊,屢沛溫綸,張八紘之網集四海之士,即累月浹歲,没齒餘榮,豈草莽臣所敢言。抑寒蟲羈鳥,有迫而欲鳴者,敢以獻於閣下。竊聞聖王哀一夫之不獲,仁者胥萬物使得所。計天下被薦者,内外出處凡百八十餘人,除丁憂准免者九人,現在驗到者百三十一人,續到者七八人,物故者四人,題明不到奉旨續催,及未經查明題報者,共二三十人。以所部敦促上道火烈雷迅,度必有疲癃衰疾,實不能起者,且今之耆舊,如傅山杜越,年垂耄耋,病不能興馬,舁以籃筥,馳卧國門外,亦可見天朝之曠典,莫敢不舉踵矣。《學餘堂文集》

自昔文人多矜夙慧然,或以一事成名,或以片言居要。云始基之非,大成之候也。制義一途,於古今文字中最爲精粹。老師宿儒,皓首窮經,不能悉其義,而苕發穎豎,旦夕奏效,越景絶塵,一日千里,其視昔賢爲倍難矣!余至武林值學使,程公校士甫竣,有吴童子以九歲迭冠軍。觀者如堵牆,已

知爲吾友爾效之子念修也。爾效出試刻見示，抑何齒之新，而才之夙乎？《蓮龕集》

傅公以漸以開國首科第一人，授官修撰。不十年入政府，受特達之知。大計密議，恒蒙俞允。自諸生迄通籍垂四十年，讀書嗜學，手不釋卷，著述甚多，惜燬於火。在官食不重味，衣皆再澣，以清勤著稱，學者稱"星巖先生"。《泉山堂剩稿》

士子省試，以所占經爲一同考薦者謂同門。視同年友，尤親密。余丙子試京兆，及副額同，商邱宋子山言以毛詩，出左蠡吾夫子門。己卯鄉薦，則同出行唐張夫子之門者，有常熟蔣子酉君，山言酉君，俱以詩名海內，余不能屬一語，則余之陋也。《圭美堂集》

歲在乙未春三月，廷試禮闈所取士，表弟徐端揆擢居第一，舉朝公卿相賀得人。四方學古守道之儒，咸以爲實與名稱也。竊觀設科取士之法，本古三年大比，禮賓賢能而登天府。一賢者特出爲天下先，則人人肄詩書名節，恥爲無本之學，與夫一切苟且之行，其所繫豈小耶？《匠門書屋文集》

康熙五十四年，禮部行會試，長洲李錦舉第一。其弟文銳同榜中式，殿試後天子親選庶吉士。兄弟皆得與，人皆稱李氏有世德。尊人陶菴義方之教，有以啓其後也。同上

輔銘兄生于康熙丁未，先是邑令，會議漕糧，故高其直。先大父爲民侃侃力爭，令語塞。密使人遺以金，大父拒，弗內。是夜夢神謂之曰："當送王曾爲爾孫。"已而生伯氏，小氏

曰："沂後大魁天下。"先庶常在朝，恭遇臚傳，口占二律，所謂沂國當時曾有兆者，蓋指此也。乙未，分校禮闈，輦金者踵至，咸峻却之。丁酉，西江之役，尤以公慎自矢。嘗題試院協一堂柱云："三條官燭棘闈，辛苦廿年，苟以溫飽負平生，斯誓有如江水，一介儒冠，玉樹光榮，兩世能取文章，報恩遇此行方識廬山。"又銜命口占云："恩隨波瀾流還遠，心較冰寒夏亦堅。"其梗槩可知矣。《練音初集》

胡禹冀，字載川，江蘇江寧人。太平府儒學教授，以順治乙酉舉於鄉，至康熙乙酉，始姑熟告歸，重見鄉後進之歌鹿鳴者，人爭羨之。以謂前輩登後甲子復一周者，獨嘉靖中石城許公，而君即許公彌孫也。君之生也，未嘗有疾病憂患，終日熙熙，踰八十，飲食步履如平時。《望溪集》

桐城劉捷，康熙辛卯鄉試舉第一。其祖若宰，明崇禎辛未及第第一人。同產兄輝祖，康熙庚午鄉試舉第一。衆議皆謂："宋、明科目有三皆一者，今捷亦可當之。"同上

康熙六十年夏，聖祖仁皇帝召晉江陳公，青陽吳文簡公，長洲何公，赴熱河行在撰擬文字。當是時，三公皆編修，長洲故先，進而陳公與文簡皆晚達，然皆稱詞林中耆宿云。《松泉文集》

進士鮮有至六十年者，康熙己未進士至乾隆己未猶在，而得與後輩稱前後同年有兩人焉。一爲益都趙贊善秋谷執信，一爲黃岡王僉都西澗材任。時西澗年八十有七，而秋谷

年亦八十矣。王重聽、趙失明兩公耳目，各廢其一，而皆不廢吟咏云。《柳南隨筆》

康熙庚戌會試，得人之盛爲本朝第一。理學則有陸公隴其、李公光地，名相則有王公掞，直臣則有郭公琇，廉吏則有邵公嗣堯，宿學則有許公自俊，周公陳伋，錢公世熹，是科典試爲柏鄉魏相國裔介，合肥龔尚書鼎孳。同上

江陰湯廷尉公《餘日錄》謂："閩之林泉山，四代進士，江西之彭文憲，二世閣老，以爲卓異。而本朝桐城張氏，亦二世閣老。崑山徐氏，則兄弟三鼎甲。宜興吳氏，則五代進士。長洲沈氏，磁州張氏，泰州宮氏，吾邑蔣氏，則四代進士。長洲彭氏，則祖孫會狀。德清蔡氏，則從叔姪兩狀元，可謂超越前代矣！"《柳南隨筆》

浙江、江西、湖北三省考官，同日命下，余與叔度、晉爲正考官，而以學士王君秋瑞、編修歐陽瑤岡、史君西山貳之，蓋異數也，三君皆予乙丑所得士。《香樹齋詩集註》

壬申歲予督學浙中，晉寧李公來典鄉試。今李公督學，予來典試，故云："回首絳紗殘夢斷，迭爲賓主悟前因。"《芝庭詩稿註》

仁和金德瑛汝白，雍正丙午孝廉，官中書舍人。乾隆元年，太僕寺卿蔣公璉薦舉博學鴻詞，未及試。丙辰以第一人及第，授修撰，入直南書房。是舉有兩狀元，金壇于振鶴泉及汝白也。《詞科掌錄》

孫司馬光祀，順治丁酉典湖廣試，得一百六人，捷南宮者六十四，稱爲盛事。《雅雨堂集》

太守王泰甡，字芝圃，新淦人，以雍正甲辰捷南宮。讀書中秘，儕輩皆推服之用才能。轉户曹主政，既躋正郎，復歸庶常，散館，列一等四名，授職編修。其由庶常改户曹，詩云："豈解度支籌國賦，但能清儉凛官常。"散館，授編修詩云："三載户曹居下考，一時翰苑忝頭班。"皆異數也。《雙柳堂日記》

槐廳載筆

卷五

盛事二

于覺世，字子先，別號鐵樵，初官歸德，推官改令巢縣。蝗不入境，尤嫻武事，嘗伏兵夜戰生擒巨盜。後以終養不出，唐豹巖太史稱"桓臺二孝子"，謂鐵樵及傅侍御彤臣也。徐東癡題其《廣陵遊草》云："河北聲稱藉久傳，江南名勝入新編。中原氣格風頹後，正始音徽雅正前。見說衣裳同會合，誰當鞭弭共周旋。清吟有此于良史，間氣全消五百年。"康熙辛酉，與睢州湯文正公典試浙江，得人最盛。《山左詩鈔案語》

吾州有南北二李，并以順治丙戌捷南宮。陶菴公爲南李，李棅，字文棐，康熙庚辰進士，乃北李星來公源之子也，與弟樫并有文名，倜儻尚氣節。閩人高北侍宸，遇盜傷甚，危病臥逆旅，先生見所爲文，自迎以歸，延醫調治，爲親視藥裹焉。既愈，即延課子侄，北李文章遂爲吾州之冠。康熙戊子典試貴州，得人最盛。同上

嘉善柯煜南陔，康熙辛丑登第，以磨勘黜落，雍正癸卯復成進士。《詞科掌錄》

吴門繆侍講念齋彤少,延宋既庭實穎爲師。而嘉定許子位自俊與宋友善,時年已望六矣。間過宋館舍,侍講輒以伯呼之。迨康熙丁未,侍講大魁天下,而庚戌會試即爲同考官,子位竟出門下,侍講每語嘉定人曰:"吾中了汝鄉許伯矣。"《柳南隨筆》

吳祭酒梅邨偉業,連舉十三女,而公子元朗、暻始生時,唐吏部東江孫華已爲名,諸生年亦及強矣,湯餅會客儼然居上坐焉。迨康熙戊辰,元朗舉禮部,而唐與之同榜,事亦奇矣。同上

自我九世祖直菴公中前明成化丙戌進士,垂六葉,皆不由科第。我世父文林公暨我父中憲公,先後以春秋中順天乙榜。蹟公車未第,遂隨牒作令。康熙己丑麐定,兄年二十一登進士第。越十年辛丑,我同懷兄蕙圃聯捷被黜。雍正癸卯再登進士第。又越十年癸丑,不才復以第五人成進士。又越乾隆辛巳,兄之子自鎮及孫庚曾同榜登進士,而庚曾遂直史館。繼直菴公後,三代同堂,一時稱盛事。《謙受堂集》

予庚辰典閩試,臨辭召問颶風及天后顯應事,上笑曰:"爾輩是上佛骨表者,亦信佛耶?"《海山存稿》

馬世俊,字章民,江南溧陽人,順治辛丑賜進士第一人,官翰林院侍讀。狀元對策隨題敷衍者多,先生獨侃侃直陳,不負所學。制義皆有根柢,何義門學士云:"我朝狀元前劉後韓,公居其間,鼎足爲三,非妄許也。"詩品亦清正不凡。《國朝詩別裁集小傳》

李孚青，字丹壑，江南合肥人，文定公天馥子。康熙己未進士，官翰林院編修，著有《野香亭集》。丹壑十六歲館選，人以黑頭公目之，惜未四十辭世，故流傳詩篇絕少。同上

　　黄叔琳，字崑圃，直隸宛平人，康熙辛未賜進士第三人，官至吏部侍郎。年十九登第，後庚午、辛未諸舉人進士兩詣其第，稱"後同年譔會"，誠熙朝盛事云。同上

　　俞兆晟，字叔穎，浙江海鹽人，康熙丙戌進士，官内閣學士。視學江左時，諸生進謁相接，如先生弟子。論文行外兼及詩品畫理，以二者皆公所長也。清風和氣，至今猶想慕之。同上

　　宛平黄崑圃先生，康熙辛未詞林。予告後，在長安主持風雅，人有一技一長必爲揄揚，無須識面。李方伯渭來江南，余往衙參一見，便云："崑圃先生交好耶！"余曰："未也。"方伯云："我出都時，黄公以足下再三托我。"方知先生憐才有古人風。《庚午重赴鹿鳴》詩曰："蕊榜新開敞盛筵，漫勞車馬問衰年。雀羅門巷群相訝，鶴髮重聯桂籍仙。"《辛未重赴瓊林》詩曰："天鼓聲喧曉漏餘，春風吹雨洒庭除。婆娑老眼看新榜，髣髴青雲接敝廬。鶴返故巢無宿侶，花開仙洞見新枝。輶軒南國追疇昔，風雨橋山愴夢思。"先生巡撫浙江，追感兩朝恩遇，故詩中及之。《隨園詩話》

　　乾隆丙辰召試博學宏詞，海内薦者二百餘人。至九月而試内殿者，一百八十人。詩題是山雞舞鏡七排十二韻，限山

字。劉文定公有句云："可能對語便關關。"上深嘉獎,親拔爲第一,遂以編修致身宰相。二百人中,年最高者萬九沙先生,諱經;最少者爲枚。全謝山庶常作《公車徵士錄》,以先生居首,枚署尾。己亥,枚還杭州,先生之少子名福者,持先生小像索詩。余題一律有"當年丹詔召耆英,驥尾龍頭記得清"之句,詩載集中。同上

詩占身分,往往有之,莊容可未遇時,咏《蠶》云："經綸猶有待,吐屬已非凡。"後果以狀元致官亞相。唐郭代公元振咏《井》云："鑿處若教當要路,爲君常濟往來人。"亦此意也。齊次風宗伯,年十二,《登巾子山》云："江水連天白,人烟滿地浮,巾山山上望,一覽小東甌。"又記某太史改官爲令,咏《大樹》云："但教能覆地,何必定參天。"同上

錢文端,庚午典江西試。寫榜吏陳巨儒,鬢髯如雪[①],求公贈手迹爲榮;自陳年七十,手寫文武試三十二榜。公贈詩云："桂籍憑伊腕力傳,白頭從事地行仙。自言作吏中書省,曾侍朱衣四十年。"十月,復寫武榜,解首則其孫騰蛟也。名初唱,掀髯一笑,筆墮于地。中丞阿公喜極,遣牙校馳箋,索藩司彭公家屏贈詩。彭方有劇務,幕中客擬數首,不稱公意。遣吏飛馬請蔣苕生來,蔣方與友飲酒肆,戀不肯行。吏敦促至再,扶鞭上馬,比至,則促召之使已四輩矣。彭公遽起,告以中丞索詩之使,立馬簷下。蔣笑曰："某不知公有此急也。"

---
① 髯,鬢。

濡筆立題一絶云："榜頭題處笑開眉,六十年來髩若絲。官燭兩行人第一,夜闌回憶抱孫時。"彭公得詩狂喜,復酌茗生,送輕紗四端。同上

乙丑三十八歲,是年始定三月會試,著爲令四月榜發。舉會試第一,廷試二甲,選翰林院庶吉士。余素曉星平,自推祿命,利在東南,木火之鄉。是歲爲丙運乙年,庶幾有合。而江右日者萬長春,以星盤限度俱佳,必當掄元。其人命理名重一時,必將有驗。遂極意揣摩,塲前所作,濃郁入時,冀博一。當質諸胡太虛曰："文固佳,第闈中作此文字者不少,似難與爭鋒。不若守其故我,清矯拔俗,或亦制勝之道。"余韙其言。初六入内城,與陶叔載同小寓。維時承甲子之後,撿點甚嚴。向例中翰入塲,具公服,至是衣履與衆同,而搜檢亦如之。初九日題紙下,題極閒冷,濃則不稱,清乃肖題。既憶太虛之言,且體中受寒不適,遂率意一揮。日未下舂,三藝已就。隨即錄真經文,亦不假搆思,信筆直書,凌晨而出。二三塲亦俱愜意,心竊自喜。四月十一榜發,衷然爲舉首。座主相國史文靖公、阿文端公、大司馬茶陵彭公、少司寇嘉善太傅錢文端公、房師仁和錢公呈薦,即取中。主司俱欣賞,少司寇尤稱不去口,以爲飄飄有仙氣,列進呈第七卷。蓋兩錢師會試皆第七,仿古人傳衣鉢故事也。御覽十卷畢,以一卷文太縟,不如第七卷清真,御筆親改第一名。闈墨極爲桐城張文和公、任宗伯師所許,可謂足息浮靡;而一時名流亦僉謂"有

瞿鄧宗風"，余滋愧已。廷試對策書卷，盡心力而爲之，未盡一頁，忽有墨點污卷，不知所自來，意欲刮補，執事諸公僉云："刮補難以進呈，實爲可惜，不如換卷重寫。"時已二鼓，將曉始完，憊甚不及細校，交卷遽出。歸家始憶重寫一策字，悔已無及。閱卷諸公咸以爲佳，擬第四卷，究以重字，臨進呈易去。及拆卷時，每拆一卷，上必問會元在那裏。衆未對問，至三，阿文端公對以不在内。自六卷以下，遂復拆名。聖主特達之知，聞之不禁感而泣也。朝考論、詔、疏、詩各一，取第五名，揀選一等試日，新進士賜紗葛二端，前此未有也。引見時，上顧閣臣曰："這是會元。"遂得館選教習，爲少宰德公、冢宰汪文端公分習漢書。八月假歸，同年史酉山同舟唱和甚夥。十月抵家時，祖父母俱康強榮禄。公於諸孫中素愛余，期望甚切，至是喜慰之甚。是年除夕，景象迥異從前矣。《時菴自訂年譜》

沈椒園先生未遇時，有日者謂曰："異哉！君星命應入詞垣，官中外。"然科名無分，求一第不可得。公以爲誕，日者自負精於數，亦不解其故。公連困棘闈，乾隆丙辰應博學宏詞科，授館職，歷官按察使。《秋燈叢話》

丁丑科，少宗伯介福總裁，載亦同考。放榜前，少宗伯有詩云："三見門生是狀元。"蓋辛未、甲戌皆公總裁也。《檉石齋詩集註》

少宗伯介福，四爲會試總裁，兩主順天鄉試，一主江南鄉

試,一主浙江鄉試。同上

大學士劉文定公,武進學廩生,年二十六舉博學鴻詞科,擢第一。廷試《五六天地之中合賦》,諸徵士不解所出,多瞠目縮手,公獨揮翰如飛。桐城張文和公,故睨公卷,對橐朗吟,始共得題解。詩題《山雞舞鏡》,有句云"似擬投林方戢戢,可能對語便關關",一時傳誦。時吳郡沈歸愚宗伯,亦以諸生赴召試,未第,頳首曰:"吾輩頭顱如許,乃不如一白望後生,得不愧死。"《炙硯瑣談》

甲戌會榜,莊本淳先生中式第三,會元胡紹鼎第二,則吾師朱春浦先生菜元也。莊為長洲彭芝庭尚書壻,尚書笑謂曰:"君當作狀元,不見榜頭書鼎元莊耶?"及殿試,果一甲一名,一時語讖,遂成佳譏。同上

《莆陽科第錄》:"宋三百年間,莆人舉進士者,九百七十餘人,諸科特奏者六百四十餘人,其中魁天下者五人,登宰輔者六人。明自洪武庚戌迄嘉靖戊子,凡五十二舉,由鄉薦者千一百十一人,登甲科者三百二十四人,狀元二人,探花四人,會元一人,會魁七人,解元二十五人。"吾邑錢鑄菴人麟、莊南村柱兩先生輯《毗陵科第考》:"自順治乙酉迄乾隆戊戌,亦五十二舉。鄉薦甲科名數差少於莆陽,而其中狀元四人,榜眼二人,探花四人,會元二人,解元二人,博學鴻詞二人,翰林五十六人,登宰輔者四人,尚書以下八座者共二十七人。會魁傳臚并京堂科道、主試總裁、提學藩臬等官,不暇計也。

而又易名者六人，入賢良祠者三人，昭忠祠者二人，較之莆陽盛矣。吾郡梁溪，甲第仕宦之盛不減毗陵，義興次之，亦復元魁接踵，郡志久不復修，惜無有專書紀之者。"同上

《摭言》："唐大中中，張又新，號張三頭，謂進士狀頭、宏詞勅頭、京兆解頭也。"《說儲》又載："唐崔元翰，京兆解頭、禮部狀頭、宏詞勅頭、制科三等勅頭，則并中四元矣。"《宋史》列傳第七十六卷論謂，宋進士自鄉舉至廷試，皆第一者，王曾、宋庠爲名宰相，馮京爲名執政。是宋時三元共三人。然《王巖叟傳》，以明經科鄉舉，省試、廷對皆第一，則亦三元也。但明經非進士科耳。至《孫何傳》，舉進士，開封府、禮部皆首薦及第，又得甲科。《楊寘傳》，試國子監、禮部皆第一，廷試時，仁宗喜動顏色，擢爲第一。則孫何、楊寘亦三元也。《金史》，孟宗獻發解第一，楊伯仁讀其文，謂當成大名。是歲，宗獻府試、省試、廷試皆第一，時稱爲"孟四元"，蓋金時多一府試也。《輟耕錄》，元時三元一人，王宗哲，字元舉，至正戊子科三元進士。《明史·商輅傳》，輅舉鄉試第一，正統十年會試、殿試皆第一，明代三元者，惟輅一人。然《雞窗剩言》記，黃觀洪武甲子南京解元，辛未會試第一，廷對禦戎策，太祖擢置狀頭。亦見傅維麟《明書忠節傳》，則洪武中已有一人，不獨商文毅也。本朝百餘年來，未有中三元者。乾隆四十六年辛丑科，蘇州錢湘舲棨，以己亥解元掇會狀，遂備茲盛事。陔餘叢考

前明主會試三次者王元美，推爲盛事。我朝熊孝感五主

會試，范文端、李高陽、陳澤州、朱高安、張文和、史文靖皆三主會試，劉文正、介受祉宗伯，凡四爲總裁。《茶餘客話》

江南康熙癸卯鄉試，一榜出兩鼎甲，五尚書，三大學士，典試者爲編修王掞，工科給事王曰高。近則己卯一科得人最盛，十年中已出二殿元，秦大成、張書勳。同上

己酉浙江鄉試得人最盛。然名重當時者二人，俱中副車，胡稚威天游、齊次風召南也。同上

同胞三及第，崑山徐氏。而後惟武進莊存與，乙丑榜眼；弟培因，甲戌狀元。《藤陰雜記》

同邑一榜及第。康熙壬辰狀元王世琛，探花徐葆光，俱長洲人。乙未狀元徐陶璋，榜眼繆曰藻，會元傳臚李錦，俱蘇州人。雍正庚戌狀元周澍，探花梁詩正，俱錢塘人。乾隆壬戌榜眼楊述曾，探花湯大紳，俱武進人。乙丑狀元錢維城，榜眼莊存與俱武進人。同上

鼎甲三人同時八座。康熙癸丑狀元韓大宗伯菼，諡文懿，榜眼王大司農鴻緒，探花徐侍郎秉義。乾隆乙丑狀元錢少司寇維城，贈尚書，諡文敏，榜眼莊少宗伯存與，探花王大司農際華，諡文莊。越十餘年，會元蔣少司馬元益，以侍御歷侍郎，一時稱盛。文敏未幾卒于家，文莊師卒于位，莊公休歸即卒，獨蔣少司馬年八十餘。同上

乾隆丙辰，榜眼黃孫懋，五年即擢閣學而卒；探花秦大司寇蕙田，諡文恭；狀元金總憲德瑛；傳臚蔡中堂新，二甲一名；

曹大宗伯秀先，諡文恭，俱官一品。金、秦俱六十外卒，漳浦以宰輔致仕，十年重宴鹿鳴，年九十。同上

祖孫父子同科。江西奉新甘莊恪汝來，官巡撫時，父萬達、弟汝逢、子禾，雍正丙午同舉于鄉，封公後官知縣，不受冢宰封誥亦奇。同上

父子同登進士。乾隆己未，烏程費瀛，子蘭先。甲戌，嘉善周翼洙，子升桓。辛巳，大興邵自鎮，子庚曾。前此未查，若父子同科及同胞同舉，尚多不及錄。同上

同胞同登進士。順治丙戌，膠州法若真、若貞；己丑，烏程姚延啓、延著。康熙丁未，宜興儲方慶、善慶；庚戌，福山鹿廷瑛、廷瑄；丙辰，歸安沈涵、三曾，聯名入翰林。己丑，長洲張學庠、學賢；大興黃叔琬、叔璥；乙未，長洲李錦、文銳；乾隆丁巳，歸安潘汝誠、汝龍；戊辰，涿州劉湘、洵；己丑，山陰沈詩李、詩杜，本孿生。壬辰，咸寧賈策安、策治；戊戌，大興邵自昌、自悅；丁未，靈石何元烺、道生；乙卯，吾郡王以鋙中會元，第二名即胞兄以銜。廷對狀元則前此所未有，嘉慶丙辰，南昌許庭椿、應楷。同上

同胞三同甲。康熙辛丑，宜興儲大文會元，弟郁文、雄文同榜。同上

同胞五登甲科。大興金澍、溶、潢、洪、濬門，懸五子登科額。同年，邵楚帆侍御自昌、弟自華、自悅、自本、自和、自巽、自彭，則六正榜，一副榜。同上

祖孫會狀。康熙丙辰彭定求，雍正丁未彭啓豐，亦無繼者。父子鼎甲。溧陽任蘭枝，癸巳榜眼，子端書，丁巳探花。鎮洋汪廷璵，戊辰探花，子學金，辛丑探花。同上

己亥江南解元錢棨，辛丑會狀翁閣學作《三元》詩，德定圃師和韻，趙雲崧翼作《三元考》，謂唐張又新、崔元翰，宋孫何、王曾、宋庠、楊寘、王巖叟、馮京，金孟宗獻、王宗哲，明商輅及錢而十二。同上

國朝年少登第。順治丁亥王文靖熙，年二十。乙未伊文靖桑阿，年十六。戊戌陳文貞廷敬，年二十。康熙己未李丹壑孚青，年十六。辛未黃崑圃叔琳，年二十。庚辰史文靖，年十九。壬辰舒大成，年十八。辛丑勵少司寇宗萬，年十七。雍正庚戌嵇文恭公，年二十。同上

乾隆朝年少登第。丁巳德定圃師，年十九。己未蔣編修麟昌，年十九。乙丑夢侍郎麟，年十八。戊辰朱大司馬珪，年十八。壬申翁閣學方綱，年二十。熊觀察恩紱，年十七。甲戌戈太僕源，年十九。丁丑彭紹升，年十八。辛巳秦中丞承恩，年二十。丙戌祥布政鼐，年二十。甲辰蔣編修攸銛、文學士寧，俱年十九。同上

大宗伯德定圃師，乾隆癸未、己丑、庚子、辛丑、甲辰，五典會試。韓城王中堂，乾隆乙未、戊戌、丁未、己酉、庚戌，五典會試。前此孝感熊文端公賜履，康熙癸丑、甲戌、丁丑、庚辰、癸未，五典會試。少宗伯介師，乾隆辛未、甲戌、丁丑、庚

辰,四典會試。諸城劉文正公統勳,乾隆辛未、丁丑、辛巳、辛卯,四典會試。高陽李文勤公霨,順治戊戌、康熙甲辰、丙辰,三典會試。澤州陳文貞公廷敬,康熙壬戌、辛卯、癸未,三典會試。桐城張文和公廷玉,雍正癸卯、甲辰、乾隆丁巳,三典會試。溧陽史文靖公貽直,雍正甲辰、丁未、乾隆乙丑,三典會試。同上

宜興陳其年維崧,年四十餘尚爲諸生。有日者謂曰:"君過五十,必入翰林。"梅杓司磊贈詩:"朝來日者橋邊過,爲許功名似馬周。"己未,果以鴻博授檢討,年五十六。名士晚達,康熙丁丑姜西溟宸英,七十三中探花;癸未,王樓邨式丹,五十九會狀;宮恕堂鴻歷,五十八;查他山慎行,五十四;己丑,何端簡世璂,五十八;壬辰,胡文良煦,五十八;乙未,裘璉,七十二;辛丑,陸坡星奎勳,五十九,俱入翰林。乾隆丙辰劉起振,八十歲授檢討。己未沈歸愚尚書,六十七入翰林。癸丑吳貽詠,五十八歲中會元,入翰林。嘉慶丙辰,元和王巖,八十六歲中式,尚未殿試。同上

康熙乙丑會試,王司農鴻緒爲總裁,胞兄九齡爲同考。若兄弟同科典試分校。康熙己未沈三曾、涵。乾隆癸卯吳蠡濤主政俊,雲南副主考;中書弟樹萱,湖南副主考;甲辰會試,同爲分校官。壬子順天鄉試,吳學士樹本,弟助教孝顯同考。甲寅順天鄉試,何農部元烺,仝弟水部道生,充同考官。同上

錢少宗伯載,雍正壬子中副榜,時金檜門總憲客禾訂交。

丙辰大魁，宗伯屢試不售，日者謂：“逢申方中。”年四十五，壬申果聯捷，出睢朝棟門，睢乃總憲，辛酉江南所得士也。于是執小門生禮維謹，自是典文衡，陟卿貳，七十歸田，八十七方卒。韋約軒中丞謙恒，二十拔貢，名噪詞塲，四十四癸未及第，不十年開府黔中，嗣三入詞館，再領成均，官止鴻臚，七十七卒。同上

癸未一榜，英才濟濟。擬鼎甲者，初未知秦大成名也。呼名時，秦貌本寢，繭袍纓帽，幾于一軍皆驚，寓衣肆中，無第可歸。繼而訂交接，其言論篤實可欽，性至孝，隨乞養侍母。越十五年補官，年將六十，僅一分房假歸，旋卒。先是會榜第三，本定張書勳，以論誤斥去，于落卷中搜秦卷補之，占大魁，張隨中丙戌狀元。同上

吾郡明初科名不振，會榜恒脫。自成化初，建萬魁塔于碧浪湖，自是不脫榜者三百餘年。塔尖年久爲風刮落，己酉會試，浙省減至七名，湖遂無中選者。時雷紹堂前輩輪守郡，率彥明府圖等倡捐修復。工甫竣，而庚戌、癸丑中四人，三入翰林，張觀察師誠、葉編修紹楏、蔡太史之定也。乙卯，王寶華以鋙會試第一，王署冰以銜第二，廷對遂大魁，同胞上第，尤科名盛事，不僅一郡佳話。丙辰，袁斗槐櫆又會試第一，同郡連科亦未之見。《吳興詩話》

戊戌科會試，于文襄、王韓城總裁。狀元且是師生同考，有秦大成、陳初哲、黃軒、金榜四狀元。是時，京師狀元無不

入闈。是科狀元戴衢亨即出金房,皆盛事也。《石鼓齋雜錄》

雍正己酉、壬子、乙卯三科鄉試,聘鄰省舉人同考。浙江錢相人琦,出福建舉人林瑞泉房。丁巳入翰林,乙丑同考。林于乙丑成進士,出張太史映斗房。錢于填榜時,即認張爲太老師。出闈,率所中會元蔣元益、狀元錢維城等謁林同年,而稱太老師。蔣與林又己酉同年,一時傳爲佳話,歸班終于蜀令。同上

熊文端賜履,癸丑三十九歲會試總裁,得韓菼等一百五十人。有薦舉原任直隸內黃縣知縣張沐,原任江南江都縣知縣軒轅胤一疏。冬,上特召至起居注館,同葉方藹、張英、韓菼等試作《太極圖說》。大稱旨,拔置第一。因問平時所著明道之書,先生以《閑道錄》對。命取進呈,先生趨歸取刻本,詣宏德殿恭進。次早,入侍講筵,上霽色謂曰:"朕披閱所著《閑道錄》,正大精醇,斯誠斯文之派也。"少頃又曰:"《錄》中崇正闢邪,極透切,有功聖道不淺。"遂親題其籤曰"熊學士《閑道錄》",置之御几,蓋異數也。《紅欄書屋文集》

熊賜瓚,字宗玉,孝感人。順治戊戌進士,與從兄賜履鄉會聯鑣,同授庶常,海內有"郊祁"之目,歷官國子監司業。《湖北詩錄》

乾隆甲午,順天鄉試分校官,特旨用京堂七員,小京官四員,三舉人,一拔貢。出身內,助教汪如藻、徐立綱俱乙未進士,選庶吉士;吳省蘭,戊戌賜進士,選庶吉士;惟朱衣點以大

理寺丞終。《史館雜記》

吳綺，字薗次，江都人，順治九年，以拔貢生授中書舍人。奉詔譜楊繼盛傳奇，稱旨，即以楊繼盛之官官之，時以爲榮。《淮海英靈集》

俞梅，字師巖，一字太羹，泰州人。父瀓，官中書太羹，康熙癸未成進士，授翰林院編修。聖祖南巡，召梅父瀓見，賜御書"耆年詒穀"額，特命梅充揚州詩局纂修官，分校《康熙字典》《一統志》《分韻》《唐詩》《政治典訓》諸書。癸巳，山西典試闈中，飛奏減官卷正額三名，取額外五經民卷補之。孫尚書嘉淦、王中丞師、李侍御徽，皆出其門。同上

學政弟兄交代者，庚子年，福建則朱學士珪出使，代其兄編修筠。辛亥年四月，直隸則吳宮詹省蘭出使，代其兄侍郎省欽，皆詞林盛事。《曉讀書齋雜錄》

壬子科，江南正考官禮部侍郎鐵保，副考官內閣學士兼禮部侍郎李潢。外省正副考官皆用二品，前此未之有也。同上

乾隆壬子科，典貴州試者爲蔣編修攸銛、錢檢討開仕。及甲寅，二人復同典陝西試，正副亦如貴州時，亦異事也。同上

乾隆癸酉，江西鄉試，分宜令天門陳公大經典房考官，入闈前一夕，夢迎天榜，衆鼓樂送一匾額至其家，書曰"三元及第"。既而本房取中七人，內三人爲樂平胡羽堯先生，名翹

元,大庾戴筼圃先生,名第元,南昌彭芸楣先生,名元瑞,後皆登進士第。《耳食錄》

七月初十日早行,望朗陵山,東漢以山名縣。雲巖令祖文端公,雍正己酉奉使爲湖南正考官,時有《朗陵道中》一詩,刻之《香樹齋集》中。閱七十年,而文孫又來是省,充是官,誠佳話也,《九十里宿明港驛各次原韻》一首。使湘紀驛

高要謝啓祚,康熙癸酉年生,辛卯年入庠。子十三人,孫二十八人,曾孫十三人,元孫一人,耷十人。乾隆丙午年中本省鄉試第六十一名,場前七月戲作《老女嫁》一律云:"行年九十八,出嫁弗勝羞。照鏡花生面,光梳雪滿頭。自知真處子,人號老風流。寄語青春女,休誇早好逑。"《宜泉筆記》

嘉慶四年己未,會試中二百九名,同胞中式者,滿洲廉善廉能,大興俞恒澤、恒潤,大荔淡士濤、士淳,亦近科所未有。《石鼓齋續錄》

槐廳載筆

卷六

知遇

沈繹堂太史，昔以明經廷對，兒熙適與較閱，讀其文而拔之。《青箱堂文集》

甲子秋，翰林徐子浩軒，偕給諫楊子覺山，被簡命來典江南試事。既撤棘，得士七十有三人。而宜興潘生舒原，實領解額。浩軒，予癸丑所得士也。潘生以浩軒故，率齊年諸友拜予於牀下，執禮甚恭。《經義齋集》

此予癸卯分校所閱李生小調之闈卷也。再六年戊申，予改知永新，以小調文行甚高，多與往返。小調自言：癸卯之役，詭得忽失，卷尚在獨，不識主司名。急取觀之，則即予所點次者。硃墨爛斑，恍然昨日，小調意色殊矜。昔子瞻知貢舉，不得李廌，子瞻以色終迷引咎，廌終不能無怨望。今小調不以予之不力薦爲恨，而反以曾爲予所賞識爲歡，小調器量遠矣。假使予循次信州，可量移去，不改補永新，則即不能知有小調，又安能知六年前已曾識小調之卷耶？即斯因緣邂逅，而予與小調俱可適然於時數之間矣。《託素齋文集》

大興劉顯績，字元公，明崇禎丁丑進士，順治初官給事中，終陝西僉事，有知人之鑒。前明崇禎癸未會試，爲同考官，得大學士成公克鞏，刑部尚書諡端恪姚公文然，學士魏公天賞。順治丁亥會試，再爲同考官，得大學士王公熙，大學士李公之芳，太常卿一甲第二程公芳朝，修撰一甲第三蔣公超，而四川按察使宋公琬，詩家宗匠，亦本房也。視朱平涵相國《湧幢小品》所載，吳中丞維嶽，以嘉靖丁未分考得張相居正，殷相士儋，陸尚書光祖，汪侍郎道昆，胡太常正蒙，胡又會元也。前後可以方軌，然劉得人二次，尤奇。《居易錄》

　　伊闢，字盧源，別號翕菴，與母弟巘同學齊名。順治甲申、乙酉間，邑人士倡爲曉社，公兄弟爲職志，人稱"二伊"。戊子，領山東解額第一，文傳四方，乙未成進士。世祖章皇帝留意人才，初破館選分省故例，駕幸南苑。引見，諸進士改庶吉士三十二人，至公名，上顧左右曰："此山東解元，有文名。"公之受知自此始。既入翰林，每御試唱名及輒語左右如前。丙申四月，特授科道若干人，公授廣西道監察御史。在翰林甫歲餘，蓋異數也。《漁洋山人文略》

　　余三上公車，辛丑之役始受知于澤州說巖陳公。殿試後，益都太宰沚亭孫公，恒山大司馬玉立梁公，俱推拙卷爲首。進呈三日矣，或以余策中引用《漢書·五行志》數語爲不典，二公力爭不可得，遂抑置二甲第二，拔馬君世俊爲第一，馬亦予同門生也。功名分定，區區前後亦烏足較。而知我之感，何敢一日忘也。孫公復以詩見慰云："聖主乘乾日，鴻儀漸陸年。衣冠江左盛，詞賦郢中傅。劍氣星文起，珠光璧月聯。天人資廟略，舟楫濟洪川。奇對終生少，新書賈傅賢。驚鳴難衆和，抗浪得先鞭。金馬青霄上，銅龍曉仗前。來沾仙掌露，歸惹御爐烟。命達才偏勝，時清道易全。老夫覘壯業，多在五雲邊。"《三岡識略》

康熙己酉，余分校晉闈，所得士馮雲驌等，而陸肯堂、胡任輿俱出雲驌辛酉南榜。《寄園寄所寄》

李檢討乞終養疏，情詞懇惻，比之李令伯之陳情，殆又過之。是時，通政司不肯上疏，檢討乃自齎疏，跪午門外三日，遂得上聞。奉俞旨許終養，逕歸富平，不復出。《渭仁筆記》

康熙十有七年春，天子法古制科取士，詔在廷諸臣暨外督撫大吏，各舉博學之彥，毋論已仕未仕。徵詣闕，月給太倉祿米。明年三月朔，召試太和殿，廷發題賦、序、詩各一首，學士院散官紙，光祿布席賜饌體仁閣下。於時無錫嚴君成《省耕》一詩，而退賦、序，置不作也。天子擢五十人纂修《明史》，部議：分資格進士出身者以館職用，餘給待詔銜，俟史成日，授官。詔下，五十人齊入翰苑，布衣與選者四人除檢討，富平李君因篤、吳江潘君末其二，予及君也。君文未盈卷，特爲天子所簡，尤異數云。未幾，李君疏請歸田養母，得旨去。三布衣者，騎驢入史局，卯入申出，監修總裁交相引助。越二年，上命添設日講官知起居注八員，則三布衣悉與焉。是秋，予奉命典江南鄉試，君亦主考山西。比還，歲更始正月既望，天子以逆藩悉定置酒乾清宮飲讌。近臣賜坐，殿上樂作，群臣以次捧觴上壽，依漢元封柏梁臺故事。上親賦《昇平嘉讌》詩，首倡"麗日和風被萬方"之句，君與潘君同九十人繼和，御製序文勒石。二月，潘君分校禮闈卷，三布衣先後均有得士之目。《曝書亭集》

徐釚載拜，前三月十六日見邸抄，知不肖以博學宏詞，與曹溶等七十五人同被薦舉於朝。某驚懼不知所出，隨於閏三月十五日接老師手諭云："當寧求才，不佞以足下入告，倘蒙睿簡賞拔，可不負夙昔所學，不佞亦獲，盡以人事君之誼。"釚跪讀之，涕泗感激。《南州草堂集》

鐵庵翁公，康熙壬子舉於其鄉，丙辰捷南宮。上親試於廷策第三人，賜及第，授翰林院編修。戊午秋，御試第一。旋奉命典山東鄉試，得畢世持①等五十有三人，多拔之已棄之牘，海內翕然稱最盛，是執信受知於公之歲也。《飴山文集》

余分校京闈，自念平生困頓，由不能隨世俯仰，幸膺簡命，其敢輕視都人士②。顧操繩尺以衡人，求其性情出拔，無有也。中秋日，獲一卷，澹折靈奇。初不見其可喜，余恐率易失之，掩卷深思者。彌日，覺性情所發，真有即之愈深，味之愈永者。不禁狂呼嘆絕，亟以第一人薦兩主司。雖加稱賞，

---

① 畢世持，字公權，幼號聖童，9歲屬文，抉闡雒之奧，塾師避席。
② 都人士，居於京師有士行的人。

顧以余執持過切,頗疑之。余聞,憮然曰:"安有求真才而使人疑者乎?"於是詣聚奎堂,引天日自誓,且告主司曰:"兩君掄文畿輔,將取其真才積學乎?抑姑隨世俯仰也?今所見揣摩之業滿几案,性情之發獨此卷耳。夫人負才學而不我遇,斯已矣。既識之而又姑聽焉,某實不忍兩君獨不爲天地惜才,爲國家得士乎?"於是兩主司欣然曰:"君毋過激。人能以性情爲文,豈有私者?"凡八薦,乃以第七人冠本房。當是時,余詞色俱厲,同事皆爲太息。榜發,則桐城馬生也,余不識生何如人。吳戶部五崖、張學士敦復詣余,稱生不置口,且曰:"得名士難,得寒士更難,君獨爲其難者。"余笑而謝之。《健松齋集》

府君氏王諱清,順治乙未分校禮闈,得盧公易等二十有二人。康熙庚戌會試,再充主考官,得宮公夢仁等三百八人。計自甲辰以及庚戌,凡三充殿試讀卷官。今探花董公訥、徐公乾學、編修耿公願魯、主事田公雯,皆府君所首擢也。《修月堂集》

《及第紀恩示同年蔡石公孫苣瞻》:"席帽頻年挾策遊,叨蒙一第主恩優。同時名姓稱龍尾,幾部笙簫簇馬頭。懸綵御街金榜出,開筵大府玉觴留。送歸鹵簿寒儒邸,九陌人爭看擁騶。"《憺園文集》

康熙五十二年,先大夫補授吏部右侍郎,仍兼管翰林院掌院學士事。赴熱河謝恩,上問滿掌院揆公曰:"聞湯右曾工于詩,有刻者,可令進呈。"揆公奏曰:"刻者未之見,適在臣寓有所作《文官果》詩①。"上即命取閱,隨御製一首,賜和有"叢香葉密待詩公"之句。舉朝傳誦,以爲聖眷特渥,儒臣至榮。同官諸鉅公,因群然屬和。一時天章雲爛,秀映河山,鼓吹隆平,千秋僅見。今未敢彙入集中,敬另編之卷首,以紀天恩,以垂不朽,男學顯謹記。《懷清堂集》

　　孫子之會試,出給事何公楷之門。公薦於新城王先生,先生擊節起舞,嘆爲曠代奇才,將以第一人置之。而或有尼之者,詆其文爲未軌於法,何公力爭而厪得之。先是何公嘗招余,余守耿介之性,未之謁也。是役也,余試卷適分屬公,公詳加評閱,鄭重許可而未及薦,余始若有不豫。然乃今知起山,出於其門,不惟嘆公之知人,而且嘆公之知己。蓋公能於數千百人中特識一奇士,而又不以同列之忌,不避嫌怨而力爭,可不謂賢乎？公之招余,知己也;余之不往,自知也。古人有言:"黜而宜,乃知我矣。"余之文,萬不及起山,其黜之也固宜,可不謂知乎？厲柱叔事莒敖公,莒敖公不知。莒敖有難,厲柱叔死之。古人於不知己且如此,況公實知我,而有不流涕太息,而自愧其負公之知者乎？《太僕集》

　　雍正元年癸卯,蒙恩召入內廷侍直,旋擢都察院左僉都

---

① 文官果:果名。產於我國北方,花美麗,供觀賞,果形如螺,味甚甘,也可榨油。傳說其樹從河中浮來,有文林郎拾得種之,故名。參閱明·謝肇淛《五雜俎　物部三》、清·吳偉業《文官果》詩題注引陳藏器《本草拾遺》。

御史,出撫中州,隨奉特旨即于本省典試。《師善堂詩集註》

曹顧菴登南宮上第,宰相愛其門地才華,亟欲致之館閣。於時安邱、孟縣兩館師,皆極天下之望,恒傾心下之。顧菴以文詞翱翔諸公遊士之間,每一揮毫,霞明玉映,諸翰林皆自以爲不及也。《今世說》

雍正丁未試南宮,上以春寒賜天下貢士綿衣薑茶。試畢,群詣闕謝恩。大宗伯吳公襄宣於衆曰:"上有旨,汝輩他日作官當如張鵬翮朱軾,方不愧朝廷其見重如此。"《白鶴堂稿》

雍正十有一年,世宗皇帝特詔開博學鴻詞科,令在京三品以上大臣,在外總督巡撫,會同學臣,薦舉人品端純,學問優贍之士,以應御試。蓋自康熙己未召試,距茲歲垂六十年矣。事嚴典曠,中外相顧,莫敢先發。踰年,河東督臣舉一人,直隸督臣舉二人,他莫有舉者,特旨切責諸臣觀望。又踰年,大學士高安朱公舉四人,而封疆大吏所舉猶趑趄不前。今上登極再詔督促,余方蒙恩,以久廢起官戶部,與仁和趙公同爲侍郎。其從弟意林來謁,投《南宋雜事》詩七卷,同賦者七人,人百首,而意林與其兄谷林并在焉。詩七百首,隸事至三千餘條,其學可謂博,而詞亦可謂鴻矣。亟欲舉意林應詔,意林辭讓謂:"公誠有意,願舉吾兄。"賢哉!讓乎!世人急名利小得失,走若鶩博學鴻詞大名也,中即官清華大利也,獨以讓兄豈易能哉?余未識谷林,止見其詩,然能致其弟敬讓,則其能友愛可知。二趙子詩筆如彼,學問固優贍,而人品豈不亦端純乎？因舉谷林以成意林之意，而意林旋亦被舉。明年，天下所舉士集闕下者，百八十餘人，天子臨軒親試之。讀卷者猶持嚴重之意，僅以十五卷上。於是二趙子俱報罷，蓋中額臨視，己未四之一耳，己未三取一人，今十不能得一也。未幾，意林來告歸，欲得贈言。余謂："博學鴻辭以實不以名，有其實雖不中猶中也。韓文公三試於吏部，卒無成。然唐之中是科者，其學與辭未嘗敢加於韓公子。歸，益勉其學，充其辭，不遇固無害，況遇乎？世人病《宋史》蕪謬，余嘗欲修治之，子兄弟熟於宋事，吾知他日必有以助余者。文章經國之大業，科名烏足爲重輕哉？"因序其事，以送其行。《穆堂初稿》

余主庚午京闈，得一《五經》卷，才氣超軼，兼數人之長。二場所擬詔誥，復極典雅，心知爲才士，亟取入解額。及榜發，則陽湖趙生雲松也。《松泉文集》

昔予主戊辰禮闈試，得廣昌賴子錫蕃之文，見其有五家風格，而鎔經鑄史，軒豁呈露，顧謂同事諸公曰："是卷說理真純，風骨峻整，他日立朝當著正直聲，在外必爲廉能吏。"諸公僉以爲然。榜發來謁，問其所得力，則誦習五家之文，而不爲束縛者也。《歸愚文鈔》

義門何先生焯，少英奇，爲秋岳曹公、言遠王公所器重。既冠，以崇明學生選拔入太學。歲壬午，聖祖東狩駐涿州，安溪李文貞公時撫直隸，迎謁道左。上從容問："野寧有遺賢乎？"公以先生對，既召試，遂直南書房，賜舉人。偕禮部試，

不第，又賜進士，對策高等，改庶吉士。命侍讀八貝勒府，充武英殿纂修。後又以李文貞公薦，授翰林院編修。《集虛齋文集》

無錫蔣遵路，爲人骯髒，有《氣骨》詩如其人。國初爲諸生，病耳聾。一日就試，題爲"吾學殷禮"句，同號生誤認作《論語》。遵路乃朗誦"有宋存焉"，其人致謝，而猶誦不已。學使者攝二人，俱罰令跪。遵路曰："無與鄰號生事，乃某文得意，不禁高聲耳。"學使者閱其草稿，大聲曰："做完後來領責。"及案出，遵路第一。晚年教授自給，不求於外，鄉里高之。《震滄集》

何端簡公世璂，少貧，每借讀鄰塾經史，過目輒成誦，稱爲神童。同里王漁洋公愛重之，授以詩。康熙甲子鄉試，魁其經制義，風行海內。己丑成進士，改庶吉士，座主李文貞公愛重之，授以經學。世宗御極，由檢討兼山西道御史，典江西鄉試，即命視浙江學政，未竣，授兩淮鹽運使。清節著聞，超擢貴州巡撫。六年遷刑部侍郎，調戶部，再調吏部，授直隸總督。積勞成疾。己酉正月，特遣官慰勞，未至，先一日而卒。貧無以爲葬，賜帑金千兩爲治其喪，崇祀名宦鄉賢祠，謚端簡。《寶綸堂遺文》

公諱大受，字占咸，籍湖南之祁陽，以進士起家，爲庶吉士，既授翰林院編修。乾隆丁巳夏，上親試諸翰林於乾清宮，公特以文被知遇，名在第一，即改官侍讀。九月，遷爲學士。凡四閱月，自學士四遷至吏部侍郎，公官之遷速也。始雖由文字，然上察知，公勤慎足任重大。會安慶巡撫闕，遂以命公。公自庶吉士爲侍郎出撫，至是僅七年，近世以來未有也。
《石筍山房文集》

鄧宗伯鍾岳，吾東舊家，其尊考遊江南日，嘗以千金購書。宗伯年方齔卯，讀之略盡，故自少即以博洽著聞。然性謙退，恂恂若不知者，鄉前輩以此決其遠到。工書法，求無不應。友愛諸弟，或暮歸，過時必俟之於門。諸弟至，不敢夜出。大魁後，同年百七十餘人，無一不浹洽款曲，朝議亦共推之。雍正乙卯，簡江南副主考。丁艱歸，起復後，簡江南學院。乾隆甲子、丁卯，復連典江南鄉試。其文學德行爲上所深知，後以老病休致，卒於家。《山左詩鈔案語》

陳廷敬，字子端，別號説巖，澤州人。六七歲從塾師受句讀，見《左氏春秋傳》喜而竊誦之。嗣後，見他古文無不然。家固多書，從兄庶常，公尤好古訓，從學之。盡發所藏書，縱觀之。年二十，釋褐登朝，優游詞館。時龔芝麓宗伯，以風雅號召天下，諸名士皆出門下。而新城王貽上最有詩名，先生詩不與之合，獨奇其詩，因以自負。然卒不合，間亦爲古文以自娛。長洲汪苕文見而大異之，感激汪言，遂肆力於古文，自有得焉。其後召見殿中，問朝臣誰最能詩，舉貽上。詔求安博鴻儒備顧問，舉苕文。兩人用此官翰林，益相切劘砥礪，以盡其材。之兩人者，一爲詩伯，一爲文宗，卓然爲本朝第一手。而吹噓上送，名達天衢，出谷遷喬，聲華赫奕，實由先生

一言推轂。誠所謂文章報國,而得以人事君之道者矣。《詩鈔小傳》

吳廷楨,字山掄,長洲人,所居曰"南村",因自稱"南村居士"。少負異稟,爲文章惟意所適,咸渾然若天成。初名棟,前後試有司者二十有三,皆第一,顧不能博一衿。一夕,夢泥金報至,以今名中第八名進士,醒而異之。既久,困無聊,有故人宦京邸,招之爲童子師,首尾十年。丙子秋,陝士或援例入太學,病不能至,願得替人問其名。則廷楨是觸前夢,因借資入闈,果獲雋榜,後又以異籍黜,遂南歸。己卯,聖祖皇帝南巡,人士多獻詩御覽。上獨奇山掄作,拔第一,復鄉舉名,俾入直武英殿。癸未登科,殿試二甲第五名,進士合一甲三人,則適符所夢名數也。入館授職。歲戊子,以左諭德充江西主考,得士爲盛,而李穆堂紱實領解云。同上

李必恒,字百藥,江南高郵人,邑廩生。宋漫堂中丞選江左十五子詩,厥後十五人中殿撰,一人位大宗伯者,一人大學士者,一人餘任宮詹,入翰林者,指不勝屈。而李丈以諸生終,且耳聾多病,年止中壽,何其厄也。然詩格之高,才力之大可久者,應讓此人。事久論定所得,果孰多孰少耶?惜未見全稿,祇從選本中錄出,不無遺感云。《國朝詩別裁集小傳》

顧我錡,字湘南,江南吳江人,廩生。鄂文端任江蘇藩使時,古學試士,得五十三人,湘南爲冠。後舉博學鴻詞,文端奏請,若爲湘南設也。及詔下,而湘南歿矣。豐于才嗇於命,

文端歎息彌襟。同上

　編修秦樹蔣君,爲余辛巳分校禮闈所得士,其榜名在余房爲第一人。是時,君已官中書,與余居同巷。余家在日南坊,李鐵拐斜街之北,君居在南,初不相往來。至是,榜發來謁,始識君面,溫然敦篤,君子也。《笥河文鈔》

　康熙壬午,江南鄉試第六名王式丹,出先外祖張鑒茲先生房。先生是科分校南闈,於三千卷中,最後乃得此卷。閱之,即欣然薦元謂:"此必名宿老手。"且告主司曰:"我朝從無三元,今此卷得元,當必聯捷,會狀三元開自此矣。"主司亦極首肯謂:"此卷掄元無愧。"乃房官有許君者,與主司陳公有舊,必欲元出自己。主司不得已謂先外祖曰:"張年翁如讓一元,房中多中官卷兩名。"先外祖應曰:"即多中官卷,終不如得三元。"主司終狥許君意,位置此卷第六,非先外祖意也。榜發,果金陵名士,其後聯捷會狀。主司見先外祖有愧色謂:"當日何不極力相爭也。"附記於此。見文章自有定價,而名次之先後非所論也。《墨卷賞心集》

　江西周力堂學士,癸卯鄉試,文思幽奧,房官不能句讀,批抹之,置孫山外。晚間各歸寢,其房考忽囈語曰:"如此佳文而汝不知,尚忝然作房考乎?"自罵不止,家人以爲中風,急請衆房考檢視之。得所抹周卷讀之,俱不甚解,乃曰:"試薦之何如?"大主考爲禮部侍郎任公蘭枝,閱而驚曰:"此奇文,通場所無,可以冠多士也。"遂定此科第一。《新齊諧》

少宗伯介福，雍正壬子舉京兆，載以是年副浙江榜。己巳蒙公以經學薦，庚午考取八旗教習。壬申，舉京兆公爲座主，廷試，公充讀卷官。又閱朝考卷，教習庶常，載以次及列。《擇石齋詩集注》

朱之錫，字梅麓，義烏人，順治三年登進士第，由庶吉士授宏文院編修。世廟時幸館，嘗見之錫，嘉其勤，給筆札，賦詩有"禁內盤盂皆敬勝，猶懷筆諫效前賢"句。覽之大喜，命坐賜茶及袍，遷正詹事。續纂《綱目》，之錫分盤古氏迄唐堯，多折衷于仁山前編，又分纂六曹章奏，遷學士。上直票擬，悉稱旨，遇巡幸必扈從，遷吏部右侍郎，晉兵部尚書，河道總督。《金華詩錄》

康熙庚午，江南鄉試得人最盛。時同考廖騰煃得劉捷卷首，薦時，元卷已定，主司欲置第二，廖不可，曰："留來科作元。"遂擯落。而是科元即捷兄輝祖也。後數年，廖以御史典江南試，以書屬輝祖授捷爲闈中物色計。輝祖星夜馳歸，中途病阻，書不得達。廖入闈，徧求捷卷不得，太息累日，及揭曉，捷已裒然舉首矣。噫！針芥之合，夫豈偶然？向使輝祖不病授書，區區一解元，何足以顯文字遇合之奇？故此事余聞之周丈白民云。《茶餘客話》

科名得失遲早，高下莫不由命。戊辰會試，鄂虛亭司馬容安閱江南卷，已中定三十卷，又選其次者十卷，暗藏枕下，以防意外更易。及進呈，前十卷內江南一卷，後場犯諱撤去，急命小胥取床頭十卷來。十卷固亦自別高下,而小胥抱卷急趨逾限,而仆倉皇甚,信手拾取以進鄂公。即取最上一卷置十名進呈,欽定第一即今儀部鄭前邨郎中忬。同上

孫枝蔚,字豹人,三原布衣。明甲申,散家財求壯士起義,不果,走江都學賈,立致千金。忽自悔散其金,折節讀書,以詩名世。康熙己未,舉博學鴻詞辭,不允。促來試,未終場出。以品望素著,特授中書舍人銜,有《溉堂全集》。《二南遺音》

李因篤,字子德,一字天生,富平人。受業文太青,長交顧亭林。康熙己未,以布衣試鴻博,授檢討。母老,疏三十七上乞歸。彭公啓豐序《李石臺集》,論國初鴻博,首推關西李氏,而以湯潛菴次之,朱竹垞、毛西河、汪鈍翁、施尚白又次之,有《漢詩評》《受祺堂詩》行世,文集未梓。同上

楊炳,字蔚友,號郢川,鍾祥人,雍正元年癸卯恩科會元。卷呈御覽,奉硃批:"卓識名言,不獨優于諸卷,即近科亦不見。欽此。"殿試探花及第,授翰林院編修,召入內廷行走,賜廬圓明園左側。歷陞侍讀學士,充日講官起居注,典試順天,江西提督,福建學政,疏請終養歸里。《湖北詩錄》

王懋竑,字子中,寶應人,康熙戊子舉人,戊戌進士。在京師,以廉潔爲李安溪、湯潛菴二公所稱賞,分派教習。期滿當授縣令,以養母求教職,遂授安慶府教授。雍正元年,硃筆寫出:"蔡世遠、王懋竑、喬崇修,此三人著調來京。懋竑擢翰林院編修,尚書房行走。"《淮海英靈集》

蕭侍讀惟豫，順治甲午中第五名。庚子主江西試，吉水李尚書振裕，年甫十五，閱卷決爲大器，名列第五，云以衣鉢傳之。《藤陰雜記》

　　人傳王偉人先生，庚辰鄉闈中，主司擬解首。本房爲署寶鷄令全椒郭公元灝，特請改置第七。問其故，則曰："某家凡入鄉闈，所取七名門生多中鼎甲者，如某某皆然，請再以試此生。"主司許之。韓城公果以辛巳狀頭入詞館。《柳崖外編》

　　順天萬維嶽嵩，自謂平生與復聖有緣。其入學題乃"夫子循循然善誘人"，食餼，則博我以文，約我以禮。丁酉，領解"顏淵喟然歎"章。明年，御試"克己復禮爲仁"。庚戌會試三書，題"無顔子語"。榜發，房師乃先考功也。先考功，名光敏，字修來。《樂圃閒述》

槐廳載筆

卷七

掌故一

天聰八年四月，命禮部考取通滿洲、蒙古漢書文義者。取中滿洲習滿書者，剛林、敦多惠；滿洲習漢書者，察不害恩、國泰；漢人習滿書者，宜成格；漢人習漢書者，齊國儒、朱燦然、羅繡錦、梁正大、雷興、馬國柱、金柱、王來用；蒙古習蒙古書者，俄博特、石岱、蘇魯木，共十八人，俱賜爲舉人，宴於禮部。各賜衣一襲，免人丁四名。《八旗通志》

崇德三年八月，賜新中式舉人羅碩、常鼐、胡邱、阿濟格、畢禮克圖、王文奎、蘇宏祖、楊方興、曹京、張大任、于變龍等十一名，各朝衣一襲，授半箇牛彔章京品級，免人丁四名。同上

六年六月，內三院大學士范文程、希福、剛林等奏，以滿漢蒙古士人考取生員并舉人，七月賜新中式舉人，滿洲鄂貌圖、赫德；蒙古杜當；漢軍崔光前、卞三元、章于天、卞爲鳳，各朝衣一襲。同上

《書》稱"時亮天功"，《詩》言"靖共爾位"，重官箴以明職

守也。前代陪京卿寺皆備官，率視爲養閑之地。國家百度維新，尊盛京以重根本。量地之遠近而分鎮帥，酌事之繁簡而留諸部。郡邑、長吏、師儒亦哀生齒，人文爲損益焉，豈非愼名器以程實課功歟？若夫"時亮""靖共"之義，百爾君子，其勗之矣！《盛京通志》

　　三代而下選舉之法惟漢爲近古。然漢初所舉卓然傑出者無聞，孝武時丞相綰言，所舉士多治申商、韓非、蘇張之言，亂國政，請俱罷。奏可。元光元年舉賢良，廣川董子對策，請令列侯郡守二千石，歲貢二人，且以觀大臣之能。帝覽其策，三試皆異之，遂擢爲江都相。而下詔郡國歲舉孝廉各二人，後世舉士之制雖屢更，然鄉舉士恒稱以孝廉。所舉士賢且良，二千餘年亦莫有先董子者。廣川，今河間府景州。然則論選舉於京畿，法之始基，人之殊尤，竝於是乎在矣！金元以來，嘗爲帝都列國貢士所畢萃也。有明，兩京竝建國學，天下人材皆得與應天、順天之試，故兩京得人尤盛。我國家定鼎以來，國學定於一，於是天下之人材悉萃於順天，而八旗人士竝與春秋二試。關以東，明隸山東，今亦試於京兆。蓋聖代龍興，秀傑之氣咸會於此。率土莫敢望焉。今上御極，益崇斯典，始設恩科，遞增中額。計偕之士築館遣官，而郊勞之闈中，別給袍衣，遣大臣視食飲，皆古所未聞也。其佗殊恩，猶不勝紀。多士徘徊蘆溝賓館，遙望北闈，有不感而思奮者乎？人材，治國之本也。稽自漢以來，諸科竝著於篇。後之覽者，俯仰今昔，知作人之化，惟昭代爲獨隆，而尤莫盛於京畿云。
《畿輔通志》

東南人才之美，由來尚矣。自漢高入關，匡扶大業，多出沛豐。而勝國起濠州，羽翼功臣封公侯者二十餘輩，皆南產也。是固，際會之適然。然而數百年來，名卿碩輔項背相望，亦何嘗不從科目致身哉？我興朝立賢無方，釣渭、耕莘、青雲咸可自致，而闈門之求，猶於糊名易書加意者，蓋必令野無遺賢，而後愉快也。彼熊羆貙虎之入彀，又奚異焉？《江南通志》

取士之制，晉魏以上賢良射策，而薦辟得人爲多。隋唐迄今，科目特重，以帖括代羔鴈。司馬君實謂："其法百世不易矣！"江西名卿碩輔，先後相望，考其始進，率由此塗。雖拔十得五，未必無失，而編乘者，必數名而書。俾後之人閱而指之曰："某也，科名不愧，某則否。"其亦有助於風礪乎？至丙科監冑，鞿韋跗注，功名尤著者，亦附而錄之，立賢固無方哉！《江西通志》

蓋天生人才自足，以供一代之用。古者取士，無專制。唐宋以來始重科目，勳業才智之士，亦往往于是出焉。風會所尚，下即赴之，以爲的也。國朝參酌前代，有進士，有孝廉，有明經。即入貲爲郎暨胥吏之屬，皆不限其所至。近復薦辟博學鴻詞，誠可謂立賢無方之曠典，而其在兩浙尤稱濟濟。故凡鄉會所錄，悉詳姓氏，而其餘躋顯仕者，亦得備列，猗歟？盛哉？《浙江通志》

天地生才止有此數，而所生之才，適足以供一代之用。然則世需才乎，才需世乎？人重地乎，地重人乎？閩溪山秀麗，扶輿靈淑之氣。唐以前未盡發洩，長溪薛令之，實舉於神龍之世。乃謂：常袞教閩人知學，泉歐陽詹始第進士，何也？貞元以後，科名與上，國齒至宋，則理學、政事、文章、風節號稱極盛，明以帖括取士，三百年中，名卿碩輔何嘗不以科目顯？而論者謂："選舉不足以盡人才。"抑又過矣。我國家賢關廣闢，糊名易書之典仍明之舊，百年之中，丹山碧水，野無留良。重以世宗憲皇帝文教，涵濡人文成化。我皇上崇隆儒術，表正士風，側席之求徵，《書》與《春秋》二試并舉，海濱鄒魯復見于今。所謂才需世而地重人者，豈僅以報國文章為閩人士慶哉！循覽題名，宜深踴躍。《福建通志》

《虞書》《周禮》用人之制尚矣。漢用公、府、州、郡辟舉而賢良對策，則科目由此昉也。吳陸遜既封侯，復從州縣辟，其重始進如此。進士始於隋，至唐益重，號為將相科。宋馮京之三元，鄭獬之忠孝，狀元元余闕之天挺忠烈，皆楚產也。前明尤重此科，得人為盛。言制藝者，率折衷焉。我朝文教蔚興，楚材輩出，即以經義言之。若劉若熊，紙貴京師，傳誦遍海內，亦科舉之美談也。我皇上增廣甲乙科，又命各省舉孝廉方正，蓋立賢無方，兼採古今之制。薄海彈冠彬彬，稱極盛云。昔郤縠之敦《詩》《書》，杜預之釋《左傳》，文武兼備，史不乏人。今皇上得人之盛，卿材將略，兼收互用，豈有岐視哉！《湖廣通志》

科目何以曰《選舉志》？科目之所由來也，漢舉賢良矣而兼對策，豈惟《周禮》"三物賓興"之法，抑亦虞廷明試，敷奏之遺。故唐舉進士，重之曰"將相科"也。宋元以還，若歐陽楚國李文正，文章事業炳然，爲科目光其餘。谷子雲之舉茂才，桓東鄉之舉孝廉，豈有異趣哉！存選舉之名，以志科目所由來，則人材在學問中矣。我朝樂育振興，人材蔚起，循吏名臣，文武將相，出于選舉者，後先相望。維楚有材，夫豈讓美前代哉！《湖南通志》

國家用人不拘資格，而以科目取士，其制最重。定以子午卯酉年秋八月舉鄉試，丑未辰戌年春二月舉會試，間奉特旨開科，隨時定期，更爲曠典。伏查順治元年，恩詔直省府州縣學，有才學出衆、孝弟著聞者，聽學臣特薦試用。[嗣後凡遇覃恩頒詔，必先開載地方有司，延訪山林隱逸之士。]二年初，行鄉試，山東仍照舊額中式九十名。[內有孔、顏、曾、孟四氏學，另編耳字號卷，每科額中二名，明多缺額，今定爲例。]三年初，行會試，取中四百名。四年，再行會試，取中三百名。[是科，詔凡二年中式而願再試者聽。]六年，會試取中四百名。八年，恩詔廣額，山東鄉試加中十名。[不爲例。]又定滿洲、蒙古、漢軍與漢人一體應試，分額取中。[滿洲、蒙古爲一榜，漢軍、漢人爲一榜。嗣後，試或停復不一，額亦增減不同，但合爲一榜。鄉會試同。]九年，會試取中四百名，分南北中卷。[山東爲北卷，後南北中各分左右，山東爲北左。自康熙五十一年，定卷數分額，而南北中卷停。]十一年，恩詔廣額，山東加中五名。[不爲例。]十五年，定會試中額，爲一百五十名。十六年,[因雲貴蕩平,天下一統。]再行會試,取中三百五十名。十七年,定直省鄉試額,各減舊額之半,山東定額四十六名。[舊額九十名,除耳字號不減外,原額合八十八名,減半應四十四名,加耳字號二名,爲四十六名。]十八年,恩詔會試廣額,取中四百名。康熙八年,恩詔山東鄉試加中七名。不爲例。九年,會試取中三百名。十五年,加會試正額四十五名。十六年,特行恩科鄉試。[專考貢監官生,除順天專差考試,山東、西等省,就河南省考試,取中十一名。]十八年,特開博學宏詞科。三十五年,加山東鄉試正額十四名。[合前數爲六十名。]三十九年,定官卷例。[在内,文官京堂以上,并翰林科道吏禮二部司官、武官、參領以上。在外,文官藩臬以上,武官提鎮以上之子孫,及同胞兄弟,併同胞兄弟之子,不論貢監生員,俱編爲官字號,每省以正額爲準,每十名,民卷中九名,官卷中一名,零數不計。]四十一年,定五經取中額。[士子願作五經者,鄉會試酌量取中,不得過三名。康熙五十年,各省鄉試加中一名,會試加中二名。雍正元年定例,不拘鄉會試,以中額計算,凡十九名,五分中一名。]四十四年,恩詔廣鄉會試額。[每省加中十名,不爲例。會試照原額加倍。]四十八年,恩詔廣會試額,取中三百名,併廣五十年鄉試額。[每正額十名,廣一名。]五十年,加增山東鄉試正額十二名。[併前額爲七十二名,外加五經三名,本科又加恩廣八名。]五十一年,定會試額,照各旗省終場卷數,臨期奏請定額,著爲例。五十二年,特開萬壽恩科,二月鄉試,八月會試。[中額照舊例行。]雍正元年,特開恩科,四月鄉試,十月會試。[是科,山東鄉試取中九十二名,會試遵例行。]二年,補行正科,二月鄉試,八月會試。[鄉試仍照舊額,會試仍遵舊例，臨期照卷數奏請定額。是年，題請山東耳字號增中一名，并前共三名，于原額內分中，自丙午科爲始。]八年十一月，卿雲現於闕里，特詔明年庚戌科會試，廣額加舊額之倍。又廣壬子科直省鄉試額，每正額十名，廣一名，零數亦廣一名。[本朝選舉之典，于制科外，尚有歲貢、選拔貢、副榜貢、恩貢、監貢、功貢、例貢，或送監肄業，或咨吏部考用，其制甚詳，皆作正途遷轉。但人數浩繁，各詳州縣本志，茲不備載。至于徵辟一典，凡賢良方正與山林隱逸宜乎？代不乏人，而歷年以來，屢奉恩綸，而東省以應召顯者絕少，是以舊志缺載。今從州縣各志搜緝，僅得數人以備稽考云。]《山東通志》

唐虞取士，敷奏以言，明試以功，車服以庸。制科之設，蓋亦古者言揚之遺意也。多士幸逢右文盛世，登明選公。雖山陬僻邑，亦靡不願家修廷獻，以上佐唐虞之至治，則科目誠不可以不志。而隋唐以前，孝廉、方正諸科卓卓有可表見者，均得備列焉，所以存掌故也。《山西通志》

凡會試中額，順治三年，初行會試，取中四百名。四年，再行會試，取中三百名。其應試舉人，憑文取中，不分南北中卷。六年，會試取中四百名。八年，恩詔會試，照三年例，取中四百名。南卷取中二百三十三名，北卷取中一百五十三名，[按，陝西入北卷。]中卷取中一十四名。十五年，會試額數減半，每科取中進士一百五十名。十六年，雲貴蕩平，再行會試，增額三百五十名。十八年，恩詔會試，中式照丙戌科，增額四百名，仍分南北中卷，照應試舉人多寡，隨時定額。康熙九年，會試加中額三百名。十五年，恩詔加中四十六名。康熙三年，會試減額，中一百五十四名。十五年，會試增加一百五十名。五十二年，萬壽開科，照順治丙戌科例，於八月內舉行會試，會試臨時奏聞定額。康熙五十四年會試，陝西取中九名。[按，是科陝西會試一百九十四卷。]康熙六十年，禮部等議准，於雍正元年特開恩科，九月舉行會試，十月殿試。甲辰會試，改期於雍正二年八月舉行，會試九月，殿試其廣額之處，禮部臨期請旨。甲辰正科，仍照定額取中。[按，雍正癸卯、甲辰會試，正榜之外，另有續榜，以上合各直省取士之制。但陝省會試年分及中額多寡之數，即因之可考。]鄉試中額，順治二年，陝西省中式七十九名。[內寧夏丁字號中二名，甘肅聿字號中二名。]八年，恩詔陝西加十名。十一年，陝西加中五名。十七年，鄉試照舊額減半，陝西中四十名。[內丁字號、聿字號各中一名。]康熙八年，陝西加中七名。十六年，特行鄉試，陝西會在河南考試，科舉十五名取中一名。二十年，恩詔加。二十三年，鄉試中額小省三名。[按，陝西例入小省。]康熙三十五年，各省鄉試增額，陝西增十三名，共取中五十三名。四十二年，恩詔加。四十四年，鄉試舉人，小省三名。[陝西例入小省。]五十年，鄉試廣額，陝西增十名。五十二年，萬壽開科，照順治丙戌科例，於二月內舉行鄉試。康熙六十一年，禮部等議准，于雍正元年詔開恩科，四月舉行鄉試。癸卯科鄉試，改期于雍正二年二月舉行。恩詔內鄉試，大省廣三十名，次省廣二十名，小省廣十名。[陝西例入小省。]于雍正元年廣額一次，其癸卯正科，仍照定例取中。雍正八年，恩詔加。十一年，直省鄉試舉人，每中額十名加中一名，陝西加中七名；又題定神木等八縣，另編木字號，于本省額內取中一名。五經中額，康熙四十一年鄉試，各省加中三名。五十年，各省再加中額一名，至五十六年而罷。雍正二年，以入場卷數擬定，計中額十九名，五分加五經中額一名，陝西加五經三名。《陝西通志》

《周官》："以鄉三物興萬民。"而《儀禮》亦載《鄉飲酒禮》。古者三年大比之法，此其遺制也。漢世用人不一途，武帝策試賢良、郡國計偕、親奉大對，所謂"習先聖之術，明當世之務"。而公孫宏、董仲舒之徒，彬彬出焉。自隋唐設進士，於是甲科丙第程試之目益多。洎於有明，而制科猶循舊典也。夫鄉舉里選，厥風寖遙，文章擢士，肇自前古。顧人材所在，多有其懷才欲試，與伏處而抱負不出者，槩不乏人。宋世河南得人為盛，而韓魏公由進士，富鄭公舉茂材，伊川程子則以布衣論薦，其勳名德業均不在古人下，詎必定以一途限哉！我皇上加意人才，整飭吏治，於科目舉官，殊恩疊沛，復屢詔內外臣工，詳慎察舉，以收有用之才。得人之隆，千古稱極盛矣！《河南通志》

粵選舉固有人哉！楊孚之文，唐頌之行，士燮之功，莫宣卿輩之裒然舉首，實南土之光矣。然宋人謝解表云："以孝弟忠信為實地，以功名富貴為飄風。"則知士有大本大原焉。《周書》曰："以言取人，人竭其言；以行取人，人竭其行。"今恭逢聖人廣求賢士，言揚行舉，搜羅徧岩壑矣。豈上之人以實求

之，而下之人屢以名應之歟。抑務經明行修，刮垢磨光，逴逴杰杰，以思利見歟。《廣東通志》

虞廷咨采，周家賓興。漢察郡國孝廉，唐開制科選士之制，代更而所以得人之意同矣。我國家文治光昌，皇上立賢無方。科目之外，自賢良方正下，逮一材一藝，皆拔於幽隱，而置之周行。粵西前哲，如趙觀文、梁嵩、王世則、馮京冠制科，魁天下。詞章彪炳，頡頏上國焉。今粵人士，涵濡樂育，心聲之發揚，爲國華，應休明，熙帝載，庶幾與立德立功，無虛明試也夫。《廣西通志》

取士之制，漢唐宋明以來，凡幾更矣。或舉賢良，或策詩賦，或試經藝，要其延攬英豪。舉於鄉而登於朝者，異世有同揆也。蜀中山水奇秀，素稱人才淵藪。至我朝闢門籲俊，念切旁求，而又疊奉恩綸，加科廣額，蜀士之登賢書、捷南官者頗多。瑰奇磊落出，而應昌隆之運。其或敦行積學，未得與淤科目者，復有薦辟，以責搜羅斯在，野無遺賢矣。至若鷹揚之選，智勇咸得以自見，亦干城所由寄也。文事武備，孰得而異視焉。《四川通志》

本朝順治十七年，雲南初定，首舉鄉試，照舊額取中五十四名。是科，各省鄉試俱照舊額減半。康熙二年，定雲南鄉試照舊例減半，中二十七名，外加額五名。五年，始開雲南武鄉試，額中二十七名。八年，加額三名。二十三年，加額三名。定會試南北中卷，雲南仍屬中卷。議准雲南舉人，願就教職者,就本省考試。解卷禮部閱送,吏部補授。三十五年,巡撫石文晟請增鄉試額,文武各十五名。三十八年,太和殿告成,增額三名,武鄉試仍四十二名。四十四年,增額三名,五經卷額三名。四十七年,巡撫郭瑮請增鄉試額五名。五十年,增額九名,本科加額三名,五經卷額一名。議准兵丁中有能通文理者,一體入武鄉試。五十二年,開萬壽恩科,額六十名。五十三年,准文生入武鄉試,武生入文鄉試,定會試額畢,三場者二十名內取一名。雍正元年,開恩科,加額十名,搜會試遺卷,雲南欽取二名。其癸卯正科,以甲辰二月補行,令各府州縣學拔貢生員中,有文行兼優者,選入監肄業。每年舉行一次,寧嚴勿濫。四年,加額三名。五年,詔各直省府州縣貢生生員內,有居家孝友、行止端方、才堪辦事而文藝可觀者,督撫學臣保舉送部引見。七年,命鄉試文武闈,不用藩臬入場,以守巡二道員為提調監試官。八年,命新科進士自考選翰林部曹外,發往鄰省觀政,給以公費。十年,加雲南鄉試額九名。十一年,搜會試遺卷,雲南欽取二名。《雲南通志》

順治十七年,定貴州解額二十名。康熙二年,增貴州解額五名。五年,仍定貴州解額二十名。八年,增貴州解額三名。十一年,定額每科取副榜四名,准貢入監。二十一年,補行辛酉科鄉試,仍照五年額數取中二十名。二十三年,增貴州解額三名,定會試南北中卷,貴州屬中卷。三十五年,從巡撫閻興邦請,照廣西解額,定中三十名,外副榜六名。三十八年，太和殿告成，加貴州本科解額三名。四十四年，恩詔加本科解額三名。五十年，定貴州解額三十六名，外增五經二名，副榜一名，恩詔加本科解額三名。五十二年，萬壽恩科額，外增五經四名。五十六年，停五經中額。雍正元年，開恩科，貴州鄉試加本科解額十名；其癸卯正科，以甲辰二月補行。四年，增五經二名，共解額三十八名。諭各省學臣，將有猷有守之士舉薦二三人。五年，諭各省生員中，有文行兼優者，每學各舉一人。七年，諭京官自主事以上，外官自知縣以上，各舉所知一人；以四川遵義府五州縣，及湖廣五開、平溪、清浪各縣衛歸貴州，撥四川解額四名，湖廣解額二名，外五經二名，共解額四十四名，副榜八名。十年，恩詔增貴州本科解額五名。十三年，諭各省官生中，每十名取中一名。乾隆元年，開恩科，貴州鄉試加本科解額十名。《貴州通志》

乾隆十六年三月十一日，內閣奉上諭："此次考中之謝墉、陳鴻寶、王又曾，皆取其最精者，且人數亦不多，著加恩特賜舉人，授爲內閣中書學習行走，令其與考取候補人員一體補用，併仍准其會試。欽此。"乾隆十六年三月三十日，內閣奉上諭："此次考中之蔣雍植、錢大昕、吳烺、褚寅亮、吳志鴻，著照浙省之例，特賜舉人，授爲內閣中書學習行走，與考取候補人員一體補用。其進士孫夢逵著授爲內閣中書，遇缺補用。欽此。"乾隆二十二年三月初八日，內閣奉上諭："浙江進獻詩賦，考取一等之童鳳三、陳文組、顧震、錢受穀，著照乾隆十六年之例,俱特賜舉人,授爲內閣中書學習行走,與考取候補人員一體補用,其二等沈初等十二名,著各賞緞二疋。欽此。"乾隆二十二年三月二十一日,內閣奉上諭:"江蘇、安徽二省進獻詩賦,考取一等之進士王昶,着授爲內閣中書,遇缺即補。曹仁虎、韋謙恒、吳省欽、褚廷璋、吳寬、徐曰璉,俱着特賜舉人,授爲內閣中書學習行走,與考取候補人員一體補用。其二等之劉湸等十四名,着各賞緞二疋。欽此。"乾隆二十七年三月初十日,內閣奉上諭:"浙江進獻詩賦,考取一等之進士孫士毅、舉人汪孟鋗,俱授爲內閣中書,遇缺即補。沈初、王鑾俱着特賜舉人,授爲內閣中書學習行走,與考取人員挨次補用。其二等之李旦華等十三名,着各賞緞二疋。欽此。"乾隆二十七年三月二十八日,內閣奉上諭:"江蘇、安徽進獻詩賦諸生,考取一等之進士吳泰來、陸錫熊、郭元潊,俱着授爲內閣中書,遇缺即補。程晉芳、趙文喆、嚴長明、徐步雲、錢襄,俱着特賜舉人,授爲內閣中書學習行走,與考取候補人員挨次補用。其考列二等之劉湸等十四名,着各賞緞二疋。欽此。"乾隆三十年閏二月十四日,內閣奉上諭:"浙江進獻詩賦,考取一等之進士張培、馮應榴、舉人吳壽昌,俱着授爲內閣中書,遇缺即補。陸費墀着特賜舉人,授爲內閣中書學習行走,與考取候補人員挨次補用。其二等之黃瀛元等十四名,着各賞緞二疋。欽此。"乾隆三十年三月十七日,內閣奉上諭:"江蘇、安徽進獻詩賦諸生,考取一等之舉人鄭澐、張熙純，俱着授爲內閣中書，遇缺即補。鮑之鍾、金榜、秦潮、周發春、吳楷、洪樸、陳希哲、蔣寬、劉種之，俱着特賜舉人，授爲內閣中書學習行走，與考取候補人員挨次補用。其二等程世淳等二十一名，着各賞緞二疋。欽此。"乾隆三十六年二月二十九日，內閣奉上諭："此次考試東省進獻詩賦之生員初彭齡，監生竇汝翼，俱着加恩賞給舉人，准其一體會試。欽此。"乾隆三十八年三月二十日，內閣奉上諭："朕因永定、北運兩河工程告蕆，洎省成事，臨幸天津，直省士子夾道歡迎，輸忱蹈詠，進獻詩冊者甚多。爰照從前巡幸江浙、山東之例，命題考試，就其文義高下，量加錄取。所有列在一等之生員顧塈、李廷敬，貢生閔思毅、陸伯焜，俱着賞給舉人。其舉人杜兆基，着以內閣中書補用。其列在二等之進士張虎拜，舉人方理、秦橚邱、桂芬、謝肇泂、吳裕德、祝堃，生員陸蓉、邱桂山、劉祖志，貢監生邱人龍、楊照、李憲喬、趙珍，俱着賞緞二疋，以示省方觀風，嘉惠髦髦之至意。欽此。"乾隆四十一年三月十七日，內閣奉上諭："朕因平定兩金川，集勳奏凱，巡幸山左，告成泮林。山東及各省士子聯袂迎鑾，抒誠抃頌，進詩賦者甚多。因照從前巡幸之例，命題考試，就其文義量加甄錄。所有列在一等之貢生黃道煁、李憲喬，監生蔡廷衡，俱着賞給舉人。其舉人竇汝翼、秦瀛，著以內閣中書補用。其列在二等之舉人，貢監生員李佩鸞、黃玉瑚、王所擢、汪長齡、朱熊光、薛侃、丁慎樞、袁守佶、嚴守田、戴元章、施福元、王寰、劉召揚、范廷謨、史國華、汪彝銘，俱賞緞二疋，以示偃武修文，慶惠士林之至意。欽此。"乾隆四十一年四月二十一日，內閣奉上諭："朕因平定兩金川，告成闕里，回鑾舉行郊勞盛典，蹕途經過津門。直省及各省士子，祗迎道左，抃頌抒誠，進獻詩賦者甚多。因照此次在東省召試之例，就其文義量加甄錄，所有列在一等之進士舉人邱桂山、祝堃、洪榜、戴衢亨、關槐，俱着以內閣中書補用；祝萬年、方起莘、張曾太，俱着賞給舉人。其列在二等之舉人，貢監生員周光裕、陸滋、李蔚觀、王奉曾、郭緯鑾、葉汝蘭、薛蓉、張元楷、張景運、王續著、黃繼光、周贊、錢敬熙、黃騂、吳蔚光、蔣傳馨、周嘉猷、王丕烈、黃景仁、邱桂芬，俱着賞緞二疋，以示嘉惠士林之至意。欽此。"乾隆四十五年三月初十日，內閣奉上諭："浙江進獻詩册，考取一等之馬履泰、沈颺、李彤、沈叔埏，着特賜舉人，授爲內閣中書學習行走，與考取候補人員挨次補用。其二等之吳純等十三名，俱着賞緞二疋。欽此。"乾隆四十五年三月二十八日，內閣奉上諭："江蘇、安徽進獻詩册。諸生其考取一等之舉人汪履基，着授爲內閣中書，遇缺即補；吕光復、洪梧、趙懷玉、楊揆、董教增、朱文翰、盛惇大、言朝標、金廷訢、江漣，俱着特賜舉人，授爲內閣中書學習行走，與考取候補人員挨次補用。江西考取一等之蔣知讓、裘元復，着照直隸、山東召試之例，賞給舉人，准其一體會試。其江蘇、安徽、江西三省，考列二等之葉恩紱等二十三名，着各賞緞二疋。欽此。"乾隆四十九年三月二十八日,內閣奉上諭:"浙江、福建進獻詩册,考取一等之張師誠、費錫章、何金、姚祖同,俱着特賜舉人,授爲內閣中書學習行走,與考取候補人員挨次補用。浙江省考列二等之吳純、張廷桂、張彤、王觀、沈澍、錢枚、朱光烈、汪步瀛、黃絲、凌鉞、朱孫垣、應澧、許翼宗、楊本、翁樹、沈珏、翁濂、陸以誠。福建省列爲二等之鄭光策、詹碧炎、王上泰,俱着各賞緞二疋。欽此。"乾隆四十九年閏三月初十日,內閣奉上諭:"江蘇、安徽進獻詩册。考取一等之進士莊選辰,着授爲內閣中書,遇缺即補;劉召揚、鄭宗洛、黃文煇、汪彥博、司馬亶、葉銓、孫一元、繆炳泰、莊復旦、程振甲、張曾獻、鮑勳茂、金應琦、朱承寵,俱着特賜舉人,授爲內閣中書學習行走,與考取候補人員挨次補用。江西省考取一等之譚光祥、吳本,着照上屆之例,賞給舉人,准其一體會試。其江蘇、安徽、江西三省考列二等之周愛蓮、蔣光世、袁肅、陸甲林、張雲培、周嘉植、唐仁埴、秦智鉁、徐準宜、詹應甲、洪士達、唐廣模、汪文錦、胡鳳儀、印鴻緯、畢敦、吳楷、徐嵩、張詒、顧鳳毛、翟金蘭、黃鉞、王浦、程尚義、吳紹涑、方熊、唐人最、巴慰祖、閔道恂、葉棟、蔣知廉、趙本治、方振伍、延昺、黃旭、裘元巽,着各賞緞二疋。欽此。"乾隆五十三年三月初一日,內閣奉上諭:"此次巡幸天津,直隸及各省士子迎鑾獻賦,因令分別考試,所有考取一等之舉人陳煜,著賞給內閣中書,與考取候補人員照例挨次補用;貢生王蘇、王芑孫,生員吳鎔,着賞給舉人,准其一體會試。其考取二等之劉寶梧、黃掌綸、叢之鍾、邵士鐸，俱着各賞緞一疋。欽此。"乾隆五十五年三月初七日，內閣奉上諭："此次巡幸山東，所有東省及各省士子迎鑾獻賦，特加考試，其考取一等之貢生杜堮、生員程拱宇，俱着賞給舉人，准其一體會試。其考取二等之亓保、李廷芳、李堯詢、蔣天樞、黃旭、何塏、張興鏞、沈清瑞，俱着各賞緞一疋。欽此。"乾隆五十九年三月二十七日，內閣奉上諭："此次巡幸天津，直隷及各省士子迎鑾獻賦，因令分別考試，所有考取一等之浙江舉人姚文田，着賞給內閣中書，與考取候補人員挨次補用。其考取二等之江蘇生員汪廷楷、浙江舉人周嘉猷、江蘇生員袁廷極、順天生員黃焜望、順天舉人俞恒渙，俱着各賞緞二疋。其八十三歲完卷之山西生員范大齡，亦着賞緞一疋，銀牌二面。至不完卷并抄襲詩句之湖北貢生吳煥章，着即斥革，以示朕壽考作人，懲勸儒林之至意。欽此。"乾隆十六年，召試浙江諸生。題目：賦得"披沙揀金"得真字，五言八韻；明通公溥論；《無逸圖賦》。閱卷大臣：協辦大學士吏部尚書梁詩正，兵部右侍郎汪由敦。一名謝墉。乾隆十六年，召試江南諸生。題目：《蠶月條桑賦》；賦得"指佞草"得忠字，五言八韻；理學真偽論。閱卷大臣：大學士總督江南南河河道兵部尚書高斌，兵部右侍郎汪由敦，刑部左侍郎錢陳群。一名蔣雍植。乾隆二十二年，召試浙江諸生。題目：《黃屋非堯心賦》；《明通公溥論》；賦得"蠶月條桑"得留字，五言八韻。閱卷大臣：大學士蔣溥，工部尚書秦蕙田，户部左侍郎劉綸。一名童鳳三。乾隆二十二年，召試江南諸生。題目：《精理亦道心賦》；經義制事異同論；賦得"鴻漸于陸"得時字，五言八韻。閲卷大臣：協辦大學士吏部尚書梁詩正，兵部尚書兩江總督尹繼善，都察院左副都御史竇光鼐。一名王昶。乾隆二十七年，召試浙江諸生。題目：賦得"春雨如膏"得逢字，五言八韻；《和闐玉賦》，以"分寶輯瑞西旅底貢"爲韻；海塘得失策。閲卷大臣：大學士劉統勳，户部尚書于敏中，兵部尚書劉綸。一名孫士毅。乾隆二十七年，召試江南諸生。題目：賦得"江漢朝宗"得宗字，五言八韻；《觀回人繩伎賦》；耗羨有無利弊策。閲卷大臣：兵部尚書兩江總督尹繼善；兵部尚書劉綸；户部右侍郎于敏中。一名程晉芳。乾隆三十年，召試浙江諸生。題目：《菜花賦》；誠無爲幾善惡論；賦得"春蠶作繭"得同字，五言八韻。閲卷大臣：户部尚書于敏中，兵部右侍郎蔣楫，禮部左侍郎雙慶，内閣學士兼禮部侍郎全魁。一名張培。乾隆三十年，召試江南諸生。題目：賦得"稼穡惟寶"得夫字，五言八韻；《玉壺冰賦》；聖人定之以中正仁義而主靜論。閲卷大臣：御前大臣大學士仍理兩江總督事務尹繼善，協辦大學士刑部尚書暫留江南巡撫莊有恭，户部尚書于敏中，户部左侍郎兼管順天府府尹事錢汝誠，安徽學政全魁。一名鮑之鍾。乾隆三十六年，召試山東諸生。題目：《同律度量賦》；四極四和論；賦得"泰山不讓土壤"得容字，五言八韻。閲卷大臣:協辦大學士户部尚書于敏中。一名初彭齡。乾隆三十八年,天津召試諸生。題目:《上德不德下德不失德賦》;規圓矩方準平繩直論;賦得"春水船如天上坐"得時字,七言八韻。閱卷大臣:協辦大學士户部尚書于敏中,内閣學士兼禮部侍郎嵩貴,宗人府府丞竇光鼐。一名顧塋。乾隆四十一年,召試山東諸生。題目:《東方三大賦》;惟大人爲能盡其道論;賦得"崑山片玉"得精字,五言八韻。閱卷大臣:文華殿大學士掌翰林院事于敏中;原任兵部尚書彭啓豐;户部左侍郎梁國治。一名黄道奭。乾隆四十一年,天津召試諸生。題目:《黄金臺賦》;神者太虛妙應之目論;賦得"天道無爲"得然字,五言八韻。閱卷大臣:文華殿大學士掌翰林院事于敏中,吏部左侍郎德保,户部左侍郎梁國治,禮部左侍郎李宗文。一名邱桂山。乾隆四十五年,召試浙江諸生。題目:《集賢院山池賦》;木之神不二論;賦得"春風扇微和"得巡字,五言八韻。閱卷大臣:協辦大學士吏部尚書掌翰林院事嵇璜,吏部右侍郎江蘇學政今任湖南巡撫劉墉,禮部左侍郎達椿。一名馬履泰。乾隆四十五年,召試江南諸生。題目:《養老乞言賦》;先天學心法也論;賦得"日華川上動"得輝字,五言八韻。閱卷大臣:協辦大學士吏部尚書掌翰林院事嵇璜,户部尚書梁國治,户部左侍郎董誥,户部右侍郎江蘇學政彭元瑞,内閣學士兼禮部侍郎嵩貴。一名吕光復。乾隆四十九年,召試浙江諸生。題目:《禮義爲器賦》;暑變物性論;賦得"南阡北陌"得心字,五言八韻。閱卷大臣:文淵閣大學士兼吏部尚書掌翰林院事嵇璜,户部尚書和珅,内閣學士兼禮部侍郎尹壯圖,内閣學士兼禮部侍郎朱珪。一名張師誠。乾隆四十九年,召試江南諸生。題目:《士伸知己賦》;謹權衡論;賦得"至人心鏡"得無字,五言八韻。閱卷大臣:户部尚書和珅,協辦大學士户部尚書梁國治,户部左侍郎董誥,内閣學士兼禮部侍郎朱珪,翰林院侍讀學士阿肅。一名劉召揚。乾隆五十三年,天津召試諸生。題目:《石渠惇誨賦》;自誠明謂之性論;賦得"周而不比"得同字,五言八韻。閱卷大臣:文華殿大學士忠襄伯和珅,東閣大學士教習庶吉士王杰,工部尚書福長安,户部尚書董誥。一名王蘇。乾隆五十五年,召試山東諸生。題目:《春蠶作繭賦》;五六天地之中論;賦得"泗濱浮磬"得和字,五言八韻。閱卷大臣:文華殿大學士忠襄伯和珅,户部尚書董誥。一名杜堮。乾隆五十九年,天津召試諸生。題目:《有如時雨化之賦》;一動一靜互爲其根論;賦得"首夏猶清和"得潛字,五言八韻。閱卷大臣:文華殿大學士掌翰林院事教習庶吉士忠襄伯和珅,户部尚書董誥,禮部右侍郎劉躍雲,内閣學士兼禮部侍郎翁方綱。一名姚文田。《絲綸簿》

槐廳載筆

卷八

掌故二

朝考,乾隆元年丙辰科。誠則無不敬論;休養足民詔;爲整飭士習以崇實學事奏疏;賦得"野含時雨潤"五言排律八韻。第一名曠敏本。二年丁巳科,元者善之長論;旌賢舉能詔;爲陳賦役之源得失疏;賦得"披沙揀金"五言排律八韻。第一名周煌。四年己未科,誠無爲幾善惡論;抑末務本詔;泉布源流得失疏;賦得"因風想玉珂"五言排律八韻。第一名沈德潛。七年壬戌科,金和而玉節之則不過論;日食求言詔;上時事疏;賦得"山川出雲"得和字,五言八韻。第一名朱佩蓮。十年乙丑科,天所性者通極於道論;勸農桑詔;擬匡衡治性正家疏;賦得"追琢其章"得瑊字,五言八韻。第一名沈志祖。十三年戊辰科,一神兩化論;崇正學詔;積貯禁囤并行不悖疏;賦得"玉壺冰"得璠字,五言八韻。第一名方懋禄。十六年辛未科,今古取士之異論;後漢三賢賦;擬蘇洵議修禮書狀;賦得"閏月定四時"得欽字,五言八韻。第一名湯世昌。十七年壬申科,誠無爲幾善惡論;擬察茂才異等詔;時政疏;

赋得"十月涤场"得场字,五言八韵。第一名谢墉。十九年甲戌科,本天本地论;拟修定科律诏;拟请重亲民之官疏;赋得"窗中列远岫"得同字,五言八韵。第一名钱大昕。二十二年丁丑科,暑变物之性论;拟答傅元诏;拟治河疏;赋得"动复归有静"得为字,五言八韵。第一名蒋士铨。二十五年庚辰科,不如野马絪缊不足谓之太和论;拟重廉士诏;拟上言世务书;赋得"南风之薰"得风字,五言八韵。第一名金士松。二十六年辛巳科,诚无为论;拟爵李躬桓荣诏;拟循古节俭奏;赋得"五月鸣蜩"得清字,五言八韵。第一名谢启昆。二十八年癸未科,心为太极论;拟听郑冲致仕诏;拟泉法疏;赋得"大禹惜寸阴"得阴字,五言八韵。第一名吴省钦。三十一年丙戌科,有容物无去物有爱物无徇物论;拟答傅元诏;拟铨法疏;赋得"鉴空衡平"得公字,五言八韵。第一名邹玉藻。三十四年己丑科,客感客形与无感无形惟尽性者一之论,拟报贡禹诏,拟治河疏,赋得"羲之换鹅"得庭字,五言八韵。第一名雷轮。三十六年辛卯科,两不立则一不见论;拟爵李躬桓荣诏;陈时事疏;赋得"桂枝生自直"得良字,五言八韵。第一名林树蕃。三十七年壬辰科,处之一则能化而齐论;拟答张布诏;拟官才议;赋得"日华承露掌"得清字,五言八韵。第一名许兆椿。四十年乙未科,吉一而已论;拟察官属诏;拟正士习疏;赋得"大车槛槛"得还字,五言八韵。第一名王春煦。四十三年戊戌科,几微易简论;拟使尚书诏;问黄霸拟正文风疏;赋得"黄金臺"得真字,五言八韻。第一名彭翼蒙。四十五年庚子科,善學者師逸而功倍論;擬責諸葛瑾等詔;擬大法小廉疏;賦得"日午"得中字,五言八韻。第一名柴模。四十六年辛丑科,大而化不可爲也論;擬興廉舉孝詔;擬海塘疏;賦得"瑾瑜匿瑕"得差字,五言八韻。第一名俞廷楡。四十九年甲辰科,二方六卦六辰皆失其所論;擬郎吏分受四經三禮詔;擬責讓太常博士書;賦得"從善如登"得登字,五言八韻。第一名陳萬全。五十二年丁未科,無我然後得正己之盡論;清黃交滙善後事宜疏;擬勅楊僕書;賦得"良玉不琢"得淳字,五言八韻。第一名王觀。五十四年己酉科,饑食渴飲論;擬策賢良詔;正學疏;賦得"郁楼無成"得勒字,五言八韻。第一名貴徵。五十五年庚戌科,虛實動靜之機論;擬勅楊僕書;擬徐樂上言時務書;賦得"臨風舒錦"得文字,五言八韻。第一名張師誠。五十八年癸丑科,發微不可見充周不可窮之謂神論,擬後策;賢良制積古疏;賦得"松風水月"得閒字,五言八韻。第一名譚光祥。六十年乙卯科,學者四失論;擬禁列侯近臣奢僭詔;四民何以得其所疏;賦得"公而不明"得誰字,五言八韻。第一名陳琪。嘉慶元年丙辰科,至誠不息論;讞獄詔;論治疏;賦得"正誼明道"得淳字,五言八韻。第一名陸以莊。《玉堂譜》

　　乾隆元年丙辰科,庶吉士散館,奉三無私賦,賦得"爲有源頭活水來"八韻。第一名董邦達。二年丁巳科,庶吉士散館,律呂相生賦,賦得"藏珠于淵"八韻。第一名張映斗。四年己未科,庶吉士散館,王屋非堯心賦,賦得"春蠶作繭"得咸字,八韻。第一名裘曰修。七年壬戌科,庶吉士散館,舜有饘行賦,賦得"鴻漸于逵"得羅字,八韻。第一名金甡。十年乙丑科,庶吉士散館,五位相得賦以欽命,以題"五位相得賦"爲韻,賦得"平秩南訛"得官字,八韻。第一名李因培。十三年戊辰科,庶吉士散館,鼓琴得其人賦,賦得"木從繩"得心字,八韻,第一名李中簡。十七年辛未科,庶吉士散館,孟冬時令賦,賦得"黃花晚節香"得修字,六韻。第一名李承瑞。十八年壬申科,庶吉士散館,責難賦,以繩愆糾謬格其非心爲韻,賦得"樵夫笑士"得羞字,八韻。第一名盧文弨。十九年甲戌科,庶吉士散館,石韞玉賦,賦得"夏雲多奇峯"得峯字,八韻。第一名錢大昕。二十二年丁丑科,庶吉士散館,仁壽鏡賦,賦得"和闐玉"得珍字,八韻。第一名蔣士銓。二十五年庚辰科,庶吉士散館,牛羊勿踐行葦賦,賦得"瑾瑜匿瑕"得清字,八韻。第一名王文治。二十六年辛巳科,庶吉士散館,甯戚飯牛賦,賦得"舜歌南風"得薰字,八韻。第一名彭元瑞。二十八年癸未科,庶吉士散館,八甎影賦,賦得"麥浪"得翻字,八韻。第一名沈初。三十一年丙戌科,庶吉士散館,虛舟賦,賦得"鹿角解"得訛字,八韻。第一名陸費墀。三十四年己丑科,庶吉士散館,見大水必觀賦,賦得"至人心鏡"得虛字,八韻。第一名吳壽昌。三十六年辛卯科,庶吉士散館,齊景公好馬賦,賦得"夏不御氈"得餘字,八韻。第一名黃軒。三十七年壬辰科，庶吉士散館，紅藥翻階賦，賦得"松不棲蟬"得威字，八韻。第一名余集。四十年乙未科，庶吉士散館，天形如車蓋賦，賦得"玉壺"得消字，八韻。第一名金榜。四十四年戊戌科，庶吉士散館，虛室生白賦，賦得"方諸見月"得精字，八韻。第一名潘庭筠。四十五年庚子科，庶吉士散館，日處君而盈度賦，賦得"不踰矩"得夫字，八韻。第一名陸伯焜。四十六年辛丑科，庶吉士散館，清黃交滙賦，以幸遇佑助仍慎宣防爲韻，賦得"心如止水"得澄字，八韻。第一名俞廷楡。四十九年甲辰科，庶吉士散館，太液池人字柳賦，賦得"滄海遺珠"得淵字，八韻。第一名邵玉清。五十二年丁未科，庶吉士散館，勵志賦，以何謂尚志曰仁義爲韻，賦得"石韞玉"得和字，八韻。第一名王觀。五十四年己酉科，庶吉士散館，一目羅賦，賦得"石韞玉"得真字，八韻。第一名阮元。五十八年癸丑科，庶吉士散館，無極而太極賦，賦得"和闐玉"得圖字，八韻。第一名張師誠。六十年乙卯科，庶吉士散館，方竹杖賦，賦得"臨風舒錦"得當字，八韻。第一名王麟書。嘉慶元年丙辰科，庶吉士散館，汙卮賦，賦得"虛堂習聽"得聲字，八韻。第一名陳琪。《庶常館册》

康熙十七年，薦舉博學宏詞一百八十六員赴部，騐到一百三十一員。法若真，山東高密人，順治丙戌進士，原江南布政使，今候補。施閏章，江南宣城人，己丑進士，原江西、湖西道參議，今候補。曹禾，江南江陰人，康熙甲辰進士，原内閣辦事中書,今候補。陳玉璂,江南宜興人,丁未進士,現任中書科中書。米漢雯,直隸安化人,辛丑進士,原河南長葛縣知縣行取,今候補主事。沈珩,浙江海寧人,甲辰進士,候選內閣中書。汪琬,江南長洲人,乙未進士,原戶部山西司主事,告病回籍。陳維崧,江南宜興人,生員。趙進美,山東益都人,前庚辰進士,現任河南、河北道參政。秦松齡,江南無錫人,乙未進士,原翰林院檢討,革職,保舉湖廣軍前候用。尤侗,江南長洲人,拔貢生,原直隸永平府推官,降調。吳農祥,浙江仁和人,生員。王頊齡,江南華亭人,丙辰進士,現任太常寺博士。李開泰,順天大興人,丙午舉人。倪燦,江南上元人,丁巳舉人。田雯,山東德州人,甲辰進士,原工部營繕司郎中,今候補。陸葇,浙江平湖人,丁未進士,原內秘書院典籍,今候補。方象瑛,浙江遂安人,丁未進士,候選中行評博。朱彝尊,浙江秀水人,布衣。湯斌,河南睢州人,壬辰進士,原江西嶺北道參政,降調休致。葉封,湖廣黃陂人,己亥進士,原西城正指揮,今候補主事。王岱,湖廣湘潭人,前己卯舉人,現任京衛武學教授。傅山,山西太原人,布衣。馮行賢,江南常熟人,布衣。林堯英,福建莆田人,辛丑進士,現任戶部江西司主事。陳僖,直隸清苑人,拔貢。徐釚,江南吳江人,監生。羅坤,浙江會稽人,監生。彭孫遹,浙江海鹽人,己亥進士,候選主事。陸元輔,江南嘉定人,布衣。畢振姬,山西高平人,丙戌進士,原湖廣布政使,休致。馮雲驤,山西代州人,乙未進士,現任刑部四川司郎中。白夢鼐,江南江寧人,庚戌進士,現任大理寺左評事。王紫綬,河南祥符人,丙戌進士,原浙江糧道參政,休致。張烈,順天大興人,庚戌進士,候選內閣中書。杜越,直隸南宮人,貢生。紀炅,直隸文安人,生員。李來泰,江西臨川人,壬辰進士,原江南蘇松道參議,今候補。袁佑,直隸東明人,拔貢,現任內閣辦事中書。高層雲,江南華亭人,丙辰進士,候選中行評博。譚吉璁,浙江秀水人,例監,原陝西延安府同知,今陞山東登州府知府。孫㻞,浙江嘉善人,己卯舉人,現任直隸開州知州。陳鴻績,浙江鄞縣人,舉人,原江南睢寧縣知縣,革職。江闓,貴州貴陽人,己酉舉人,候選知縣。王鉞,山東諸城人,己亥進士,原廣東西寧縣知縣,休致。趙廷錫,陝西膚施人,辛丑進士,原順天府良鄉縣知縣,今候補內閣中書。李念慈,陝西涇陽人,戊戌進士,現任湖廣景陵縣知縣。徐懋昭,浙江鄞縣人,甲辰進士,現任江南沛縣知縣。高詠,江南宣城人,貢生。李澄中,山東諸城人,拔貢。陳懷真,山東兗州人,貢生。黎騫,江西臨川人,拔貢。王嗣槐,浙江錢塘人,生員。許孫荃,江南合肥人,庚戌進士,現任刑部四川司員外郎。徐嘉炎,浙江秀水人,監生。王孫蔚,陝西臨潼人,壬辰進士,原湖北糧道參議,今候補。張瑞徵,山東萊陽人,壬辰進士,原河南汝南道副使,今候補。戴王綸,直隸滄州人,乙未榜眼,原江西糧道參議,今候補。汪霦,浙江仁和人,丙辰進士,現任行人司行人。

王含真,山西猗氏人,丙辰進士。侯七乘,山西汾陽人,戊戌進士,原江西廣信府同知,休致。夏馹,浙江烏程人,貢生。喬萊,江南寶應人,丁未進士,原內閣辦事中書,今候補。劉瑞遠,順天三河人,乙酉舉人,原江南海州知州,革職。吳任臣,浙江仁和人,生員。郎戴瓚,浙江錢塘人,生員。龍變,江南望江人,廩監。李鎧,江南山陽人,辛丑進士,現任奉天府蓋平縣知縣。趙驪淵,浙江上虞人,己酉舉人。陸次雲,浙江錢塘人,例監,考定州判。朱培,浙江人,歲貢,考定訓導。顧鼎銓,浙江仁和人,甲午舉人,現任山西蒲縣知縣。毛升芳,浙江遂安人,拔貢。徐之凱,浙江西安人,戊戌進士,現任陝西真寧縣知縣。毛際可,浙江遂安人,戊戌進士,現任河南祥符縣知縣。張英,浙江海寧人,癸丑進士,候選內閣中書。邱象隨,江南山陽人,拔貢。黃虞稷,江南江寧人,廩生。許自俊,江南嘉定人,庚戌進士,候選知縣。李芳廣,河南柘城人,甲辰進士,原山東壽光縣知縣,今候補內閣中書。宋實穎,江南長洲人,庚子舉人。楊還吉,山東即墨人,生員。黃始,江南吳江人,生員,黜革。施清,江南人,例監,現任陝西布政司經歷。宋維藩,浙江建德人,貢生,候選州同。陸隴其,浙江平湖人,庚戌進士,原江南嘉定縣知縣,革職。申維翰,江南江都人,廩貢。柯崇樸,浙江嘉善人,副榜貢生,候選內閣中書。沈筠,浙江仁和人,生員。程易,江南休寧人,例監。程大呂,湖廣孝感人,癸丑進士。嚴繩孫,江南無錫人,布衣。

許先甲，浙江仁和人，廩監。戴茂隆，浙江平湖人，例監。錢金甫，江南上海人，廩監，今中式舉人。錢中諧，江南吳縣人，戊戌進士，革除。酈塏，直隸任邱人，乙卯舉人。周起辛，浙江蕭山人，廩監。張鴻烈，江南山陽人，廩監。周清原，江南武進人，監生。儲方慶，江南宜興人，丁未進士，現任山西清源縣知縣。上官鑑，山西翼城人，丙戌進士，原河南鹽道參議，今候補。吳雯，山西蒲州人，生員。程必昇，陝西韓城人，乙未進士，原山東棲霞縣知縣，革職。宋涵，江南溧陽人，例監。王方毂，直隸新城人，貢生。馮勗，江南長洲人，布衣。趙廷颺，陝西人，拔貢，原授鞏昌府文縣教諭，今候補國學員缺。徐孺芳，浙江仁和人，己亥進士，現任陝西神木縣知縣。葉灼棠，江南江寧人，貢監，原福建興泉道僉事，革職。王祚興，山西永寧人，丁未進士，候選知縣。任辰旦，浙江蕭山人，丁未進士，現任江南上海縣知縣。汪楫，江南休寧人，歲貢，現任贛榆縣教諭。田茂遇，江南青浦人，丁酉舉人，除授山東新城縣知縣，革職。黃與堅，江南華亭人，己亥進士。葉奕苞，江南上海人，監生。金居敬，江南吳縣人，監生。鄧林梓，江南常熟人，布衣。王廷璧，河南祥符人，壬辰進士，原浙江寧紹道參議，今候補。張能鱗，順天大興人，丁亥進士，現任山東青州道參議。傅宸，山東新城人，乙未進士，原山西道監察御史，終養。張含輝，山東掖縣人，壬辰進士，原四川提學道僉事，今候補參議。魏學渠，浙江嘉善人，舉人，原湖廣提學道僉事,今候補。陳宏,順天大興人,辛丑進士,候補主事。柯維禎,浙江嘉善人,乙卯舉人。林鴻,浙江仁和人,廩生。毛奇齡,浙江蕭山人,廩監。徐咸清,浙江會稽人,布衣。高向台,山西翼城人,丁未進士,原內閣辦事中書,今候補。閻若璩,山西太原人,監生。邵允宜,江南人,貢生。已投文赴部而未驗到者三員。崔如岳,直隸獲鹿人,乙卯舉人。李瑞徵,直隸容城人,丙辰進士。楊毓蘭,河南新鄉人,丁亥進士,現任湖廣衡永道參議。因稱患病已經行催,尚未報有起程日期者十七員。應撝謙,浙江仁和人,布衣。張九徵,江南丹徒人,丁亥進士,原河南提學道僉事,今候補參議。魏禧,江西寧都人,布衣。李顒,陝西寧厔人,布衣。顧景星,湖廣蘄州人,貢生。范鄗鼎,山西洪洞人,辛丑進士。嵇宗孟,江南山陽人,丙子舉人,原浙江杭州府知府,休致。張新標,江南山陽人,己丑進士,原吏部考功司郎中,降補陝西苑馬寺監正,休致。吳元龍,江南華亭人,甲辰進士,原工部都水司郎中,終養。陸舜,江南泰州人,甲辰進士,原浙江提學道僉事,休致。潘耒,江南吳江人,布衣。周慶曾,江南常熟人,辛丑進士,原內閣辦事中書,今候補主事。范必英,江南長洲人,丁酉舉人。蔡方炳,江南長洲人,布衣。彭桂,江南溧陽人,監生。王追騏,湖廣黃岡人,己亥進士,原禮科給事中,外轉補授山東武德道僉事,革職,議復還職,候補僉事。顧豹文,浙江仁和人,乙未進士,原河南道監察御史,告病回籍。已報起程,而未赴部投文者十二員。李因篤,陝西富平人,布衣。王宏撰,陝西華陰人,監生。李大春,陝西西安人,舉人。成其愿,山東樂安人,生員。虞兆潢,浙江人,生員。朱士曾,浙江山陰人,布衣。葉方蔚,江南崑山人,生員。陳荚,浙江秀水人,生員。朱鍾仁,江南崑山人,生員。嵇永福,江南無錫人,乙未進士,原浙江嚴州府推官,降補山東歷城縣丞,保舉湖廣軍前候用。曹宜溥,湖廣黃岡人,恩廕監生。潘颺言,山東章邱人,壬辰進士,原吏部文選司主事,降調,保舉湖廣軍前候用。未報起程,因地方不符,事故未結,現在行催者七員。章貞,浙江會稽人,乙未進士,現任湖廣棗陽縣知縣。孫枝蔚,陝西三原人,布衣。宋昰,浙江山陰人,布衣。張霍,福建侯官人,副榜教習知縣。陶元淳,江南常熟人,監生。邵遠平,浙江仁和人,甲辰進士,現任江西提學道僉事。馬駿,江南山陽人,己酉舉人。未將事由報部者四員。鄧漢儀,江南泰州人,布衣。王昊,江南太倉人,布衣。董俞,江南人,舉人。潘藩大,江南人,例監,現任江西宜春縣知縣,丁憂,病故。未試九員。李良年,浙江嘉興人,生員。林以畏,浙江錢塘人,布衣。張貞,山東安邱人,拔貢,候補孔目。惠周惕,江南吳縣人,副榜。曹溶,浙江秀水人,前丁丑進士,戶部侍郎,外轉陽和道。葉舒崇,江南吳江人,丙辰進士。汪懋麟,江南江都人,丁未進士,中書。陳學夔,福建侯官人,己酉舉人。祝宏坊,浙江山陰人,庚戌進士。《吏垣牘略》

明詔既下，首訖凡四年，合內外所舉凡二百六十七人，重薦者六人。宗人府左宗正多羅慎郡王舉三人，試用浙江曹娥鹽場大使。易宗瀛，湖南湘鄉人，原任官庫筆帖式。李鍇，正黃旗漢軍人，內府八品，茶上人，長住正白旗。包衣，漢軍人，太子太傅，文華殿大學士兼吏部尚書。朱軾舉四人，原任刑部員外，降補太常寺典簿。潘安禮，江西南城人，丁未進士，直隸趙州寧晉縣知縣。張振義，江西龍泉人，癸卯進士，原任翰林院庶吉士，改補知縣，又改儒學教授，未補。梁機，江西泰和人，辛丑進士，甲辰進士。李紱，江西臨川人，太子太保，文淵閣大學士兼吏部尚書。嵇曾筠舉二人。原任翰林院庶吉士杜詔，江南無錫人，壬辰進士。原任臨江府知府胡期頤，湖南武陵人，協辦內閣事務，刑部尚書。徐本舉二人。原任翰林院編修查祥，浙江海寧人，戊戌進士。原任左春坊左中允黃之雋，江南華亭人，辛丑進士。戶部尚書史貽直舉二人。原任翰林院修撰降補行人司司副于振，江南金壇人，癸卯進士。甲辰舉人周欽，江南宜興人。禮部尚書任蘭枝舉三人。候補教授徐廷槐，浙江會稽人。庚戌進士副榜貢生胡天游，浙江山陰人。拔貢生楊度汪，江南無錫人。兵部尚書甘汝來舉六人。癸卯舉人徐文靖，江南當塗人。廣東瓊州府額外教授鄧士錦，江西南城人。癸卯舉人魏允迪，江西廣昌人。壬子舉人黃世成，江西信豐人。拔貢生余騰蛟，江西武寧人。廩生張星景，江西奉新人。工部尚書涂天相舉五人。刑部員外奚源,江南當塗人。丁未進士不考,孝感縣知縣金虞,浙江錢塘人。庚子舉人丁憂,湖廣寶慶府教授夏策謙,湖北孝感人。己卯舉人不考,江南淮安府鹽城教諭夏之蓉,江南高郵人。癸丑進士,丁酉舉人李春耀,湖北孝感人。都察院左都御史兼理吏部侍郎事務孫嘉淦舉六人。徐文靖重保。癸卯舉人劉始興,江南金壇人。甲辰舉人劉斯組,江西新建人。拔貢生劉五教,山西臨縣人。拔貢生車文,河南太康人。生員方貞觀,江南桐城人。不考戶部左侍郎陳樹萱舉三人。丙午舉人韓曾,江南長洲人。乙卯舉人楊述曾,江南武進人。貢生陳長鎮,湖南武陵人。戶部左侍郎兼管三庫事務李紱舉四人。癸卯舉人鄭長慶,江西貴溪人。壬子舉人曹秀先,江西新建人。改庶吉士不考,廩生傅涵,江西臨川人。貢生趙昱,浙江仁和人。經筵講官戶部右侍郎兼管錢法事務趙殿最舉四人。原任翰林院編修萬經,浙江鄞縣人。癸未進士不考,署河南彰德府管河同知李光型,福建安溪人。癸丑進士,浙江金華府教授諸錦,浙江秀水人。甲辰進士,壬子舉人全祖望,浙江鄞縣人。改庶吉士不考,總督倉場軍務戶部右侍郎呂耀曾舉二人。庚子舉人劉世澍,湖南善化人。生員方辛元,江南桐城人。禮部左侍郎徐元夢舉三人。原任內閣中書吳麟鑲,黃旗滿洲人。歲貢生黑　,正紅旗滿洲人。壬子舉人金鑑,江南江陰人。兵部左侍郎鎮國將軍宗室德沛舉五人。李鍇重保。庚戌進士西成,鑲黃旗滿洲人。監生楊煜曾，江南武進人。丁憂監生陳景忠，鑲紅旗漢軍人。布衣趙寧靜，江西南豐人。兵部左侍郎楊汝穀舉四人。內閣中書史鳳輝，江南宜興人。己酉舉人，原任興化縣知縣汪芳藻，江南休寧人。駁己酉舉人萬松齡，江南宜興人。監生沈廷芳，浙江仁和人。兵部右侍郎吳應棻舉二人。原任廣東東莞縣知縣于梓，江南金壇人。駁江南涇縣教諭華希閔，江南無錫人。庚子舉人不考副榜貢生姚世鈵，浙江歸安人。署兵部侍郎事王士俊舉六人。原任河南河南府知府張漢雲，南石屏州人。癸巳進士，原任雲南姚州知州告病在籍靖道謨，湖北漢陽人。辛丑進士不考，雲南雲龍州知州徐本僎，湖北蘄水人。庚子舉人不考，原任順天豐潤縣知縣方榘如，浙江淳安人。丙戌進士駁原任湖廣孝感縣知縣張宏敏，江南丹徒人。甲午舉人駁廩生黃濤楫，江南江寧人。故刑部左侍郎兼管禮部侍郎事王紘舉五人。原任河南洧川縣知縣胡浚，浙江山陰人。庚子舉人駁丁酉舉人李清藻，福建安溪人。壬子舉人戴永植，浙江歸安人。廩生陳洪淡，江西高安人。生員盛樂，江西武寧人。刑部左侍郎兼管禮部侍郎事勵宗萬舉三人。户部學習行走符曾，浙江錢塘人。丁憂監生葉承點，江南奉賢人。乙卯舉人王世樞，江南寶山人。刑部右侍郎楊超曾舉四人。副榜貢生曹懫，廣東保昌人。廩生蘇珥，廣東順德人，不考。陳長鎮重保。布衣屈復，陝西蒲城人，不考。工部左侍郎王鈞舉三人。□□舉人秦戀紳，江南武進人。乙卯舉人金焜，浙江錢塘人。監生吳溶，江南陽湖人。工部右侍郎張廷瑑舉一人。內閣中書馬樸臣，江南桐城人。壬子舉人內閣學士兼禮部侍郎伊爾敦舉四人。原任翰林院編修葉長揚，江南吳縣人，戊戌進士。駁江南上海縣知縣褚菊書，浙江嘉興人，癸巳舉人。不考江南通州學正于栻，江南金壇人，甲午舉人。庚子舉人俞鴻德，浙江海鹽人。內閣學士兼禮部侍郎春山舉一人。乙卯舉人馮元溥，江南金壇人。內閣學士兼禮部侍郎方苞舉五人。浙江衢州府教授柯煜，浙江嘉善人，辛丑進士。故江南江都縣教諭吳銳，江南當塗人，辛卯舉人。貢生龔纓，江南江寧人，不考。副榜貢生劉大櫆，江南桐城人。貢生余華瑞，□□□人，不考。內閣學士兼禮部侍郎吳家騏舉六人。原任翰林院庶吉士宋照，江南長洲人，戊戌進士。駁乙酉舉人王霖，浙江山陰人。癸卯舉人聞元晟，浙江嘉善人，不考。副榜貢生曹廷樞，浙江嘉善人。監生周汝舟，江南吳江人。廩生沈彤，江南吳江人。內閣學士兼禮部侍郎姚三辰舉三人。庚子舉人王奭，浙江仁和人，不考。監生周京，浙江錢塘人。廩生汪臺，浙江仁和人。都察院左副都御史孫國璽舉四人。戶部主事尚廷楓，江西新建人。戶部筆帖式峻德，正白旗滿洲人。庚子舉人汪援甲，浙江錢塘人。監生王藻，江南吳江人。都察院左副都御史陳世倌舉五人。工部主事桑調元，浙江錢塘人，癸丑進士。副榜貢生汪祚，江南江都人。監生陸榮柜，江南華亭人。廩生胡二樂，江南歙縣人。通政使司通政使趙之垣舉六人。直隸盧龍縣知縣萬承苓,江西南昌人,癸卯進士,不考。候選知州馬日璐,江南江都人,不考。工部主事凌之調,江西新建人,丙辰進士。監生陳撰,浙江鄞縣人,不考。監生趙信,浙江仁和人。楊煜曾重保。詹事府詹事覺羅吳拜舉二人。國子監學正丁凝,浙江長興人,癸巳舉人。拔貢生李光國,江南興化人。日講官起居注詹事府詹事劉統勳舉一人。副榜貢生瞿駿,江南常熟人,不考。詹事府詹事管少詹事王奕清舉六人。內閣中書方觀承,江南桐城人,不考。原任行人司行人顧陳垿,江南鎮洋人,乙酉舉人。甲辰舉人趙永孝,江南常熟人。考授州判朱稻孫,浙江秀水人。貢生沈炳震,浙江歸安人。生員陸枚,江南吳縣人。太常寺卿王澍舉一人。監生葉酉,江南桐城人。光祿寺卿那爾泰舉一人。原任南豐縣教諭宋士宗,江西星子人,丙午舉人。駁總理北路軍需光祿寺卿劉吳龍舉五人。癸丑進士楊廷英,江西新建人。壬子舉人夏之翰,江西新建人。劉斯組重保。拔貢生龔正,江西南昌人。廩生龔元玠,江西南昌人。太僕寺卿蔣漣舉六人。原任翰林院編修傅王露,浙江會稽人,乙未進士。駁原任黔陽縣知縣王作人,浙江錢塘人。丙午舉人金德瑛,浙江仁和人,授修撰不考。丙午舉人王延年,浙江錢塘人。廩生沈冰壺,浙江山陰人。武生邵岷,江南元和人。駁順天府府尹陳守創舉五人。丁酉舉人金門詔,江南江都人,改庶吉士不考。丙午舉人甘禾,江西奉新人。江西新建教諭饒一辛，江西廣昌人。癸卯舉人貢生劉世基，江西贛縣人。廩生裘日修，江西新建人。奉天府府尹宋筠舉一人。直隸永平府教授魏樞，奉天承德人，庚戌進士。故奉天府府丞管學政事王河舉一人。監生祝維誥，浙江秀水人。駁衍聖公舉一人。監生張範，江南華亭人。太子少保兵部尚書兼都察院右副都御史直隸總督李衛舉六人。原任翰林院編修劉自潔，直隸武強人，癸巳進士。續舉原任北運河同知程恂，江南休寧人。甲辰進士閻介年，直隸蔚州人。副榜貢生汪士鍠，江南休寧人。續舉拔貢生陸祖錫，浙江平湖人。拔貢生邊連寶，直隸任邱人。太子太保兵部尚書江蘇巡撫高其倬舉十七人。原任翰林院庶吉士改補知縣孫見龍，浙江歸安人，癸巳進士。甲辰舉人孫天寅，江南常熟人。故廩生沈德潛，江南長洲人。廩生朱厚章，江南長洲人。故監生倪承茂，江南吳縣人。增生吳龍見，江南武進人。廩生胡鳴玉，江南青浦人。壬子舉人馬榮祖，江南江都人。廩生葉榮梓，江南青浦人。貢生王騰蛟，浙江錢塘人。副榜貢生張鳳孫，江南華亭人。江南興化教諭姚焜，江南桐城人。江南句容教諭沈虹，江南長洲人，丙午舉人。乙卯舉人王會汾，江南無錫人。生員陳黃中，江南長洲人。癸丑進士張廷槐，江南江陰人。兵部右侍郎署江蘇巡撫事顧琮舉七人。貢生邱迥，江南山陽人。拔貢生周振采，江南山陽人，不考。生員許鏘，江南上元人。辛丑進士顧棟高，江南無錫人。□□舉人潘遇莘，江南寶應人。

廩生郭束,江南寶應人。監生劉師翱,江南寶應人。禮部左侍郎提督江蘇學政張廷璐舉三人。廩生劉綸,江南武進人。廩生劉鳴鶴,江南陽湖人。貢生陸桂聲,江南震澤人。兵部尚書兼都察院右副都御史兩江總督趙宏恩舉二人。優貢生吳張元,江南吳江人。監生任瑗,江南山陽人。安徽巡撫都察院右副都御史王紘舉三人。江南池州府教授陳以剛,江南天長人,壬辰進士,不考。廩生程光祚,江南上元人。增生吳檠,江南全椒人。安徽巡撫兵部右侍郎兼都察院右副都御吏趙國麟舉三人。生員李希稷,江南宣城人。生員梅兆頤,江南宣城人。生員江爲龍,江南桐城人。浙江總督管巡撫事兵部右侍郎兼都察院右副都御史程元章舉十八人。原任山西臨縣知縣嚴遂成,浙江烏程人,甲辰進士,丁憂。庚子舉人厲鶚,浙江錢塘人。生員周玉章,浙江仁和人。甲辰舉人杭世駿,浙江仁和人。貢生沈炳謙,浙江歸安人。副榜貢生齊召南,浙江天台人。乙卯舉人張懋建,浙江鎮海人。浙江樂清縣教諭周長發,浙江會稽人,甲辰進士。原任翰林院庶吉士生員汪沆,浙江錢塘人。生員周炎,浙江蕭山人。生員周大樞,浙江山陰人。生員萬光泰,浙江秀水人。生員陳士璠,浙江錢塘人。拔貢生邵昂霄,浙江餘姚人。拔貢生程川,浙江錢塘人。生員孫詒年,浙江歸安人。副榜貢生李宗潮,浙江秀水人。副榜貢生錢載,浙江秀水人。太子太保文淵閣大學士兼吏部尚書管浙江總督嵇曾筠舉四人。廩生金文淳,浙江錢塘人。廩生沈樹德,浙江歸安人。生員朱荃,浙江桐鄉人。布衣申甫,江南江都人。又南河總督任內舉一人。監生翁照,江南江陰人,不考。江西巡撫都察院右副都御史常安舉六人。江西撫州府教授鄧牧,江西南豐人,辛丑進士。乙卯舉人黃永年,江西廣昌人。廩生寥理,江西南城人。生員張錦傅,江西臨川人。生員李灝,江西南豐人。□□黃天策,□□□□人。福建巡撫兵部右侍郎兼都察院右副都御史趙國麟舉一人。福建學習庚戌進士陳兆崙,浙江錢塘人。福建巡撫兵部右侍郎都察院右副都御史盧焯舉十人。副榜貢生王士讓,福建安溪人,優行。廩生方鶴鳴,福建晉江人。廩生潘思光,福建安溪人。廩生張甄陶,福建閩縣人。廩生洪世澤,福建南安人。生員王元方,福建晉江人。廩生陳繩,福建閩縣人。貢生陳一策,福建晉江人。廩生陳大炎,福建龍巖人。生員陳繼善,福建閩縣人。翰林院侍講提督福建學政周學健舉二人。監生蔡寅斗,江南江陰人,不考。拔貢生饒久坡,江西進賢人。湖南巡撫都察院右副都御史鍾保舉十人。候選縣丞易宗涒,湖南湘鄉人。生員鄧獻璋,湖南祁陽人。生員陳世賢,湖南祁陽人。原任湖南岳州府教授王文清,甲辰進士。壬子舉人張叙,江南鎮洋人。監生段梧生,湖南長寧人。監生錢斌,江南太倉人。拔貢生陳世龍,湖南祁陽人。拔貢生許伯政,湖南巴陵人。監生王元,湖南華容人。提督湖北學政翰林院檢討蔣蔚舉一人。布衣張庚,浙江秀水人。山東巡撫兵部右侍郎兼都察院右副都御史岳濬舉四人。山東觀城縣教諭劉玉麟，山東菏澤人，丙午舉人。癸丑進士牛運震，山東滋陽人。癸卯舉人耿賢舉，山東館陶人。拔貢生顏懋倫，山東曲阜人。河東總督兵部右侍郎兼都察院右副都御史王士俊舉六人。河南儀封縣知縣梅枚，江西南城人，辛丑進士，不考。河南衛輝府通判許佩璜，江南江都人，不考。河南孟津縣教諭閻式鑛，河南祥符人。河南濬縣教諭朱超，河南祥符人。庚子舉人萬邦榮，河南襄城人。廩生張雄圖，河南洛陽人。山西巡撫都察院右副都御史覺羅石麟舉四人。山西興縣知縣王祖庚，江南華亭人，丁未進士。山西大同府教授王系，山西榆次人，丁未進士。拔貢生張廷奏，山西榆社人。監生葉翥鳳，江南荊溪人。故陝西巡撫都察院右副都御史碩色舉三人。陝西清澗縣知縣王起鵬，浙江歸安人。廩生解含章，陝西韓城人。生員秦涇，陝西郃陽人。內閣學士兼禮部侍郎提督陝西學政王蘭生舉一人。陸祖錫重保。四川巡撫都察院右副都御史楊馝舉二人。四川宜賓縣知縣劉暐澤，湖南長沙人，庚戌進士。監生許儒龍，四川郫縣人。廣東巡撫都察院右副都御史楊永斌舉六人。廣東新安縣知縣何夢篆，江南江寧人，癸卯進士。廣東新寧縣知縣施念曾，江南宣城人。原任江南清河縣知縣許遂，廣東番禺人。丙子舉人駁壬子舉人鍾獅，廣東番禺人。拔貢生勞孝輿，廣東南海人。庚子舉人車騰芳，廣東番禺人。廣西巡撫兵部右侍郎都察院右副都御史金鉷舉二人。廣西永福縣知縣吳王坦,江南華亭人,癸卯進士。廩生袁枚,浙江仁和人。户部尚書總理陝西巡撫事史貽直舉一人。廩生田荃,陝西富平人。兵部右侍郎署理湖北巡撫事吳應棻舉四人。癸丑進士沈瀾,浙江烏程人。拔貢生毛一驄,湖北東湖人。監生南昌齡,湖北蘄水人。副榜貢生迮雲龍,江南吳江人。《詞科掌錄》

雍正十一年,詔舉鴻博,至乾隆元年丙辰,合内外所舉,凡二百七十六人。試授館職者十五人,一等五名,二等十名,武進劉綸為之冠。二年丁巳,補試鴻博,復得萬松齡等四人。同上

癸丑春余,以禮闈被放,尚客京邸。既奉明詔,貽書趙氏昆弟及谷林令子,誠夫促其努力。清時潤色鴻業,三趙皆有詩寄余。《詞科餘話》

甲寅冬,余與太鴻既同被徵,星齋以進士學習。閩省亦列薦牘,濡滯未至。時鄞縣全紹衣祖望,尚留京師。除夕,夢余及太鴻兩人抵京,歡然道故,有詩紀其事。同上

乾隆十七年,奉旨薦舉經學。大學士張廷玉保鍾畹,順天進士,現任國子監助教,人品端謹,留心經學,通曉三禮。陳祖范,江南舉人,會試中式,品行端方,淹通經史。劉大櫆,江南副榜,為人淳飭,潛心經學。大學士史貽直、協辦大學士阿克敦保王文清,河南進士,原任宗人府主事,留心經學,為人純樸。胡天游,浙江人,己酉副榜,學問淹博,為人狷介。大學士張允隨保張鳳孫,江南副榜,為人醇謹,學問淹通,留

心經術。協辦大學士吏部尚書梁詩正保吳廷華，浙江舉人，原任同知，降調充三禮館纂修，議敘一等，老成敦樸，淹通三禮。張燫，浙江舉人，潛心經學，人品醇謹。戶部尚書蔣溥保王延年，浙江舉人，現任國子監學正，老成敦樸，沈潛經史。顧鎮，江南舉人，人品端方，潛心經學。禮部尚書王安國保陳祖范，經學淹通，品行純正。刑部尚書汪由敦保吳鼎，江南舉人，熟精易理、三禮，人孝友謹。飭盛衡，江南舉人，淹貫三禮，人老成敦樸。趙繼序，江南舉人，潛心經學，人純樸端謹。工部尚書劉統勳保胡天游，品行端潔，博覽經籍。王延年，老成謹飭，潛心經史。工部尚書趙宏恩保李鍇，正黃旗漢軍七品頂帶，通曉經史，行止樸實，永寧內務府監生，通達經史，行己樸實。吏部右侍郎介福保錢載，浙江副榜，素行醇樸，究心經史。吏部右侍郎德齡保范咸，浙江進士，原任御史，為人端謹有守，潛心經術、文藝。周大樞，浙江廩監，究心經籍，尤嫻易學，為人安靜樸實。吏部左侍郎歸宣光保陳祖范，人品端方，潛心經學。顧鎮，為人謹飭，留心經學。吏部右侍郎雅爾哈善保吳華孫，江南進士，原任翰林院編修，為人端謹，居官廉直，博通經史，尤長於詩書。程廷祚，江南廩生，涵養淳篤，學問淹貫，尤能研深易理。戶部左侍郎嵇璜保吳鼎，素行純樸，潛心易經。錢載，為人醇謹，殫心經籍。戶部右侍郎總督倉場彭樹葵保方天游，為人樸直，潛心經學。禮部左侍郎秦蕙田保吳鼎，潛心經學，人品端樸。兵部右侍郎觀保保李鍇，人品端方，淹通經史。鍾畹，謹厚老成，潛心經學。兵部右侍郎蔣炳保儲師軾，江南廩監，爲人純樸端謹，潛心經學。刑部左侍郎錢陳群保梁錫璵，山西舉人，爲人端謹，研深易理。張仁浹，浙江舉人，品誼樸實，究心經籍。邊連寶，直隸拔貢，爲人謹飭，沉潛經學。刑部右侍郎梅瑴成保王文清，爲人質直，勤謹潛心。經學工部左侍郎何國宗保王之銳，直隸拔貢，現任國子監助教，敦本篤行，學有根底。蔡寅斗，江南舉人，現任國子監學錄，爲人醇謹，學問淹通。工部右侍郎劉綸保周天度，浙江拔貢，沉潛經籍，爲人樸誠。都察院左都御史陳悳華保魯曾煜，浙江進士，翰林院庶吉士，終養在籍二十餘年，居家孝友，潛心經學，自註《周易》，爲人誠謹，不務浮華。都察院副都御史葉一棟保劉斯組，江西舉人，原任廣東西寧縣知縣，爲人端謹，經學貫通。大理寺卿鄒一桂保顧棟高，江南進士，老成謹厚，淹貫經籍。大理寺少卿王會汾保方天游，爲人耿介，淹通經史，博習藝文。張熷，素性端謹，潛心經學。通政司參議薄海保吳大受，浙江進士，翰林院檢討。戈濤，直隸舉人，留心經籍，學品兼優。直隸總督方觀承保李稼，直隸廩生，潛心經學，於《易》《書》《詩》三經研究有年，爲人循謹樸實，品重鄉閭。張欽，江南舉人，文品兼優，考其經學，於《易》《詩》研究尤深。兩江總督黃廷桂保惠棟，江南生員，潛修好古，閉户窮經，精研考訂，推重淹雅，爲人方正，謹守廉隅。陝西總督尹繼善保劉鳴鶴，江南廩生，人極敦厚謹飭，潛心經學,精通易理,曾薦鴻博。惠棟,學有淵源,博通經史,人亦樸實老成。兩廣總督碩色保劉紹攽,陝西拔貢,原任四川成都縣知縣,學問優長,究心經史,確有根柢,爲人老成端方。大學士管河道總督高斌保是鏡,江南布衣,究心經籍,篤志勵行,不求聞達。吳鼎,研求經學,品行端謹。盛照,江南監生,沉酣經史,老成敦樸。河道總督顧琮保是鏡,爲人樸實,專心經學。漕運總督瑚寶保周振采,江南拔貢,篤志窮經,持躬純樸。協辦河道總督張師載保周天度,沉潛經籍,爲人樸誠。安徽巡撫衛哲治保劉始興,江南舉人,現任霍邱教諭,志行不苟,優於經學,篤好講求,現有著作刊傳。徐文靖,江南舉人,立品端方,淹貫經史。浙江巡撫永貴保周毓崙,江南拔貢,品行端方,明於經史。江西巡撫阿思哈保龔元玠,江西廩生,潛心經學,人亦老成。張錦傳,江西舉人,爲人質直,通曉經義。陝西巡撫陳宏謀保陳法,貴州進士,原任大名道,潛心經學,而於《周易》尤能切爲講求,爲人志行端方,才識通達。孫景烈,陝西進士,翰林院檢討,孝友端方,品學兼優,研窮經史,講求實學。湖北巡撫唐綏祖保夏力恕,湖廣進士,翰林院編修。沈樹德,浙江舉人,品行端方,淹貫經史,學有根柢。湖南巡撫開泰保趙繼序,潛心經術,學問淹貫,持躬謹飭。福建巡撫潘思榘保陳祖范,人品端方,老成謹厚,潛心經術,學有本原。貴州巡撫愛必達保張鳳孫,潛心經術,尤善於《詩》,爲人醇謹樸厚。《紀恩錄》

槐廳載筆

卷九

掌故三

順治十年癸巳夏四月,御試翰林官於太和門,與試者六十二人。試題:君子懷德論;請立常平倉疏。從優外轉少詹事王崇簡以下二十一人。《翰詹源流編年》

康熙十八年己未夏五月,御試翰詹諸臣,擢侍講牛鈕爲侍講學士,牛鈕名在第一。同上

康熙二十四年乙丑春正月,御試翰詹於保和殿,擢徐乾學等十一人再試於乾清宮,賞賚調用有差。試題:經史賦;懋勤殿早春應制五言排律詩。越二日,再試:班馬異同辨;乾清宮讀書記;扈從祈穀壇七言律詩。徐乾學、韓菼、孫岳頒、歸允肅、喬萊學問優長,文章古雅,均加賞賚。同上

康熙三十三年秋七月,御試翰詹於西苑,擢贊善陸菜爲內閣學士,餘各賞賚有差。試題:豐澤園賦;理學有真僞論。菜名在第一。夏六月,再試於暢春園。試題:萬壽無疆賦,以題爲韻。詹事徐秉義名在第一,并賜御書"擢秀清流"四大

字,少詹事以下皆有賜。同上

康熙五十四年乙未春正月,御試詞臣於乾清宫。試題:明四目達四聰論;爲有源頭活水來詩。儲在文名在第一,命入直南書房。又直武英殿者八人,致仕二十四人。同上

乾隆二年丁巳夏五月,御試翰詹於乾清宫,擢陳大受等官賞,賫墨刻、宫紗、文葛、硯、筆、墨諸物,少詹事編檢以上官皆與試。試題:爲君難爲臣不易論;藏珠於淵賦,以藏珠于淵南華妙蘊爲韻;薰風自南來詩,七言十二韻得來字。一等三人,編修陳大受陞侍讀,贊善趙大鯨陞洗馬,編修張映辰陞侍讀。同上

乾隆八年癸亥夏四月,御試翰詹於圓明園正大光明殿,擢王會汾等官,賞賫紗葛、畫箑、香囊、筆墨,餘降調休致有差。試題:禮以養人爲本論;藏珠於淵賦;折檻旌直臣詩,五言八韻限三肴。一等三人。編修王會汾陞侍讀學士,庶子李清植陞少詹事,編修裘曰修陞侍讀學士。同上

又覆試休致翰林。試題:長勺之戰論;螢光照字賦,以尺璧非寶寸陰是競爲韻;賦得渭北春天樹詩,五言八韻。留原任者六人。同上

乾隆十三年戊辰夏五月,御試翰詹於乾清宫,擢齊召南等官,餘降調休致有差。試題:竹泉春雨賦,以有斐君子終不可諠兮爲韻;賦得"洞庭張樂"得和字,七言六韻;時務疏。一等三人,侍讀學士齊召南陞内閣學士,編修李因培、王際華陞

侍講學士。同上

乾隆十七年壬申夏六月，御試翰詹於正大光明殿，擢汪廷璵等官，餘降調休致有差。試題：納涼賦，以薰風自南來為韻；風動萬年枝詩，五言六韻；擬董仲舒第三策。一等三人，編修汪廷璵陞侍講學士，侍讀學士竇光鼐陞內閣學士，編修楊述曾陞侍讀。同上

乾隆二十三年戊寅春三月，御試翰詹於正大光明殿，擢王鳴盛等官，餘降調休致有差。試題：瑾瑜匿瑕賦，以隱惡揚善執其兩端為韻；河防得失疏；野含時雨潤詩，五言六韻得和字。一等三人，編修王鳴盛陞侍讀學士，修撰秦大士陞侍講學士，侍講學士錢汝誠陞內閣學士。乾隆二十八年癸未夏五月，御試翰詹於正大光明殿，擢王文治等官，餘降調休致有差。試題：江漢朝宗賦；結網求魚詩，五言八韻得賢字；畿輔水利疏。一等三人，編修王文治陞侍讀，檢討周升桓陞侍講，侍讀錢大昕陞侍讀學士。同上

乾隆三十三年戊子夏四月，御試翰詹於正大光明殿，擢吳省欽等官，餘降調休致有差。試題：擬張華鷦鷯賦；紫禁朱櫻出上欄詩，七言八韻；新疆屯田議。一等三人，編終吳省欽陞侍讀，褚庭璋陞侍講，少詹事張曾敞賞緞四疋。同上

乾隆三十六年辛卯夏六月，御試休致翰林蕭芝等，起用改補有差。試題：弓膠昔幹賦；璆琳如玉詩。同上

乾隆五十年乙巳春二月，御試翰詹於乾清宮，擢陸伯焜

等官，餘降調休致有差。試題：以仁安人以義正我賦；循名責實詩，七言八韻得班字；聖人定之以中正仁義而主靜論。一等二人，編修陸伯焜、吳璥均陞侍讀學士。同上

乾隆五十六年辛亥春二月，御試翰詹於正大光明殿，擢阮元等官，餘降調休致有差。試題：擬張衡天象賦，以奉三無以齊七政爲韻；眼鏡詩，五言八韻得和字；擬劉向請封甘延壽、張湯疏，并陳今日同不同。一等二人，編修阮元陞少詹事，侍講吳省蘭陞詹事。同上

嘉慶三年戊午春二月，御試翰詹於正大光明殿，擢陳琪等官，餘降調休致有差。試題：擬徐階并鮒賦，以題爲韻；春雨如膏詩得訛字，五言八韻；征邪教疏。一等二人，編修陳琪陞侍讀，修撰潘世恩陞侍講。同上

順治三年丙戌科，命宏文院學士查布海，國史院學士蔣赫德，侍讀陳具慶，教習庶吉士分習清漢書。四年丁亥科，命宏文院學士查布海，國史院學士蔣赫德，秘書院學士陳具慶，教習庶吉士。六年己丑科，命宏文院學士查布海，國史院學士蔣赫德，秘書院學士胡統虞，國史院學士劉肇國，教習庶吉士。九年壬辰科，命宏文院學士能圖、劉清泰，秘書院學士劉正宗，國史院學士傅以漸、魏天賞，少詹事薛所蘊，教習庶吉士。十二年乙未科，停選漢軍庶吉士，命秘書院學士禪代，宏文院學士麻勒吉，秘書學士胡兆龍、李霨，教習庶吉士。十三年，又命國史院學士哲庫訥教習。十五年戊戌科，命國史院

學士哲庫訥，秘書院學士常鼐、李霨，宏文院學士王熙，教習庶吉士。九月，又命宏文院學士艾元徵教習。十六年己亥科，命翰林院掌院學士哲庫訥、王熙，文淵閣學士胡兆龍，東閣學士艾元徵，教習庶吉士。康熙三年甲辰科，命秘書院學士麻勒吉、章雲鷺，教習庶吉士。至庚戌，俱習清書。癸丑，復分習清漢書。六年丁未科，命國史院學士帥顏保，秘書院學士范承謨，教習庶吉士。九年庚戌科，復選滿洲漢軍庶吉士，命國史院學士哲庫訥，秘書院學士董國興，宏文學士張鳳儀，教習庶吉士。十一年，又命掌院學士傅達禮、熊賜履教習。十二年癸丑科，命掌院學士傅達禮、熊賜履、徐元文，教習庶吉士。十五年丙辰科，命掌院學士喇沙里、徐元文，內閣學士陳廷敬，教習庶吉士。十八年己未科，命掌院學士喇沙里、庫勒納、葉方藹教習庶吉士。二十一年壬戌科，命內閣學士阿蘭泰、張玉書，掌院學士牛鈕、孫在豐教習庶吉士。二十四年乙丑科，命掌院學士常書，內閣學士徐乾學，教習庶吉士，又命掌院學士張英、庫勒納、李光地教習。二十七年戊辰科，命禮部侍郎庫勒納，內閣學士彭孫遹，教習庶吉士。三十年辛未科，命禮部侍郎庫勒納，掌院學士張英、傅繼祖，教習庶吉士。三十三年甲戌科，命掌院學士常書，禮部尚書兼掌院學士張英，教習庶吉士。三十六年丁丑科，命禮部侍郎阿山，教習庶吉士。康熙三十九年庚辰科，命內閣學士法良，吏部侍郎韓菼，教習庶吉士。四十二年癸未科，命掌院學士揆敘,吏部侍郎吴涵,教習庶吉士。四十五年丙戌科,命內閣學士二禹,户部尚書徐潮,教習庶吉士。四十八年己丑科,命內閣學士噶敏圖、顧悦履、彭始摶,掌院學士陳元龍,教習庶吉士。五十一年壬辰科,命工部侍郎揆敘,掌院學士湯右曾,教習庶吉士。五十二年癸巳科,命左都御史揆敘,吏部侍郎湯右曾,教習庶吉士。五十四年乙未科,命左都御史揆敘、徐元夢,吏部侍郎湯右曾,教習庶吉士。五十七年戊戌科,命工部尚書徐元夢,教習庶吉士。六十年辛丑科,命工部尚書徐元夢、陳元龍,吏部侍郎湯右曾,教習庶吉士。雍正元年癸卯科,命侍讀學士吴隆元,教習庶吉士。二年甲辰科,命內閣學士福敏、德新、吴士玉,教習庶吉士。五年丁未科,命左都御史沈近思,工部侍郎鄂爾奇,兵部侍郎胡煦,教習庶吉士。八年庚戌科,命工部侍郎鄂爾奇,內閣學士任蘭枝,署户部侍郎阿山,教習庶吉士。十一年癸丑科,命兵部尚書鄂爾奇,吏部侍郎阿山、任蘭枝,內閣學士方苞,侍講學士陳萬策,教習庶吉士。乾隆元年丙辰科,命禮部侍郎徐元夢,禮部尚書楊名時、任蘭枝,教習庶吉士。二年丁巳科,命左都御史福敏,禮部侍郎方苞,教習庶吉士。五年,又命吏部侍郎阿克敦,刑部尚書史貽直,禮部侍郎吴家騏教習。七年壬戌科,命文淵閣大學士陳世倌、史貽直,工部侍郎德齡,教習庶吉士。十年乙丑科,命吏部侍郎德沛,刑部尚書汪由敦,教習庶吉士。十三年戊辰科,命武英殿大學士來保,協辦大學士吏部尚書陳大受,教習庶吉士。十五年,又命吏部尚書梁詩正教習。十六年辛未科,命刑部尚書阿克敦,工部尚書孫嘉淦,教習庶吉士。十七年壬申科,命禮部侍郎介福,刑部尚書劉統勳,教習庶吉士。十九年甲戌科,命禮部侍郎介福,內閣學士錢維城,教習庶吉士。二十二年丁丑科,命兵部侍郎觀保,户部侍郎劉綸,教習庶吉士。二十五年庚辰科,命大學士梁詩正,兵部侍郎觀保,教習庶吉士。二十六年辛巳科,命禮部侍郎介福,兵部尚書劉綸,吏部侍郎觀保,教習庶吉士。二十八年癸未科,命户部尚書劉綸,吏部侍郎德保,教習庶吉士。三十年,又命大學士尹繼善、劉統勳教習。三十一年丙戌科,命兵部侍郎鍾音,户部侍郎王際華,教習庶吉士。三十二年,又命吏部侍郎兼掌院學士觀保教習。三十四年己丑科,命內閣學士全魁,兵部侍郎蔣元益,教習庶吉士。三十六年辛卯科,命兵部侍郎兼掌院學士奉寬,內閣學士王杰、謝墉,教習庶吉士。三十七年壬辰科,命兵部侍郎兼掌院學士奉寬,內閣學士嵩貴、汪廷璵、莊存與,教習庶吉士。四十年乙未科,命大學士兼掌院學士舒赫德,吏部尚書協辦大學士程景伊,教習庶吉士。四十三年戊戌科,命大學士英廉,內閣學士錢載,教習庶吉士。四十五年,又命大學士公阿桂,大學士程景伊教習。四十五年庚子科,命大學士公阿桂,大學士嵇璜,教習庶吉士。四十六年辛丑科,命大學士公阿桂,大學士英廉,户部尚書梁國治,教習庶吉士。四十九年甲辰科,命大學士公阿桂,大學士嵇璜,教習庶吉士。五十二年丁未科,命大學士公阿桂,大學士王杰,教習庶吉士。五十四年己酉科,命大學士伯和珅,吏部尚書彭元瑞,教習庶吉士。五十五年庚戌科,命大學士伯和珅,吏部尚書彭元瑞,教習庶吉士。《詞垣考鏡》

順天鄉試,由監錄者有南皿北皿中皿字號,第二名例取南皿,中式名曰南元。監中錄科取列第一名,最利於鄉試,故有監元之稱。《國子監志》

康熙己未,遣太學生孫致彌往朝鮮采詩,大抵律絕居十之九,古詩歌行略見梗槩而已。致彌後登戊辰進士,官翰林。同上

殿試策例有規式、違式輒不得與上第。康熙戊辰,仁和凌紹雯,少習清書,殿試對策遂用清書漢書兩體寫之。讀卷官奏請上裁,置二甲之末。《居易錄》

鄭端簡《曉吾學編餘》云:自成化、宏治已來,翰林專用庶吉士,他官不得改在翰林者,不必盡得其人,誠一弊政。國初宋文憲、王忠文、宋文敏、朱備萬之後,梁用之以陽春令爲修撰,金文簡、王希範以給事中,黃文簡以中書舍人,胡若思以桐城令爲簡討,楊文貞以審理副爲編修,劉忠愍以主事爲侍講,李文達以郎中爲□□。自時厥後,惟萬曆庚戌不選庶吉士。崇禎中,考選推知等官,以翰林科道兼用,如劉正宗、薛所蘊、黃文煥、張縉彥,皆以推知入翰林。本朝選庶常,不考試,惟引見定于頃刻。其由他衙門改入者,則順治初,王文貞

崇簡、岳映斗、魏天賞等，以癸未前進士改庶吉士。後則康熙中，杜鎮以中書舍人改編修，同時李昌垣、郭芬，以兩淮運副大理寺副，皆以翰林謫官，召還。及戊午，則予以户部郎中，奉旨特改侍講。明年己未，徵聘諸人，御試體仁閣，賦一篇，五言長律一首，取彭孫遹等五十人，皆入翰林。其監司郎中改侍讀、侍講，進士及舉貢已官者爲編修，未官者及監生、生員布衣皆簡討，入館纂修《明史》。後至三品以上閣僚，惟湯斌、潛菴工部尚書，彭孫遹羨門吏部侍郎，陸棻義山、徐嘉炎勝力内閣學士兼禮部侍郎，王頊齡瑁湖宗人府丞，李鎧公凱通政候司通政使。内廷供奉改翰林二人，高士奇江球至詹事府詹事，勵杜訥近公今爲都察院副都御史。同上

順治己丑，會試後，以兩廣初定需人，遂用新進士候銓者，二甲授參議，三甲授知府，進士釋褐即爲四品監司郡守，蓋剏例也，僅止此一科爲然。《池北偶談》

世祖極重科名，自丙戌迄己亥，會試第一皆入翰林。惟丁亥李人龍不與，後以閣薦爲中書舍人。壬辰程可，則以磨勘被黜。乙未邑同年伊翁菴闢舉進士，引見南海子。上顧學士曰：“此人山東解元也。”遂改庶吉士，後授御史，官至都御史，巡撫雲南，自辛丑至庚戌例又一變。同上

康熙癸丑，上以會元韓菼爲狀元，榜中解元，皆改庶常。丙辰亦以會元彭定求爲狀元。乙丑以會元陸肯堂爲狀元。凡一榜解元亦然，遂爲定例。人遭逢，固有幸不幸也。按《夢

梁録》,宋時中省魁者,殿試有陞甲恩例,前十名亦如之。同上

科場試録、齒録,其來已久。《東觀奏記》載:鄭顥知舉,宣宗索科名記,顥屬祠部員外郎,趙璘採訪諸家科目記,撰成十三卷,始武德元年至大中十年。敕付翰林,自今放榜後,並寫及第姓名及所試詩賦題目。進入内,仍仰所司逐年編次。明三百年,鄉會試并沿其制,康熙初停止,至庚戌會試乃復舊例。鄉會試録仍進呈,乙卯鄉試,以兵餉不足再停止,尋又復。同上

舊例,翰林、給事中同爲考試官,則翰林爲正,給事爲副。吏部與五部同爲考試官,則吏部爲正,五部爲副。獨康熙壬子科,户部郎中郭昌,吏部主事彭襄,同主廣東試,以郭爲正,彭爲副。以郎中、主事爲序,不論衙門。辛酉科,工科給事中許承宣,予門人。翰林院編修汪霦同主陝西試,許爲正,汪爲副。今丙子科,福建鄉試,亦以給事中党聲振爲正,檢討王者臣爲副。者臣,予門人。此出偶然,非故事也。同上

本朝新進士傳臚後,自鼎甲授翰林修撰、編修外,餘皆引見,欽選庶吉士,分清、漢書,與鼎甲三人一體教習。順治間定例,清書者陞内閣學士,漢書陞京堂官,或徑陞侍郎,如程其相芳朝,以丁亥榜眼及第。至侍讀學士陞太常寺卿左虔孫敬祖,以己丑會元至侍讀學士陞通政使。臨朐馮易齋相國溥,以侍讀學士陞吏部侍郎。黄次辰相國機,以侍讀學士陞禮部侍郎是也。如勝國甲科,即不拘此例。故王宗伯敬哉崇

簡,白司寇東谷印謙,高侍郎念東珩,胡學士此菴統虞,諸公皆爲三院學士。三院者,國史、秘書、宏文院是也。庶吉士即專隸宏文。既設内閣,遂罷三院不設,而别立翰林院,以學士掌之。《香祖筆記》

蘇郡徐君斌,老儒也,不曉世故,中會榜後,以師生投謁。新奉明禁,不詣本房。胡給事悉寧胡大愠,徧告吴人,欲聲其罪。徐之迂拙,誠爲可笑。然嘗攷霍文敏韜會試,不認本房爲座師。又按宋藝祖殿試,凡稱門生於師門者有禁,蓋自古有之矣。《三岡識略》

本朝亦禁稱座師、門生,唯國子監祭酒司業,則刺揭直書門生某人,餘用光名而已。《詩園寄所》

國朝滿洲學校之設,自范文程始。應試一百四十人,其入庠歲試之法,爲等第者三。上第賫絹二疋,次一疋,又次威以夏楚。吾浙巡撫蕭起元曾殿焉。科舉初塲二義尚書,廣寧楊方興,山陰沈文奎皆掄元。國初試功臣子弟,對策二道,呈内院除官。順治乙酉始鄉試,丙戌始會試,廷對而滿人未之及也。辛卯定制:滿人中式者四十人,而蒙古、烏金超哈亦如之。烏金超哈者,遼人也。皆合榜。初塲經義三篇,俱清書。壬辰,滿洲、蒙古始放進士五十人,狀元麻勒吉,授宏文院修撰,後易名馬中驥,蓋博雅君子也。《簪雲樓雜記》

進士題名碑,舊建於國子監大成門東。吴鱗潭先生爲祭酒時,稽考舊碑,明永樂至崇禎凡七十八科,碑僅存三之二。

本朝制科始於丙戌，碑亦列焉。厥後十七科，未之繼也。吳祭酒謀於朝，伐石鳩工豎之，又令吏掘地徧索，獨永樂碑不見。一日宮墻傾，吏譁曰："永樂碑得矣。"於是前後井井用全一代之制。又於啟聖祠中得元碑三：一爲正泰國子貢試名記。蒙古、色目、漢人列三榜，皆有正副。一爲至正進士題名記。蒙古、色目爲一榜，狀元朶列圖。漢人、南人爲一榜，狀元文允中，皆無榜眼探花。一爲至正國子中選題名記。蒙古賜正六品，色目賜從六品，漢人賜正七品，亦有正副。夫八比取士，士不由進士者，無由顯達。於時，此題名碑之不可不立也。乃立而復湮沒，非吳公整頓，後將何考焉？按元朝氏族，蒙古有七十二種，色目有三十一種，金人有三十一種，漢人有八種，高麗、女直、契丹、渤海皆在漢人內。《知新錄》

十月初十日，黎明踏雪入朝，候上御門畢，乃至南書房。先是發下順天鄉試錄及各省題名錄，令臣等勘對。今日覆旨訖，著照例交與內收貯。《康熙乙酉日記》

十二月二十二日，衙門封印。奉旨召翰林科道各官，齊集乾清門，引見各省學使。內廷諸臣銓部，亦一體列名。臣等與南書房啟奏，願在內廷効力，不願赴外任，隨蒙欽允，傳與吏部掌院知道。午前，上御乾清門，選取十三人，翰林宋衡、樊澤達、閆錫爵、周起渭、顧圖河、魏方泰、趙晉、趙申季，科員則湯右曾，御史楊融、景日昣、李紳文、楊萬春。隨出題欽試。"得天下英才而教育之"一句。傍晚，將諸臣試卷發下，

命大學士排定先後名次。同上

滿洲興學,倡于范文程,科舉初塲止二藝。廣寧楊方興、山陰沈文奎并領解焉。《查浦輯聞》

曲阜特設四氏學,鄉試編爲耳字號,中舉人一名,每科取中皆聖裔,故有"無孔不開榜"之謠。康熙間,籲請加增一名,三氏及各賢裔始有中式之人。雍正間,又恩加一名,科名益盛,文學輩出。兹選所登孔、顔而外,曾氏二人,仲氏、孟氏各一人,又元聖裔東野氏一人。聖賢各裔寄籍他省者,不乏聞人,徵求無從,殆不能無闕如之憾云。《山左詩鈔案語》

漢軍鄉試,屢行屢停。國初,甲午准鄉試,癸卯覆試,解元爲鑲紅旗姚啓聖。己酉、庚戌後三科,鄉會試俱行。丁巳以用兵復停,自庚午、己未復行至今。癸巳萬壽六旬,特開萬壽科鄉會試。漢軍廣額,復准監生等應武鄉試。從前壬辰狀元麻勒吉、乙未狀元圖爾宸,俱滿洲,試滿文,近則滿漢一體,文武兼收矣。《在園雜志》

本朝己未,召試博學鴻詞,最爲盛典。康熙十七年正月二十三日,上宣諭吏部:"自古一代之興,必有博學鴻儒,振起文運,闡發經史,潤色詞章,以備顧問著作之選。朕萬幾餘暇,游心文翰,思得博洽之士用資典學。我朝定鼎以來,崇儒重道,培養人才,四海之廣,豈無奇才碩彥、學問淵通、文藻瑰麗可以追踪前喆者?凡有學行兼優、文詞卓越之人,不論已未出仕者,在京三品以上及科道官員,在外督撫布按各舉所知,朕將親試録用。其餘内外各官,果有真知灼見,在内開送吏部,在外開報于該督撫,代爲題薦,務令虛公延訪,期得真才,以副朕求賢右文之意。爾部即通行傳諭遵行。特諭,嗣内外薦舉到京者五十九人,户部給與食用。"十八年三月初一日,除老病不能入試外,而應試者五十人,先行賜宴,後方給卷。頒題:《璇璣玉衡賦》,省畊二十韻。試于體仁閣下,試畢,吏部收卷,翰林院總封,進呈御覽。讀卷者:李高陽相國霨、杜寶坻相國立德、馮益都相國溥、葉掌院學士方藹。取中一等二十名。二等三十名,俱令纂修《明史》,勅部議授職銜。部議:"以有官者各照原官銜,其未仕進士舉人,俱給以中書之銜。其貢監、生員、布衣,俱給與翰林院待詔,俱令修史。其未試年老者,均給司經局正字。"聖恩高厚,再勅部覆,奉旨:邵吴遠授爲侍讀。湯斌、李來泰、施閏章、吴元龍授爲侍講。彭孫遹、張烈、汪霦、喬萊、王頊齡、陸棻、錢中諧、袁佑、汪琬、沈珩、米漢雯、黄與堅、李鎧、沈筠、周慶曾、方象瑛、錢金甫、曹禾授爲編修。倪燦、李因篤、秦松齡、周清原、陳維崧、徐嘉炎、馮勗、汪楫、朱彝尊、邱象隨、潘耒、徐釚、尤侗、范必英、崔如岳、張鴻烈、李澄中、龐塏、毛奇齡、吴任臣、陳鴻績、曹宜溥、毛升芳、黎騫、高詠、龍燮、嚴繩孫授爲檢討,俱入翰林。其年邁回籍者,杜越、傅山、王方穀、朱鍾仁、申維翰、王嗣槐、鄧漢儀、王昊、孫枝蔚俱授内閣中書舍人。猗歟休哉!掄才之典,於斯爲盛。其中人材德業、理學政治、文章詞翰、品行事功，無不悉備。洵足表彰廊廟，矜式後儒，可以無慚。鴻博不負聖明之鑒拔，誠一代偉觀也。而最恬退者，李檢討因篤，於甫授官日，旋陳情終養，上如其請，命下即歸，更能遂其初志。無如好憎之口，不揣曲直。或多夙怨，或挾私心，或自媿才學之不及，而生嫉妬。或因己之未與薦舉，而肆蜚讒，一時呼爲"野翰林"，且譏以詩曰："自古文章推李杜，高陽相國霨，寶坻相國立德。而今李杜亦希奇。葉公懵懂遭龍嚇，掌院學士方藹。馮婦癡呆被虎欺。益都相國溥。宿搆零軿衡玉賦，失粘落韻省耕詩。若敎修史真羞死，勝國君臣也皺眉。"又纂"趙錢孫李，周吳鄭王"爲"竈前生李，周吳陣亡"，笑談更屬輕薄，故不附入。同上

乾隆二年，廷試博學鴻詞。全太史祖望撰《公車徵士小錄》八卷，中式者十五人，不第者若干人，蓋敘其姓氏、里居、世系也。更撰《詞科摭言》，尚未成書。余舉長興孝廉丁凝，格於省試；後復爲覺羅閣學吳拜薦於朝，又被落，亦命也。《稗勺》

康熙戊午年正月二十三日，上有薦舉博學鴻儒之詔。於是在京三品以上及翰銓科道官，在外督撫藩臬，各舉所知以應。計北直與薦者十有九人，江南與薦者五十有八人，浙江與薦者四十有七人，山東與薦者十有二人，山西與薦者十有一人，河南與薦者四人，湖廣與薦者六人，陝西與薦者十人，江西與薦者四人，福建與薦者二人，貴州與薦者一人。次年

三月初一日，上御體仁閣，臨軒命題。學士捧黃紙唱給，首題《璿璣玉衡賦有序》，用四六；次題《省耕詩》，五言二十韻。散訖，命就坐，撤護軍，俾吟咏自適。日中，鴻臚引出，跪聽上諭云："諸士皆讀書博古，當世賢人，朕隆重有加。"遂命光禄授餐，使知敬禮至意。引上閣設席、賜椅，四人一席，繡衣捧茶，陳饌十二簋加四飯，豐腆苾芬，緝御恭肅。詔二品三人陪宴，既畢，叩頭謝恩。從容握管文完者先出，未完者命給燭，至漏二下始罷。吏部收卷，翰林院總封，進呈御覽。讀卷者：相國李霨，杜立德，馮溥，葉方藹。取中一等二十名，二等三十名，皆授翰林職，令入館纂修《明史》。其有舉到在京老病不能入試，及入試而不與選者，年近七十以上，加中書、正字等銜以寵之。此一代掄才盛典，故備記之如右。《柳南隨筆》

溧陽相公爲大司寇時，奉旨教習庶吉士，到任庶常館。而此科狀元莊容可以在南書房，故不偕諸翰林來。史公怒曰："我二十年老南書房，不應以此紿我。"將奏召之。彭芝庭侍講爲之通，其意甚婉，遂爲師弟如常。彭故史公本房弟子，而莊又彭公本房弟子也。莊獻詩云："絳帳自然應侍立，蓬山未到總支吾。"《隨園詩話》

乾隆丙辰，詔舉博學鴻詞，先後舉者二百六十七人。滿洲五，漢軍二，直隸三，奉天一，江蘇七十八，安徽十九，浙江六十八，江西三十六，湖北六，湖南十三，福建十二，河南五，山東四，山西三，廣東六，陝西四，四川一，雲南一。《撐石齋詩集註》

歷科館選無定額，就一時之人才爲多寡。順治九年壬辰五十員，十八年辛丑十員。康熙三十年以前，以三十員爲率，其後以五十員內外爲率，惟六年丁未僅十二員。四十八年己丑至六十四員，五十一年壬辰至六十六員。雍正五年丁未三十七員，而他途用者甚多。十一年癸丑七十員，爲最盛。《茶餘客話》

康熙己未保舉鴻博，朱竹垞謂皆擅著作才。撰《鶴徵錄》未成。其時應考者一百三十三人，未取名士。如法若真，丙戌進士，布政使；趙進美，前庚辰進士，河北道；田雯，甲辰進士，郎中；葉封，己亥進士；高層雲，丙辰進士，常博；譚吉璁，例監，同知；許孫荃，庚戌進士，刑部郎中；戴王綸，乙未榜眼，江西糧道；陸龍其，庚戌進士，革職知縣。監生閻若璩，監生李良年，進士汪懋麟，以丁憂未試。保舉奏疏，于吏科庫見之。《藤陰雜記》

乾隆丙辰，考試鴻博一百九十三人。年長萬經，癸未翰林。年少袁枚，廩生。取入翰林十五人，亦見《館選錄》。不取而後登顯仕者，沈歸愚德潛、王少司馬會汾、裘大司空曰修、錢少宗伯載、葉庶子西、楊學士述曾、金總憲德瑛。曹大宗伯秀先，以春榜已入翰林，不與試。全祖望撰《公車徵士小錄》，今惟袁隨園存。同上

熊鶴嶠先生爲霖，大考降編修。柯禹峯先生瑾，大考降檢討。熊前任檢討，柯前任編修。《虛谷叢記》

丁丑,浙江召試,詩題"循名責實得田字"。御筆草書,諸生莫辨,押因字思字者多,押田字只二卷,難定去取。次日,復以"蠶月條桑"考試。童梧岡鳳三第一,即押田字卷也。《石鼓齋雜錄》

乾隆甲午,四川五省主考、正考俱編修,副考俱主事,閱紅本。廣西副主考,已點兵部郎中王寬,御筆塗去,易以璐名,于是五副考官皆主事。王由御史降兵部主事,于己亥科仍充廣西副考官,亦奇。《藤陰續記》

孫遲舟辰東與徐玉崖長發,庚辰同年,初未識面。玉崖,壬辰執事外簾,見遲舟文,謂必掄元,手錄全卷以出,榜發果然,因即訂交。時玉崖授徐太史鑑業,因以兵部事繁,遠館不便,即薦遲舟,具有古人之誼。同上

雍正元年,癸卯科會試,試官持擇公允,輿論翕然。詔加朱軾太子太傅,張廷玉太子太保,優渥之典,振古罕聞。《秋史筆徵》

四年丙午科鄉試,各省五經取中副榜,准作舉人;兩次中副榜者,亦准作舉人,并得一體會試,此特恩也,後不為例。同上

是科,上以江南考官沈近思出題,正大不尚詭僻,策問發揮性理,俱有本源,優敘之。又因江西考官查嗣庭出題纖巧,自作日記,中有詆毀語,諭停浙江人鄉試。一時恩義兼施,天下讀書人咸感愧焉。同上

蔡方麓先生，以康熙壬戌一甲一名進士登第。同里費俊，字鵲峯，後于戊辰捷武闈。李安溪擬費爲第一人，旋以弓馬改第八。費與蔡少固同學也。安溪深惜之，費上安溪詩結語有"猶聞李供奉，曾薦郭汾陽"之句。《梧門詩話》

槐廳載筆

卷十

紀實一

御史伊闢陞京卿,曾中解元。余詢之子,家有何陰隲而中解元。伊答以無他陰隲,惟能忍辱而已。又問有何瑞兆,云:"在書室讀書,墨忽躍起至梁上,碎而下,如是者二次,以爲不祥,其後中解元,乃知爲瑞兆也。"《資塵新聞》

姜真源以庶常改西臺,今爲雎陳巡道。《靜易堂詩集註》

山東解元在明時,仕多不達。至順治戊子,吾邑伊中丞翁菴闢以乙未改翰林,授御史,今至節鉞;甲午,大嵩趙庶常浮山作舟以己未;丙午,鄆城魏侍讀子相希徵以丙辰;壬子,濱州王檢討甲先鼎冕以癸丑;乙卯,德州李編修紫瀾濤以丙辰;丁巳,諸城王編修何思沛思以己未;辛酉,德州孫檢討子未勷以乙丑;丁卯,陽穀劉庶常琰以辛未:凡歷十五科,而入翰林者八人。《池北偶談》

自庚申已後,諸僭逆以次削平,各省次第補行鄉試。故福建有庚申科,主考戶部郎中劉元勳、大理寺評事白夢鼐;廣西、貴州皆壬戌科,廣西主考翰林院編修喬萊、刑部員外郎楊佐國,貴州主考翰林院編修沈旭初、户部主事陸鍾呂;雲南、四川皆癸亥科,雲南主考翰林院編修米漢雯、户部主事高瑄,四川主考翰林院編修方象瑛、吏部文選司員外郎王材任。

同上

世祖章皇帝最重庶吉士,每親自考較。乙未館選,丙申特先授漢書庶吉士王益朋、王命岳等官六科給事中、監察御史。[内劉祚遠授吏科給事中,尋以族祖大學士正宗廉,改吏部主事。]戊戌館選,己亥御試於南海子。特先授清書庶吉士馬晉允、富鴻業後改鴻基等十人爲編修、檢討,而陳敬[北通州人,與今説嚴禮侍同名,皆同館也。説嚴尋奉旨加廷字。]殷觀光二人革職,皆非散館故事。

同上

順治四年丁亥,重行會試。十六年己亥,復重行會試。

同上

康熙三十年二月初六日晨,内閣九卿啓奏乾清門。辰刻,奉旨以户部尚書文華殿大學士張玉書、經筵講官工部尚書陳廷敬、兵部右侍郎李光地、經筵講官兵部督捕右侍郎王士禎,爲會試主考官。禮部左侍郎王颺昌爲知貢舉官,同考十八人,翰林院編修許承家等七人,兵科掌印給事中卞三畏等四人,吏部郎中鍾儀傑等七人,宴于禮部,賜金花綵緞表裏各有差,宴畢,入鎖院。《居易録》

二十七日,恭呈十卷進御覽。次日奉旨着考試官自定次第,先是二十四年乙丑科會試主考官,刑部尚書張公士甄今

吏部尚書等始進擬十卷,恭請上裁,欽定名次,以陸肯堂爲第一。戊辰已來,遵爲定例,然戊辰亦未欽定云。同上

三月二十三日,御太和門傳臚,賜中式舉人戴有祺及第第一。初讀卷官內閣九卿擬吳昺第一,有祺第二,楊中訥第三。既進御覽,改有祺第一,昺第二,黃叔琳第三,中訥居二甲之首。昺,全椒人,故禮科給事中國龍子,對策倣陸宣公奏議。上以書法拔有祺狀元,而昺次之。又以鼎甲久無北人,拔叔琳次昺。叔琳,大興人。中訥,海寧人,同年兵部左侍郎雍建子。遇合之有定數如此。同上

有祺,戊辰進士,休寧人,籍華亭,本朝狀元,非本科中式者。壬辰之鄒修撰忠倚,己丑中式。甲辰之嚴侍郎我斯,榜眼李都御史元振,皆辛丑中式,及此而三。同上

昺試卷在會闈,予所特拔。及折號,王少宗伯昊廬亟稱之。明旦榜發,入朝遇李少宰醒齋振裕、王閣學鶴汀尹方,皆爲主司,賀得人。李前督江南學政,王即庚午江南鄉闈主司也。昺伯父叔兄弟五人,進士第者凡四:其世父國對,順治戊戌一甲第三人也;兄晟,丙辰進士;從兄昇,戊午舉人;蓋家學云,後其弟早中壬午順天鄉試。同上

癸酉鄉試,江南以少詹事李錄予爲正考官,前此所無。同上

甲戌元旦,上御太和門受朝賀,諸王百官仍詣昭德門行賀東宮禮。上諭:直省學院須得人,命九卿會舉如陸龍其、邵

嗣堯其人者。時龍其已歿，尋有特旨，以兵部右侍郎李光地提督順天等處學政，直隸守道參議邵嗣堯提督江南學政，以翰林院檢討顏光敩提督浙江學政。同上

辛未科庶吉士散館，御試於暢春苑。授史職者二十人，內張豫章，戊辰一甲第三人，竇克勤、除日恒，戊辰庶吉士。留館教習者二人，一甲第三黃叔琳，庶吉士狄億。以知縣外用者八人，惠周惕、張孝時、陳汝咸、毛鵾、金潮、張翔鳳、胡麟徵、陳紒紒，戊辰庶吉士。革職者一人，張禹玉，壬戌庶吉士。同上

四月十三日御保和殿，親選庶吉士汪倓等三十九人。[滿洲七人俱改庶吉士，辛未補殿試，入選者四人，汪倓，長洲人；王槙，華亭人；陳成永，海寧人；五哥，滿洲人。]同上

丁丑會試，以吏部尚書熊賜履、禮部尚書兼掌翰林院詹事府事張英、都察院左都御史吳琠、刑部左侍郎田雯爲總裁官。中式滿漢舉人一百五十九名，會元汪士鋐，江南長洲人。汪子，太學門生也，原名僎。同上

七月十三日殿試，十七日上御太和殿傳臚。狀元及第李蟠，徐州人。榜眼張虞惇，華亭人，[本姓嚴，常熟人，明大學士，諡文靖，訥之玄孫。]探花姜宸英，慈谿人，二甲第一，汪士鋐。同上

二十五日，甲戌科庶吉士汪倓等散館，試于乾清門。辛未科探花黃叔琳，甲戌科狀元胡任興，探花顧悅履，已經授職外。[榜眼顧圖河給假歸，不與。]授編修檢討者二十人。[內查昇、史申義、

閆錫爵,戊辰庶吉士。汪俠,辛未中式。滿洲滿保、傅森、海寶三人,漢軍陳夢球、高其倬二人。傅森第一。]科道吳甫生、江球二人。[珠,辛未庶吉士。]部曹拉都立、林文英二人。文英,戊辰科庶吉士。以知縣用張壽崗等六人。[壽崗,辛未科庶吉士。内張逸少,大學士玉書子。陳豫朋,户部尚書廷敬子。]隨旗行走,五哥一人。[辛未中式,禮部右侍郎努黑子。]同上

二十六日御保和殿選庶吉士,二甲汪士鋐等十三人,三甲朱啟昆等十八人。[内徐樹本,故大學士元文子。陳壯履,户部尚書廷敬子。趙宸黼,吏部侍郎士麟子。吴宗豐,故大學士正治子。李甡麟,故大學士之芳嫡姪。孔尚先,至聖裔。滿洲桑格、查賓、阿爾賽、常哥、阿進泰、傅敏六人,漢軍蔡珽一人,舊例解元皆留館。是科,四川解元任爾瓊不入選,南充人。]同上

康熙三十八年七月二十日,以翰林院檢討阿金爲福建正主考,滿保爲浙江副主考,喀爾喀爲河南副主考,海寶爲陝西副主考,滿洲翰林官出典鄉試自今科始。[阿金、喀爾喀,予辛未科所取士也。]同上

予自初仕揚州,䕶官至叨九列,三十年間往往謬司文衡。順治庚子,江南鄉試爲同考官,分較易二房,得盛符升[甲辰進士,監察御史]等十人。康熙癸卯,江南武鄉試爲同考官,得邱湛[甲辰武會元]等十九人。壬子,以户部郎中爲四川鄉試正考官,得楊兆龍等四十二人。副之者,工部員外郎貴溪鄭公日奎。戊午,以翰林院侍讀爲順天武鄉試正考官,得王來泰等一百八十六人。副之者,侍講今内閣學士兼禮部侍郎韓公菼。是榜,羅淇中己未武狀元[湖州副將],徐憲武中壬戌武狀元[貴州副

將］，繳煜章中丁丑武狀元［山西參將］。庚申，遷國子監祭酒。辛酉、甲子兩值科試。矢公甄拔得士尤衆，如壬戌之史夔［春坊中允］等，乙丑之高曮［編修］、金居敬［靈邱知縣］等，戊辰之湯右曾［編修改給事中］、查嗣韓［榜眼編修］、查昇［編修］等，不下數十人，率皆一時名士。辛未會試爲考試官，同事者文華殿大學士兼戶部尚書張公玉書，工部尚書陳公廷敬，兵部右侍郎李公光地也。得張瑗［編修改御史］等一百五十六人，而前在揚州日所賞拔士，如許承宣［丙辰進士給事中］、許承家［己丑進士編修］、汪懋麟［丁未進士刑部主事］、喬萊［丁未進士侍讀］、汪楫［己未召試檢討河南知府］、許嗣隆［壬戌進士檢討］、吳世燾［戊辰進士編修］、張琴［癸丑進士中書舍人］、劉長發［丁未進士工部主事］、張楷［丁未進士延平知府］、張琬、彭士右、夏九叙、王司龍之屬，以文章登科甲者亦不下數十人。予幸生右文之代，獲以文事自効，略抒其推賢進達之義。少逭罪戾，詎非天幸，聊疏其槩用，示吾子孫云。《居易錄》

近科鼎甲未有如癸丑之盛者。狀元韓少宰菼，榜眼王大司空鴻緒，探花徐詹學秉義，同時在朝，位三品上，徐尋遷禮吏二部侍郎。同上

鼎甲之衰未有如丁丑者。庚辰春尚未解館，而狀元李修撰蟠以科塲事流徙奉天府安插，探花姜編修宸英卒于非所，榜眼嚴編修虞惇以子弟中式牽連降謫。同上

三十九年二月初五日，吏部集議順天考試官、同考試官，衆問或以磨勘疏爲主，或以覆試爲主。予謂准舉人會試者，

皇上之特恩磨勘。處分者,科塲之定例,若因覆試而廢磨勘,恐將來科塲之弊,益不可問矣。滿洲太宰庫勒納公深以予言爲然,議遂定。同上

自己卯順天鄉闈乾清門覆試舉人後,直省考試官自侍郎以下櫐行開列,恭候欽點。壬午鄉試,以副都御史張睿主考陝西,御史吴甫生副之。吏部文選司郎中陳汝弼主考江南,工科給事中黄鼎楫副之。御史劉子章主考江西,御史傅作楫主考浙江,翰林滿洲阿爾賽副之。湖廣巴海[大理寺評事予門人]、山東滿保、河南傅森皆翰林滿洲人。山西孫致彌,戊辰庶吉士,副都御史。御史庶吉士典鄉試自是科始。《香祖筆記》

以詹事府詹事兼侍讀學士徐秉義[前吏部右侍郎],原任翰林院侍講徐元夢[滿洲人],爲順天考試官,二君皆癸丑科進士。同上

壬午冬,駕歸自德州,考試内直諸詞林官。至二十二日封印,後一日始畢,定一等十人,侍讀學士陳元龍等。二等若干人。其三等五人,調知縣用,諭德王化鶴、中允吴晟、修撰戴有祺[辛未狀元],檢討趙爾孫、吴文炎。同上

癸未會試,總裁官東閣大學士兼禮部尚書熊賜履,吏部尚書陳廷敬,吏部右侍郎兼掌翰林院事吴涵,禮部右侍郎許汝霖。同上

四月初四日御試,初七日傳臚。狀元王式丹[會元],江南寶應人;榜眼趙晉,福建閩縣人;探花錢名世,江南武進人。

是科以違式黜者三人〔吳時寬、沈淇、雷曾〕。同上

十五日引見癸未科進士，選汪灝等四十九人爲庶吉士，與鼎甲三人同入館讀書。同上

十二日，在暢春苑御試庚辰科鼎甲汪繹等及庶吉士。十七日，命下留館授職者十三人，顧圖河〔甲戌一甲第二〕、汪繹、季愈皆鼎甲；餘庶吉士，滿漢共十人。〔戊辰庶吉士梁佩蘭、張尚瑗，辛未庶吉士狄億皆外用，外用者共三十一人。〕同上

本朝狀元選書法之優者。順治中，世祖皇帝喜歐陽詢書，而壬辰狀元鄒忠倚，戊戌狀元孫承恩皆歐書者也。康熙以來，上喜二王書，而己未狀元歸允肅，壬戌狀元蔡升元，庚辰狀元汪繹，皆法黃庭經、樂毅論者也，惟戊辰進士中工二王體者，首推海寧查昇，以其族叔嗣韓兼習五經拔置鼎甲，昇遂抑置二甲。丁未進士工書者，首棄强宋師祁而不與鼎甲，又不與吉士之選，終於一令，亦可惜也。《分甘餘話》

丁巳九月再舉鄉試，時開秦楚閩諸例，納貲者許列名太學及補入各省紅案，特行鄉試以酬之。《三岡識略》

科臣何楷題爲科舉定例，每六十卷中式一名。今督學取數太多，宜限數截去。於是生員名列二等者，大半芟除，學校爲之失色。夫寒士三年苦心，膏火之費，途路之資，措辦不易，今既得復失，殊乖盛朝鼓舞之意。且科舉多寡何關大計，國家事豈更無急於此者乎？前明張孚敬當國，有沙汰生員之舉。言官上言謂："自昔以來，有增學舍，廣生徒者矣。但聞

沙汰僧尼，未聞有沙汰生員者。"事寢不行，此舉可謂不學無術矣。同上

心友張君没於京師，其友無不哀之，哀其有才而業未就也，有志而學未遂也。慨自時衆勢趨於科舉一途，苟非卓立千古之士。一第進士，便得志以爲讀書之事畢矣。故流俗之倫，雖穿穴經傳形灰心死至於老盡者矣。苟不與策名，皆謂之無成，豈知場屋之外復大有事？古今事物錯落高下，不以涯量帝王之所經營，聖賢之所授受。下而緣情綺靡之功，俱屬吾人分內學者。窮年矻矻，仿彿其涯涘而不可得，總溢才命，世抗志思，古道之未通。吾夫子所謂，苗而不秀，秀而不實，在此而不在彼也。君天姿朗秀，率性聰達，年二十四舉於鄉，明年登進士第。縱橫指取，無不如意，流俗莫不交口羨之，爲人得如君則亦已矣。而君獨欿然，不自以爲足將暫息乎？其已學者而勤乎？其未學者，於是親師取友，里中有講經會，君帖帖坐，諸生惟恐不卒得聞。同邑范氏多藏書，余偕同學借抄，日計君所手抄過於傭書者。君不特抄之，而且發之爲詩。無僻固狹陋之習，使由是而之焉。則且渟之爲道德，流之爲文章，溥之爲事業，皆未可知，未幾而君卒矣。乃僅僅以詩見之於友朋間，是其才可惜而志可哀也。故論君者，不在君之所就，於其所未就者，君自止遠矣。君諱士塤，字心友，別號雪汀。《南雷文選》

士人通籍金門，後輒受一職。治天子之事，獨詞林一席，

仍讀士子之書耳。然上命煌煌,實式臨之,與博士弟子黨庠鼓篋者不同。是讀士人之書,即讀天子之書,而治天子之事者也。然往往咕嗶之業,反儉於家食,時何者士人有十年讀書之志,視南面百城。雅謂過之,下帷閉戶,此可以自力者也。至於長安道上,儼然子大夫矣。酒食徵逐,晨昏報謁,時時有之,甚而二陸三張,森然槐柳,或不能獨異於時賢,即僕僕挾篋入官舍乎?連廡分室人纔受兩楹耳。片石支門,同人輒笑爲怪事。綦履過從,一彼一此,倒屣不遑,何執卷之爲也?一飽無何日下春呼馬出矣。故入館以後,授職以前,時不爲不久。然三年茌苒,猶一日也。《樓雲閣文集》

以七十四歲老病將死之人,謬充博學之薦。而地方官府即時起解,籃輿就道,出乖弄醜,累經部驗,今幸放免,復臥板舁歸。從此以後,活一月不可知,一年不可知,先生聞之定當大笑。《霜紅龕集》

生員之在天下,近或數百千里,遠或萬里。語言不同,姓名不通,而一登科第,則有所謂主考官者謂之座師,有所謂同考官者謂之房師,同榜之士謂之同年,同年之子謂之年姪,座師房師之子謂之世兄,座師房師之謂我謂門生,而門生之所取中者謂門孫,門孫之謂其師之師謂之太老師。《亭林文刪存》

上召戶部郎中王士禎賦詩賜讌,授翰林院侍讀,遂詔中外各舉所知,時戊午正月也。《橫雲山人集》

乙丑會試,皇上親自命題,主司閱卷畢,以元魁十卷密封進呈。御筆親定甲乙,元龍倖列第二名。榜發恭紀以詩:"御筆緘封命試題,五雲深護棘闈低。文塲千古添佳話,努力摛詞應聚奎。慎選真才仰聖心,主司鄭重辨琛琳。闈中未敢輕書榜,捧進黃封候玉音。不才何意壓群英,甲乙標題自聖明。一榜十人恩更重,只今天子有門生。"《愛日堂詩集》

　　二月初九日第一塲,坐淡字號。初十日卯刻大風,出貢院門,有旗下小厮牽予裾云:"新科狀元來了,吾家裏人都要出來看。"予頗異之,亦不解其故。十二日第二塲,坐珠字號,夜夢外祖語予曰:"吾掌海中珍寶。"予叩曰:"珍寶誰爲第一。"外祖云:"飛錢爲第一。"又以牙笏授予。二十六日榜發,中式三十六名。予寓報國寺西廊第一房,丁酉八月,在此舉鄉試,丁未復至此舉會試,未發榜前一兩日,予心怏怏,遂束裝作歸計。二十五日至殿前古松下默祝云:"公車五次,今科不中,以後不作進取思。"竟與松長別矣。又與三弟及寺中同寓黃繼武、馬殿聞單作別後,遂出寺門。往張家灣行里許,遠遠見一人騎而來,兩手抱金字牌二,有"狀元及第"四字,忙向彰義門走,與予騎交臂過。予在馬上回顧,又有"假滿還朝"四字,予心疑焉。過同郡汪苕文寓,別之,因問頃所見者,必史及超、徐公肅、嚴就思三先生進京。苕文云:"三公無一來者。"予豈夢見耶?適邵無盡、李經園與星士方伯瞻在座談星學,苕文亦自負精於星理者也,索予造觀之。予急欲至張家灣,遂別去。是日,僅至海岱門外許家店宿。二十六日早,榜發有名，仍歸報國寺，予至松下長揖謝之。三月二十日殿試，禮部儀制司員外俞有章唱名，名數單者從左掖門入，雙者從右掖門入。予三十六名，當在右。由貞度門至太和殿前，行三跪九叩頭禮。內院官置黃棹於丹陛，即擡下丹陛。禮部散題紙，諸進士跪受，又行三叩頭禮，然後就坐。讀卷官十四員，爲大學士巴泰、李霨，學士明珠、劉秉權、劉芳躅、田逢吉，吏部左侍郎馮溥，右侍郎玉清，都察院左都禦史王熙，禮部左侍郎黃機，戶部左侍郎嚴正矩，禮部右侍郎曹申吉，兵部左侍郎劉鴻儒，刑部左侍郎紹曾。二十一日到禮部領三枝九葉帽頂，宿鴻臚寺。二十二日五鼓入朝，至午門候傳臚，是日微雨。皇上升殿時，雨稍甚。先一日傳某人狀元，某人榜眼，某人探花。肜已無望，不過隨班行禮而已。及至太和殿前，與諸進士跪丹墀下，聽三唱。第一甲第一名係肜名，每一唱已，必鼓樂良久。肜心中猶疑非是，不敢出班。禮部官掖之前，然後出班跪，跪稍遲，傳制官已唱第二名，糾儀禦史於次日疏雲："第一名繆肜未跪即唱第二名張玉裁，傳制官應聽處分。"奉旨罰俸三個月。良以書生未習朝儀因累執事官，於心甚不安也。是日唱名畢，行三跪九叩頭禮。肜隨禮部堂官捧黃榜從御道出，跪置龍亭內，鼓樂迎至東長安門張掛。順天府府尹李天裕，府丞高爾位，迎肜與張玉裁、董訥等三人至廠內，簪花酌酒用儀從。至順天府赴宴，先望闕叩頭，府尹、府丞率僚屬對立行四拜禮，然後就席。肜坐正席，榜眼、探花左右坐，俱南向，用教坊樂。徹席，望闕謝恩。府尹、府丞親送至寓，寓中設席款之。二十四日，同張、董兩同年求謝恩表。舊例前科狀元代作，所以尊前輩以其知體式也。甲辰科狀元嚴就思先生給假歸，而己亥徐立齋，乙未史立菴兩先生皆在籍。應求前科榜眼、探花，而李貞孟、吳長庚兩先生亦在籍。惟辛丑榜眼李子靜先生在任，彤與張、董兩同年登堂求見，投門生帖，用贄儀二十四金，賞長班管家銀八兩，俱照例也。是時，鼎甲中最資深者金沙蔣虎臣先生，係丁亥探花。因己丑有熊次侯先生，戊戌有孫惟一先生皆在任。虎臣先生云："李子靜當讓孫惟一，孫惟一應讓熊次候，熊次侯應讓不佞，不佞代求李子靜，此乃衙門之體。"一時前後輩俱嘆服，蔣先生之言良是。二十五日到禮部與恩榮宴。讀卷官自滿漢大學士以下，收卷官、掌卷官自翰林科部以下，監試御史及巡綽供給各官俱與宴。皇上遣內大臣佟國舅陪宴。彤一席，榜眼、探花一席，諸進士四人一席，用滿洲桌銀盤菓品食物四十餘品，皆奇珍異味，極天厨之饌。御賜酒，三鼎甲用金碗，隨其量盡醉無算。宮花一枝，小絹牌一面，上有"恩榮宴"三字。狀元用銀牌。四月初二日，午門外頒給彤袍帽水晶金頂涼帽一頂，鑲蟒石青朝衣一件，玳瑁銀帶一條，荷包、牙筒、刀子俱全，馬皮靴一雙。當時更易率諸進士行三跪九叩頭禮，榜眼、探花以下，俱折鈔五兩。初六日入朝，親捧謝恩表跪丹墀下。內閣收進匣，用黃綾包，用銷金龍袱。初七日，國子監釋褐。鴻臚寺官引彤至先師神位前，行釋菜禮，奠三爵及四配伏位。次引榜眼、探花至十哲神位前，東西分奠爵伏位。引二甲第一名奠東廡，三甲第一名奠西廡伏位。同行禮畢，至彝倫堂拜大司成。大司成坐正位，在本監中式者行四拜禮，餘俱兩拜。大司成請鼎甲上堂，酌酒三盃，鼓樂送出。二十日，吏部引見。二十二日，奉旨授彤秘書院修撰，張玉裁、董訥俱授編修。二十四日，吏部宣旨。二十五日，入朝謝恩，至內院，見滿漢大學士行一拜三叩頭禮。舊規兩拜六叩頭，大學士受一答一。今滿漢大學士省答拜之禮，止行一拜禮，見學士二揖即出。二十八日，同張玉裁、董訥到任，先謁孔廟，次謁土地祠、土地神，爲韓昌黎先生。謁畢即至內院，報到任日期，典籍移咨、吏部開俸。是日，選庶吉士。二十九日，奉旨帥顏保、范承謨教習庶吉士。三十日，到教習老師處投帖。五月五日，大會同館諸同年於金魚池。十五日，到內院請進館日期，問大學士親自送否，如親送則設席多，不親送則設席少。大學士李公問范老師，范老師又問諸門生，自酌定可也。李公云："此衙門大典禮。"自辛丑世祖章皇帝賓天，故不行。甲辰應行而不行，今科不行，此禮必廢。但今科鼎甲三人，庶常十二人，多寒士，此舉甚費如何？十九日早，齊赴翰林院，投教習老師請啓，以次投中堂各前輩啓。二十六日，進衙門，午時教習老師方到任。三鼎甲與諸庶常迎老師於二門外打躬，老師進後堂，諸同年拱立聖廟前候老師，同行二跪六叩頭禮。

次至土地祠，同老師行一跪三叩頭禮。入川堂，兩位老師交拜即坐。川堂，是爲丹地深嚴。鼎甲、庶常左右分班，彤領左班，次董訥，次史鶴齡，次夏沇，次丁蕙，次謝兆昌，次唐朝彝，次劉澤溥。張玉裁領右班，次潘翹生，次張英，次儲振，次盧琦，次楊仙枝，次王日溫。排班東西向，立轉向上，行兩跪六叩頭禮。老師受一答一，仍分班侍，同館交拜，行兩跪六叩頭禮。老師升公座簽押，諸年兄俱簽押。畢出至大堂候老師，退後堂請庶常。號書出，老師退。火房，是爲修吉堂，前即五雲深處。請鼎甲號書，所以優鼎甲也。三學長該達、多奇、那思泰與彤等交拜於川堂，然後請老師上席，席設後堂。席散歸寓，放假三日，然後進館讀書。《鑪傳記事》

子入鑠院，領十八房考。思效梅聖俞嘉祐故事陪歐陽主文，作禮部唱和詩而不可得。一則時促，彼時絕不通人者五十日，今裁廿日耳。一則監視嚴，彼時群處燕坐嘲談笑謔都無所禁，今則主义同考，環坐把筆，且監史在傍，一起一居皆須檢點。一則秤量密，彼時裁取任意，古文今文，抹紅勒白，致有拈軋苗刺，刷爲笑樂者；今則彈絣糾墨，搜瑜索纇，左勘右核，旁皇不暇，即緘箱將退，尚有持燭重開展者。以是鑠院，日久不得一詩。既見王編修澐七律八首甚工整，在賜宴時，則有"幣頒錯繡裁雲碧，花賜敲金挿帽紅"句；在閱卷時，則有"圍棘空庭人語寂，垂簾清晝柝聲傳"句，皆當時實事。至若"紫泥密下瞻天筆，黃紙新刊列御題"句，則以是年一二塲皆皇上親命題，到院黃封，御筆尤所罕覯，故云。予雖和四詩，實愧續尾。惟臨發榜前三日夜歸房後，與李丹壑世兄，張卣臣編修東西連舍，每至丙漏，重續燭，墻頭過酒，厨人説櫃食，家僮授籌，敲壁歌呼以爲樂，因復得唱和詩數首。但二君被酒輒醉，才如湧泉。予稍醉，反口噤不能語。每思及，至今媿之。《西河詩話》

　　初盛唐多殿閣詩，在中晚亦未嘗無有此正高文典册也。近學宋詩者，率以爲板重而却之。予入館後，上特試於殿上，嚴加甄別。時同館錢編修，以宋詩體十二韻抑置乙卷，則已顯有成効矣。唐人最重二應體，一應試，一應制也。人縱不屑作官樣文字，然亦何可不一曉其體而漫然應之。同上

　　康熙十七年，吏部奉上諭特開制科，以天下才學官人，文詞卓越，才藻瑰麗召試擢用，備顧問著作之選，名爲博學鴻儒科，勅内外大臣各薦舉來京。行文到浙，本府遵依寧紹台分巡道檄，照布政司來帖，謬薦及予。予初辭道府，繼辭布政司及院使，皆不許。先是二年間，上厭薄八比，已諭内三院九卿于甲辰、丁未兩科改换策論，着以經濟時務取士。而廷臣狃于故習，皆言古學不可猝辦，仍暫用八比以俟除。復因特開是科，振厲其事。時予走四方裁得還里，而頓膺斯舉，且怖且愧。時寧紹台道許公，驛傳道李公，巡撫陳公，皆濫相推許，于兩浙州縣所薦，合五十餘人。核至五人而予名預焉，且將部咨擲寓，以要必赴，因狼倉出關。時戊午八月，正舉浙鄉

試，是日係第一塲試士日云。《制科雜録》

按制科始于兩漢，皆朝廷親試，不涉有司。歷漢魏六朝唐宋不改，惟唐試科不一，遂分制科與進士及明經諸科爲二。惟親試者得稱制科，又謂之大科，餘皆非是也。自元明專用進士一科，不用制科。即有薦舉擢用，如賢良方正等，皆不經召試。有薦舉而無科目，因誤以進士科爲制科，且以八比文爲制舉文，而典制與名稱俱失之矣。至是始開科，實別于八比，而世仍未之曉也。同上

己未正月晦日上諭：薦舉人員，着二月初三日親試。高陽李師奏，時日迫促，不能預備試卷桌子等項，遂諭十六日啓奏。時幸溫泉回益都，馮師又簡入會闈，作主文官。未啓奏間，十七日傳諭：該部同翰林院確定試日并應用事宜具奏。因定三月初一日。同上

二月二十九日，吏部過堂。予時以右手腫爛告病，不許。先是予體羸手背，以北方風高，每瘋燥作癢。族弟會侯送藥劑來，是火酒製者。飲之，忽筋腫而膚爛，手腕脹如瓠，不可執筆，因作呈詞一紙于過堂時告驗。時滿漢太宰皆執不許，而掌院葉師以爲僞也，云："君但洗去其藥，自愈矣。"至選君楊公，君則淮人，故知予者，慰云："天下名士有幾，若先生告去，則此舉爲不光矣。"不得已彊出。是夜遇陳太士，用藥潄之，稍愈。三月初一日平明，齊集太和門，以魚貫入，詣太和殿前。鴻臚寺唱，行九叩頭禮畢。是日，上御殿祭堂，予回

命,諸薦舉人員赴東體仁閣下。太宰掌院學士復宣旨云:"汝等俱係薦舉人員,有才學的,原不必考試。但是考試愈顯你們才學,所以皇上十分敬重,特賜汝宴。凡是會試、殿試、館試狀元庶吉士,俱没有的。汝等要曉皇上德意。"宣訖命起,赴體仁閣。設高桌五十張,每張設四高椅。光禄寺設饌十二色,皆大盌高攢相傳,給直四百金。先賜茶二通,時菓四色,後用饅首、卷子、紅綾餅、粉湯各二套,白米飯各一大盃,又賜茶訖。復就試時,陪宴者太宰滿漢二員,掌院學士滿漢二員,皆東北向坐,謂之主席,以賓席皆東西向也。餘官提調皆不與焉。予是日仍告手腕難執筆,不聽,及賜宴時,强把金筯指小䀁,因草草完卷即出。其夕晚出者十餘人,皆給燭竣事。然後彌封諸試卷,作四封,當夜呈進。相傳先試一日,上命内閣諸學士及翰林院掌院擬題,皆一文賦一詩。高陽李師擬璿璣玉衡賦,賦得"雨中春樹萬人家";寶坻杜師擬王者以天下爲一家論,省耕詩;益都馮師擬十三經同異考,耕藉詩;內閣學士項公擬士先器識而後文藝論,賦得"春殿晴薰赤羽旗";閣學李師擬岣嶁碑贊,遠人向化歌;掌院學士葉師擬珪璋特達賦,三江九江考,賦得"龍池柳色雨中深"。上用高陽師賦題,寶坻師詩題。第先試一日,傍晚或云:"外間有覘其題者。"同上

試之次日,上攜卷至霸州觀魚,貯以黄絹箱。至初十日,大風,帳房内親看。抽出其一即予卷,且夾一紙籤于卷中,御

書"女媧事"三字。以予賦詞有云："日升于東,匪彎弓所能落;天傾于北,豈鍊石之可補?"疑鍊石句不經,將以詢大臣也。時以大風起,不終閱,仍入箱。訖十四日還宮,十五日發卷出,中堂三相公暨掌院學士參閱。十六日閱訖,十七日啓奏呈繳,照前代制科分等第。進士科分甲乙例,判作四等:曰上上,曰上,曰中,曰下。時閱卷者見予卷紙籤,不知所謂,且疑上不善其詞,三相公欲置之上卷之首。而掌院踟躕曰:"第置上卷末,伺皇上意旨何加耳。"會二十日殿試,二十二日中堂掌院俱作讀卷官。上諭:"前所試上上卷、上卷,着入史館纂修《明史》,餘俱遣回。其年老者,量加虛銜。未到者不再試,亦不必令來。"遂問:"有不完卷者,何以列在中卷。"衆答曰:"以其文詞可取也。"又問:"上上卷內有'驗于天者,必不驗于人'語,無礙否?"衆答曰:"雖意圓語滯,然無故礙也。"又問:"'或問于子,曰及唯唯否否'語,豈以或指朕,子自指耶?"衆答曰:"賦體本有子虛、亡是之稱,大抵皆寓言,似不必有實指也。"又問:"有女媧補天事,信否?"益都師曰:"在《列子》諸書有之,似乎可信。"上曰:"朕記《楚詞》亦有之,但恐燕齊物怪之詞,不宜入正賦否?"益都師曰:"賦體本浮夸,與銘頌稍異,似可假借作鋪張者。"上曰:"如此其文頗佳,今在何等?"答曰:"已置之上卷末矣。"上命稍移在上卷中。嗟乎!予實不才,且是日腕脹,全不盡平生所長,不知何以猥蒙聖眷如此。同上折卷後，上曰："詩賦韻亦學問中要事，何以都不檢點？賦韻且不論，即詩韻在取中中者，亦多出入。有以冬韻出宮字者，有以東字出逢、濃字者，有以支韻之旗，誤出微韻之旂字者，此何說？"衆答曰："此緣功令久廢，詩賦非家絃户誦，所以有此然，亦大醇之一疵也。今但取其大焉者耳。"上是之。遂定爲五十卷，上上卷二十，作一等；上卷三十，作二等；餘中卷、下卷分作三等、四等，總名爲"下第"，不填榜內。至拆畢，因于上卷中斥去一卷，上命擇一有名者補之。時中堂掌院各有所薦，皆不允。最後益都師以徐咸清薦，即徐仲山也。上曰："有著作乎？"曰："有《資治文字》若干卷。"上曰："《資治文字》何書也？"曰："字書也。"傍一學士曰："字書，小學也。"遂置不問。後上自取嚴繩孫卷補之，即前云中卷中不完者。至二十四日，上諭吏、禮二部，這取中人員該授何職，着確議具覆。時二部不諳舊制科例，但擬已仕者照現任品級或陞或加級。其去任在籍者，或宜起用，或宜在籍加銜。一應未仕者，俱授翰林院待詔。具覆。上命閣臣取前代制科舊例來閱，查得兩漢授無常職，晉止授尚書郎。唐制策高者，特授以尊官，其次等出身，因之有及第、出身之分五等，其第一、第二等皆不次之擢第；三等始爲上等，恩數比廷試第一人；第四等爲中等，比廷試第三人，皆賜制科出身；第五等爲下等，賜進士出身。上乃降旨，薦舉取中人員俱授爲翰林官，應給職銜着再議具奏。其杜越、傅山、王方穀等文學素著，念其年邁，從優加銜，以示恩榮。于是已仕者，俱照品級授講讀、宮坊、編修等；其未仕者，慨授檢討，總充史館官，纂修《明史》。其杜越等，俱授內閣中書，聽其回籍。依議。同上

乃擇四月二十日到任，各朝服頂帶于欽天監火神廟齊集，到衙門行禮畢。次日，遂赴史館。同上

後同籍十五人集于棠春園，做《題名故事》，各賦詩一首，施愚山篇之序。同上

年少登科，切勿自喜，見識未到，學問未足，一生喫虧在此。即使登高第，陟高位，庸庸碌碌徒與草木同朽耳。往往老成之人，一入仕途，建立一二事便足千古，由其閱歷深也。《湯子遺書》

自鄉以升於禮部，自禮部以升於天子之庭，三閱歲得百五十人。與是選者，殆所稱能言之士也。然是百五十人者，操舍不同趣。仕于朝，內外簡劇，所業滋殊。求夫先資之言一一相讐者，十不得二三焉。《松桂堂全集》

竹垞主人少無宦情，耕長水之南，年五十矣。天子下詔徵文學之士，備顧問著作之選。有薦于朝，召試體仁閣下。天子擢居一等，除翰林檢討，充《明史》纂修官。故事翰林非進士及第與改庶吉士者，不居是職。而主人以布衣通籍，迥異數矣。越二年，天子增置日講記注官，則主人亦與焉。是秋，出典江南省試。拜命之日，屏客不見。將渡江，誓於神。入闈矢言益厲，聞者以為恓迂。公事畢，地主問遺，輒以分故

舊。携其妻入京師，無家具，僅載書兩大簏而已。盜刼其居，發所藏止餐錢二千，白金不及一鎰也。明年正月，天子召入南書房，賜宅景山之北，黄瓦門東南。居一年，名挂彈事，吏議當落職，天子宥之，左謫其官，復僦宅宣武門外。《曝書亭集》

王頊齡，字顓士，號瑁湖，江南華亭人。御史廣心子，康熙丙辰進士，授太常寺博士，由吏部尚書郝公惟訥，吏部左侍郎張公士甄薦舉，官至大學士，諡文恭，著有《畫舫齋集》。先生以鴻詞致位執政，其子姓登卿貳者數十人，同懷兄弟三人，皆一品，科甲不可勝計。棹楔崢嶸，里人名其第宅曰"竹竿滙與"。海昌陳氏相埒，蓋兩家各精青烏之術，而其效如此。近聞王氏張堰一塋爲沙所潊，而陳相國六婆墩賜穴，竟置之絕地，坐是二家少衰云。《鶴徵錄》

無錫某科進士花甲一週，與某科新進士會同年，令其子輩俱拜爲年伯。余於甲子年，會辛卯同年在位籍者於寄園、胡又弓、李九畹、鄭山公、王龍洲、岳鎮九、王涓來、成愚崑、王阮亭、張蓮峯、田子眉、鄭方旦、蔣飛占、任介石、梁翼宸、郝颺嘉、胡二齋、吳曉岳、李遜五、沈維菴、杜讓水、張羽京、王爾成、陸會菴主人、沈繹堂、姚陟山、李奉清、尹瀾柱及予共二十九位。今甲戌年止，鄭山公、王涓來、王阮亭三位尚列朝端。《寄園寄所寄》

壬午十月二十二日，隆阜戴應昌，字孟全，中式歸邑，借予里德聚堂居停候。縣官迎出東門十里，再赴公宴。相傳昔年程篁墩鄉居,值本縣宴科舉。程公陪席,因斟滿一爵云:"諸兄能決科者,飲此。"汪循應聲起飲,程公曰:"兄果爾,老夫當出郭迎十里也。"汪公中式歸,坐漲山鋪,不赴宴,爲致此意。程公曰:"我幾忘之矣。"急出迎,本縣隨行。今相沿爲例,然亦陋矣。同上

文風上應國運。國家全盛之時,當有光昌俊偉之文。大抵風氣須尚高明,理體更歸馴雅。夫文之八股,猶人之四肢也。今或起講,一直説盡,無復虛昌,是開口而臟腑具見,病一也。提比籠罩冠冕,方有氣象,今或强作掀翻,散行一段,頭目傾斜,病二也。虛比往往逕删,反從中股後出題,咽項不貫,病三也。中股宜實而虛,宜正而反,宜全發而忽半截,無復起承轉合,心腹空虛,病四也。後幅忽作二大股,或又加二小股,股大于腰,指大于臂,病五也。夫耳目易位,西子無所逞其妍。榱棟倒施,輸般無所用其巧。讀書好古之士,範我馳驅,而蹊逕自別。全于全章一節,剪裁頓挫,自見古人手筆,願具眼者一振之。《試院永澊録》

高才之士,其文必礧砢。博學之儒,其文必深遠。中州風尚和平,原少軋茁之習,要在拔取鴻才碩彦耳。今司衡者,過求平穩,多取空疏膚熟之文,以幸免磨勘。于是半收庸士,而懷才抱異者棄矣。唐荆川先生云:"文字須從胸中流出,其東塗西抹剿襲成篇了無意義者,不足録也。"我輩此舉,期中州鼓吹雄風,爲數十年樹立偉人,願共努力。同上

部頒條例有云："落卷須抹出不中緣由,所以服舉子之心,且防考官不遍閱也。倘或開卷時稍不當意,輒加批抹,其中或是佳卷,業已不可救矣。夫薦卷止用句圈,則落卷亦毋多抹,以一眚棄全瑜,深可病惜。此後遇有才情稍溢,或古峭淡遠,初閱不聳觀;或一二字微疵,苟非字句可疑。有干禁忌者,幸各耐煩閱畢,萬一佳卷不足,留待採擇。寧取有瑕之玉,無取無瑕之石,庶可收一二奇士。同上

省試士子多至四五千人,入彀止四十七人,百中取一,豈無佳文所患掄擇不到?或精力偶憊,目懶終篇,或取數已盈,點不逾幅。以士子攻苦三年,曾不博考官涉目俄頃,此書生所以仰天痛哭也。今務竭力尋繹,果無足錄,亦必動筆三四篇。夫得失雖有定數,而我輩苦心搜羅,可動鬼神,慎毋憚旬日之勞,致遺失身之悔。同上

二三場之繼七藝,所以求通達古今之儒也。其論策有發明條對之能,必其學通原本者也。表判有金聲玉色之工,必其才兼風雅者也。今有頭場在伯仲之間,難分去取者,查其後場精警,則亟登之,以留讀書種子。昔歸震川先生老于棘闈,亦緣後場入彀,至今推爲大文人,此其驗也。至于七藝已收,而後場狼狽太甚,亦從汰去別拔真才。同上

薦卷十拔六七,以四十名計之。主司所閱不過六七十卷而止,豈不偷閒省力?但受卷分校有初閱數十卷,而僅覯其一,後閱十餘卷,而得二三,遲速多寡不可預定也。若取數以

足,遽置餘卷,不閱于心,實有難安。故必多收廣薦,選拔其尤,則遴國色于衆妍之中。而南威稱最,剖大璞于群玉之圃,而和氏無雙。同上

文之美惡,衆所共知。然人心不同,有如其面。雖使班馬同堂,鄒枚接席,不能篇有同好審矣。故奇文共賞,自當入彀,倘或所見偶別,例許駁換再三,總不知其姓名,亦復何容憎愛一切。去取高下,不過憑文衡鑑,幸毋執拗忿爭,義切同舟,願宏大度。同上

條例開載:主司、房考同堂分閱散卷時,不許手授接談,以防示意。分閱時不離席商量,附耳密語,以防交通。閱卷時不携帶一卷入房,以防代閱,暗地搜尋。閱完一日,必各自登記已閱若干,未閱若干,呈卷若干,落卷若干。要使心迹較然不欺,則毫髮無慚盛典。同上

槐廳載筆

卷十一

紀實二

順治甲午正月四明一士人金良者，召仙仙大書乩云："解元金良。"士人大喜。及開榜，解元乃鍾朗也。蓋鍾字旁有金字，朗字旁有良字，神仙之游戲耳。然金君於次科亦即中式。《聞見卮言》

學使者出巡諸郡，旅店只茅亭一間。不蔽風雨，竹床一張，每展轉輒格格作聲。蠹虱攢嚙，達旦不寐，輿夫即獞人，口作鳥言。腰橫短刀，面如猿猱。其儕伍，嘻笑怒罵，呼叱弗顧也。《粵西偶記》

學使者于州郡例無統轄。禮貌視他，上官不同粵西，則悖慢成習，更出意表，憶在馬平，水米俱絕者，一日，在蒼梧求雞子一二十枚不可得，詰之則曰："此地不產，其實雞聲里巷相聞也。"試日不送燭，呼其胥役問之，則已逃矣。一二等生員當給賞，示鼓舞。州縣往往具文云："久已奉裁，應將何項錢糧支給？"反相詰難焉。同上

天子特降尺一，詔徵天下金石古文藏諸中秘，草野博雅

之士，命有司以禮羅之，意甚盛也。予不佞奉此意，視學於浙，力以古學爲諸博士倡，諸博士亦不以爲怪，稍稍有習之者，越郡韓生則尤所稱能古文辭，而予拔識士也。《修古堂文稿》按，此文爲方虎先生代人之作。韓生字干之，名俟考。

康熙丁卯，順天鄉試，海寧查嗣韓、侯官林文英皆全作五經題。文以違例，不准謄錄。榜發後，監試御史陸祖修疏二人名以聞，上許其一體會試。戊辰，俱成進士，登詞苑，蓋特典也。比來呫嗶之家，以帖括竊取科第，自本經而外一無通曉。仕路之登進日繁，學殖之荒落日甚。查、林二公，乃能於風簷刻燭時，立就二十三藝，洵未易才。若非幸遇聖朝，則格於成例，終至淹沒矣。考之有明三百年來，五經中式者僅二三人。崇禎甲戌會試，則福建顏茂猷，癸未，則浙江譚貞良、馮元颺。今一科內兩獲奇雋，又仍出於閩浙，於以徵化成天下爲尤甚焉。《觚賸》

廣西自壬子科舉後，至壬戌春舉行鄉試。《孫司空詩鈔註》

康熙己酉鄉試，山陰袁顯襄先期以闈題叩乩仙批云："不可語。"再叩曰："豈終無一言耶？"批云："題目即在不可語之上。"又乞明示，批一"署"字。及入闈，乃知"之者"一章題有四"者"字，且在"中人以上"一章用"不可語"之句也。袁大悟，遂中式。《曠園雜志》

天啓丁卯鄉闈，閩人顏光衷茂猷兼舉五經，成文二十三首。外簾得之，以其文堪入彀，惜其違式，止錄《易經義》以进。浙祁世培彪佳取中,迨墨卷入對,始知其兼五經也。甲戌會試,亦兼五經,座主不敢自專,題疏上請命特中進士,故會試錄列其名于會試之前。及壬午之北闈,癸未之會闈,嘉興譚築巖貞良、慈雞馮眉溪元颺,皆以兼五經,具題奉旨一體校閱,各予中式焉。考之閩書,漳州長泰縣黃文史,字廷實,穎悟博通。洪武二十二年應貢,庚午試南畿,五經題兼作,以違式取旨。太祖讀其《天下一家論》,大見稱異,御批特置第一,免會試,授刑部主事,此則兼五經而應制之始也。宋時鄭俠之父霽同五經出身。大觀二年,莆田黃泳以童子特賜五經及第,又孫奭中九經狀元。真宗朝,蔡齊亦中九經狀元。今本朝五經發解,自海寧查嗣韓、閩縣林文英始,亦以違式,御史陸祖修特題中式。嗣後多有以五經成進士者,遂另設五經卷,鄉會爲例,然趨此途者,亦未免有弊矣。《言鯖》

閏四月十六,雲貴試差命下,齊集午門外開讀。朱我與,雲南正主考;魏無僞,貴州正主考;兩副皆滿洲乙榜。《康熙乙酉日記》

五月二十五,鼓出平則門,抵西苑,開列試差者。畢集,有旨:"明日早,候御試。"余赴直廬,直伴先後至。同啓奏云:"臣等蒙皇上恩典,現在隨駕之列,不願作鄉試主考官。"明日求免御試,隨奉旨:"汝等所見極是。向來主考難得好名聲,汝等既不願出差,今年各省鄉試俱不必開列職名,傳與掌院知道。"同上

八月初三，北闈主考。命下，正汪東川先生，副姚胥仲先生。同上

九月初五，駐蹕。傍晚，内侍傳旨問臣等，北場鄉試榜至今未發，恐太遲，衆人議論。臣等回奏云："兩主考荷皇上特用闈中看卷，自然加意詳慎，故發榜稍遲。且上科亦是九月初四出榜，計早晚試錄當到矣。"黃昏，報果至。發下，令臣等細檢姓名，中式者共二百十七名。内江南御試考取者，中式凡七人。奉旨又問臣等，中有知名之士，亦著啓奏。臣等各據所知，公開一單以進。同上

戊辰春試士南宮，宮傅宛平王公、司馬成公、副憲鄭公與予同奉總裁之命，時朝廷用臺臣之言，得稍緩榜期，從容校閱。鎖闈者，垂三十日始得竣事。及榜發，都下翕然稱爲得士。蓋宮傅公與成、鄭二公之藻鑑不爽，而濟以同事諸賢之殫其心力，宜予之得，藉手以迄成也。顧予自惟才識淺劣，謬荷主上殊遇，代匱諸司，所不至隕越是懼。惟是精白一心，虔共奉職，庶幾得仰副我皇上所以委任之至意。入闈之日，宮傅公與二公抗聲言曰："往者，壬子京闈之役，公實爲主司，風氣自此丕變。今茲南宮之試，天下才雋聚也，公其勉之。"予拱手對曰："憶壬子，今十有六年。學殖本薄，年衰益荒，幸隨元老鉅公，後秉承指導，敢不黽勉從事。遂告誓神明，設立規條，與同事者約，'諸生三年攻苦，劌腎鉥肝，就此盈尺之紙，菀枯得失，決於俄頃。卷一到時，即宜袖手閣筆，寅心靜

對,怳與作者之神情相遇,然後隨其工拙而上下之。若是,則雖限於功令,美不悉收,而在吾與彼之心,亦可以無憾矣。若掀紙未竟,妄爲甲乙,逞臆恃才,塗抹恣手,此不特坐失作者之苦心。而上負功令,明誅鬼責,何可逭也'。"《憺園集》

竊臣胞弟趙申季,由丁丑科進士選授廣西,遷江縣知縣。康熙四十三年冬,蒙皇上高厚隆恩,破格召試,特授翰林院編修。乙卯科,欽點順天武鄉試副主考,又蒙欽點提督山東通省學政。丙戌科,會試同考官。叨沐殊榮,實屬非分。臣每貽書勸勉,務期殫心竭力,仰報主知臣弟。申季感激生成,自矢清白供職,答臣書內有"一點丹心九死不移"之語。故考試山左,恪遵功令,不敢毫有苟且,諒久在洞鑒中。本年又蒙恩特陞日講起居注官。不意臣弟福過災生,今夏積勞成疾,且迫於科試力疾校卷,八月初旬,試事甫畢而神衰骨瘦,元氣耗脫。至十六日,遂成不起。《恭毅公剩稿》

蜀都山川靈奇,擅絕海內。以余所歷,連雲棧閣之險,瞿唐灩澦之奇。岷江奔流,峨嵋秀削,在西南方另闢一境。故其氣之所鍾,才人杰士照耀史册。勝國以來,疊罹寇亂,頃又再被兵革,人亡土曠,滿目荊榛,軺車所至,有百十里無炊烟者,竊意凋殘若此。即使淵雲輩出,亦何能操筆爲文字,已復念之。梗楠杞梓,天實生之,雖洊遭斤斧,而窮山邃谷中,千尋之幹固不乏也。入闈之日,與銓部王君暨諸同事殫心蒐拔,愛惜矜護,不敢率意塗乙,得士四十二人。每折一卷,當事輒額手稱得人,余怦怦未敢信也。當未撤棘時,學使者馮君訥生,籍三川名雋三十人。驗其得失,榜發,售者二十有五,副車三,所未見者二人耳。蜀人相傳以爲極盛,余私心自喜。故事試蜀無遣詞臣,副以吏部郎者。天子念蜀甫定,以文教懷柔遠人,特有是命。《健松齋集》

辛卯秋,余與俞太史馭世同典蜀試。既撤棘,太史先歸,復命余以校勘試録,留錦城者匝月。復取諸生之文點定之,擇其尤者若干篇,付之剞劂。《太僕集》

康熙己巳,余充貢入太學。於時兩司成,皆詞林宿望。方以通經學古訓,後進四方知名之士,亦多聚于京師。每朔望釋菜,六館之長率諸生摳衣升堂,執經問難。八旗子弟拱手序列,有圜橋觀聽之風月,有課季有考,公卿大夫皆傳觀其文,以爲質的。其平居朋友,講習道德詩書之外,無游談,無剿說。亦時或有酒杯相聚爲燕樂,蓋士之砥礪如此,而上之鼓舞作興又如此,故太學於是爲盛。二十年來,而此風已稍變矣。同上

人於其所業,當竭一生之力而爲之。母求其便者,必爲其難者。吾少年學舉子之業,教我者曰:"此敲門甎也,得第則舍之矣。但獵取其淺易者,可以欺考官而已。遠者、高者不足務也,必無人知則躓矣。"後從魏叔子先生,見繆當時先生,二先生之言曰:"欺人者欺之以所不知也。盡天下之人,方竭才力以爲舉業。誰不知者,而子欲欺之以淺易,子其困

矣，始知向來之誤也。農必爲良農，賈必爲良賈，工必爲良工，至於士人之業，乃欲爲不良者何也？"《鈍吟雜錄》

宣城施愚山先生，家園有梅數株，橫斜閣外。今歲四五月中，梅忽吐二枝，適孫、茆兩公及第捷音至。無何復綻二萼，則先生侍讀之命，又與高檢討同日下，洵異事也。《湖海樓全集》

勱性喜讀，其於文事往往以己意倣古人爲之，頗不協世好。然每遇知己，因謬得時名。初補博士弟子，應學使錢公江試，卷爲某客所呵。時虞山翁鐵菴叔元，秀水徐華隱嘉炎同在使院。鐵菴得卷，深加激賞。華隱已寢，起攝衣冠。拜之曰："濟南名士多，今乃見之。"因共言於錢公，拔冠多士。戊午，鐵菴來主試，勱見遺，鐵菴深惜之，大爲延譽，自是文名益起。《鶴侶齋集》

康熙五十六年四月，禮臣以雲貴鄉試請差考官。上再詢九卿戶部尚書趙公申喬，首舉余。奉旨，雲南正考官著李紱去，副考著張起麟去。張爲余同年友，蓋左通政黃公叔琳所舉。是日爲十有六日，先是日講官起居注闕人，掌院學士徐公元夢等首以余名列薦。奉旨，李紱著以原銜充日講起居注官。十三日，詣海淀謝恩。十四日到館，館人即以是日送更直牙牌到家。十五日，料理侍班冠服。十六日四鼓起，趨暢春苑侍。記注：上將以十七日幸熱河清暑。故是日聽政久，至午始罷。諭旨逾千言，比抵家，日已西矣。禮部遣人促詣午門宣典試旨,余所乘敝車馬尤羸瘠。是日,往返近六十里。旋造朝,則馬瘏僕痛,委頓不堪。既宣旨,復入午門,至起居館。記注:日暮始出宣武門。禮部遣筆帖式賫牒到寓舍,促俶裝顧,囊不能名一錢,無可經營。故事奉命典試者,即日封門,帖"迴避"字,不得出門詣戚黨,無從稱貸,困屈彌甚。次日,遣人詣兵部領勘合火票。十九日晚始領得,二十日送往兵部掛號。二十一日始遣馬牌。二十二日,五日期滿,遂跟蹌長行。雖滇南萬里,懷資即次,不暇計矣。《穆堂別藁》

湖南貢院之基,在長沙城北隅,其始蓋湖湘書院也。雍正元年,世宗憲皇帝俯念洞庭之險,多士赴試,不無艱歷,特命南北湖分闈鄉試。例建貢院時,觀光期促,百務草創。限於地列號西偏,土龕單薄,一脊對向,其體製與他省迥異,風簷苦之。乾隆十年,前中丞虞山蔣公以修葺入告。經部覆准,未及舉行,旋晉秩少宰。乙丑夏,使者恭膺簡命,繼撫湖南。甫下車,士習民風惓惓,目營手畫以仰答聖明,無負職守。歲丙寅,偕司道入院周視,思有以易其制而絀於費。適長沙副榜高拔,偕七十九庠諸生呈請,以本科恩賜公車路費。及是年,廩餼爲改建號舍費。余嘉其意,爲據情入告,得俞旨。《四知堂文集》

李鎧,字公凱,號惺菴,順治辛丑科進士。綏陽縣知縣,補鉄嶺縣。應博學鴻詞科,授翰林院編修,歷官太常寺卿、通政司使、内閣學士。政事、文學一時稱兼擅云。《山陽耆舊詩》

徐仲山先生，名咸清，爲先冢宰等軒公壻，以先祖姑嗣音爲婦，以才媛昭華爲女，皆閨中之秀，金春玉映。康熙己未，以諸生應鴻博試，召試體仁閣下。聖祖問："有著作乎？"馮益都相公對曰："有《資治文字》。"旁一相曰："字書，小學耳。"因放歸，時輦下，鉅公贈聯云："北闕上書，爭識西京才子；東軒賜食，歸攜南國佳人。"一時艷稱之，雖不得仙，亦足以豪云。《越風》

國家定制，自康熙甲辰以來，試於南宮者，始以百五十人爲一榜。此百五十人者，皆四方才俊之士，各以齒相先後，如兄弟然，可謂親矣。天子既臨軒親策之，第其高下。又推擇其尤者三十餘人，爲翰林庶吉士，而以文學有重望之臣教習之。此三十餘人者，日以詩文相鏃礪，間或飲酒歡樂，諧笑喧雜，如是者三年，可謂尤親矣。其中必有合志同方、莫逆於心者一二，相與共謀千秋不朽，則如余與桐城華曾姚君是也。《雙雲堂文稿》

先君子詹事公，少時遐搜遠討，吟咏嘯歌，欣然忘返。迨珥筆內庭，視學山左，故鄉山水，時時縈懷。山故多橘，因以"橘巢"自號。《橘巢小藁》

雍正四年丙午，江南鄉試中式七十四名。座主爲少宰沈公近思，編修曾公元邁。是秋，庭中產靈芝附香櫞樹而生，三莖吐秀，熒煌耀日，人以爲瑞。五年丁未，詔以歲閏春寒會試。屆期遣大臣入闈周視，務使衣裘咸備，食飲得宜。場事畢，赴園謝恩。上諭："爾諸生皆朕之士子，即他日股肱心膂之寄，所當視爲一體，不必具文陳謝。"閏三月初十日榜發，中第一名。座師爲勵大司寇廷儀、沈總憲近思、史少空貽直，房考爲尹公繼善。四月，殿試第一，命在南書房行走。七年己酉閏七月十三日，奉命爲河南副主考。事竣，抱病還京。蒙恩遣御醫劉裕鐸、沈文崧診視，賜參藥。十年壬子五月，命典雲南試，偕編修趙大鯨往，貢院在五華山麓。分房者共十人，中額六十五名。徧閱落卷，擇其理淳格正者登諸賢書。時江陰前輩楊公名時，恩信浹於蠻方。罷官後，從容優息，夷險一節，無所繫牽。其忠誠耿著，足深仰止云。按，楊公係雲南巡撫。十一年癸丑會試，分房得趙師虁等二十一人。十三年乙卯六月，命典江西試，偕御史張仕遇往。時意氣銳敏，晝夜閱卷，期得佳文。民卷已愜適，惟官卷只二十九本。若照成例取中十卷，未免太濫，因裁去四卷，攤入民卷。此一片秉公敬事之心，乃時論以爲薄於同官，忌嫉者多以爲非，豈知二十年江西官號只中一名耶？放榜時，中丞常公安爲監臨。每折一名，輒喜得佳士焉，輿論僉服。是科北闈，則考官逮問，少司空顧祖鎮、庶子戴瀚落職問徒。乾隆元年丙辰七月，充山東副考官，其正考爲汪公由敦，取中戴汝槐等九十二名。是科因在遏密之時，不設筵宴，唯一至趵突泉歷下亭北極廟。三年戊午八月分闈，《易》一房取中周溁等十一名，如莊有恭、宋弼、沈榮昌，皆得外任督撫司道。周溁即爲浙江主考、貴州學政。六年辛酉，充江西副主考，偕少宰張廷璐往，學士鄒升恒《送行》詩曰："再典江西試，匡廬有宿緣。銀河天上落，丹桂月中懸。五老風雲古，三羅甲第先。憑君添勝蹟，衣鉢付群賢。一水潯陽近，三吳匹練通。還因携玉節，兼得訪蘭叢。燕賀華堂燭，蟬鳴驛路風。歸朝百花滿，人望在沂公。"少宰蒻齋先生，歷典文衡，取材精當，酌籌去取，尤見虛衷。來時經桐邑，過良弼橋，見贈詩有"科第才名俱絕頂，一籌端合讓君家"之句。闈中得旨，陞侍讀學士。事竣，適陳榕門先生由江蘇藩司陞任江西巡撫，以所梓理學儒書見貽，儼見師友良規。迴至陶家鎮，閱報陞右通政。至定遠，陞僉都御史。途中口占紀恩曰："瑣闈匝月凛冰持，闕下丹書荷載馳。月朗銀臺司出納，風清栢府肅箴規。平生愛讀陽城傳，夙習寧貽苟令池。欲奏封章陳殿陛，駸駸歸路尚遲遲。"路經宿州時，被水災，饑民滿道。訪得州牧張某匿災，已而撫臣張某因饑民環訴，許爲請賑。奉旨發賑，又過爲刻減，老弱之民，多不得賑，怨咨載路。鳳陽守楊某董率無術到京，具摺陳奏。有旨飭督撫查辦，斥謫有差。九年，在浙江學政任，覆試甲子科中式舉人。十六年三月，閱會試迴避卷，取中張曾敞、劉墉二名。二十七年壬午，充浙江鄉試正考官。莊滋圃爲監臨，辦事周密，待士寬厚，人爭頌焉。滋圃乃余戊午分闈所得士也。余曾三任浙省學政，因在貢院題聯曰："蓉鏡重開，漫向湖山尋舊迹；桂枝擢秀，相期月旦識真才。"三十年乙酉七月，召對时询及:"乡试应裁去官卷否?"谨对:"官卷业经裁额,不为滥觞,若混入民卷,恐开情狗之端,有妨孤寒进路,仍宜照旧妥。"八月,充顺天乡试正考官。《芝庭自订年谱》

徵君芝筠公,讳汉策,字帷孺,学者称芝筠先生。范忠贞公承谟之巡抚浙江也,举以应才品优长、山林隐逸之诏,敦迫就道。顺治十年,以廪贡生引见,奉旨以科道员缺试用。忌者诬奏放归,归后益著述以教后学。《董氏诗萃》

徵士中,吾石友三,皆据天下之最。太鸿之诗,稚威之古文,绍衣之考证。穿穴求之,近代罕有伦比。绍衣,丙辰先成进士,改庶常,例不当试,后以散馆出外。稚威以疾,太鸿以违式,皆不得在词馆,岂非命哉?《词科掌录》

桐城方观承问亭,少被家难,谪戍出塞,遂悉边情,遇赦还里,复从平郡王至大军,奏授中书舍人、詹事,太仓王公所荐。试前一日,上以题密授平郡王。时问亭方客王所,恐被嫌令勿试。时桐城方氏举者凡三人,南堂辞不就;有名辛元者,以经解背谬置劣等;问亭有用世之才,辞藻焕发,宜其一遇而卒不得。当人以为恨。同上

山阴胡稚威天游,礼部尚书溧阳任公兰枝所荐,以持服不与试。丁巳补考,鼻血大作,纳卷而出。同上

钱塘厉太鸿鹗,浙江总督上蔡程公元章所荐。试题误写论在诗前,遂罢归。同上

鄞县全绍衣祖望,户部侍郎赵公殿最所荐。丙辰先成进

士,改庶常,不與試,撰詞科,擬進帖子,援据精核,爲召試諸公所不能及。同上

華亭黃石牧之雋,辛丑進士,授館職,撰文稱旨,加日講起居注官。晉中允視學八閩,以事落職。刑部尚書錢塘徐公本薦於朝,試日,詩賦既就,以日昃眼眵不能作字,納卷而出。同上

陳絳跌先生,名式邑,貢生,余王母之父也。嘗作《燕都賦》一篇,俾其子宿源、溯、潢熟誦。丁酉科塲之變,凡南北中式者,悉御試瀛臺。題即爲《瀛臺賦》,宿源亦于是科登賢書,在御試列。是時,每舉人一名,命護軍二員持刀夾兩旁。與試者悉惴惴其慄,幾不能下筆。宿源即以《燕都賦》改竄成篇,頃刻而就。世祖覽之稱善,欽定第二名。《柳南隨筆》

"濟登兹"三字,見昌黎《鄆州谿堂詩序》,又見南豐《滄州上殿劄子》。吾邑嚴思菴虞惇先生,殿試策中用之,在廷諸公竟未有識其語所自出者。而坊間通行選本,古文"濟"字俱刻"躋"字,諸公反以思菴爲誤。相約上若問,以筆誤對。同上

馮定遠班嗜酒,每飲輒湎面濡髮,酩酊無所知。適當學使歲校,定遠扶醉以往,則已唱名過矣。學使以後至詰之,定遠植立對曰:"撒溺。"蓋猶在酒所,不知所云也。學使大書一"醉"字于卷面以授之。隸人扶至號中,定遠據席酣睡,至放牌聞砲,然後驚醒,始瞿然曰:"我乃在此。"因問鄰號生四書何題,五經何題。是日,四書次題爲"今夫奕之爲數"一節。

定遠因作《奕賦》一篇，經文五篇，伸紙疾書而出。迨案發，名列六等。定遠因大書一聯，榜于堂中云："五經博士，六等生員。"同上

吾邑孫狀元承恩，原名曙故，字曰扶桑。爲諸生時，好以駢體爲經義。是時，吳中有文社曰"同聲"，而孫爲之領袖。同社多效其體以爲文，而風氣遂爲之一變。所選丁亥房，書名曰"了閑"。悉六朝麗語，風行海內，一時紙價頓高。滿大臣剛公彈駁文體，乃與進士胥廷清、繆慧遠、史樹駿，舉人毛重倬同時被逮。扶桑至，褫其衿。予見"了閑"首義爲"學而時習之"全章，原起云："且自芸吹纈古之香，社隩求聲之草，桂殘招隱之花。"以此三句括全題三節，通篇語皆類是。聞此篇雖刻他氏，實扶桑自作，即一原起而搆思一日夜云。同上

乾隆壬申恩科，予奉命典試粵東。中秋後四日，詩二房以紅號敬二卷薦。副主司李公，諱宗文，未許可。予閱首篇亦嫌其庸熟，已束置架上。晚間攜卷入房，誤帶此本，復閱仍無佳處，已決意不取矣。三鼓就寢，夢有人扯予衣。驚醒，命僕燃燭披衣而起，則此卷在席上。揭閱第三，藝題係以追蠡至末，興會淋漓，聲諧金石，因細加圈點。明晨，再視前二藝，雖乏勝致，而筆意相同，則非剿襲可知，遂定以此居殿。揭曉日，予念家大人曾宰龍門，填榜至七十一名尚無其人。及折此卷，乃龍門李生，名隸中也，心甚慰。豈生素有陰隲歟？抑與予亦夙緣歟？《南溪筆記》

當翰林相軋時，天下謂制科皆耆儒碩生，而見侮于時文，少年或爲不平。然制科中，若湯孔伯、汪苕文、施尚白、彭羨門、李仲章，其始亦皆出科第也。科第如王貽上、徐原一、李厚菴諸公，其豐才博學，亦豈盡讓于制科者歟？自學者束書不觀，務爲揣摩，掇拾以希速化。而世遂以時文爲詬厲，亦科第之耻也。《梅崖文集》

國初，海南提學事，以雷瓊道巡試瓊州。林嗣環，福建莆田人，進士，順治八年任。張彥珩，河南人，進士，十四年任。韓廷芑，山東人，進士，十六年任。謝宸，江南人，進士，十八年任。馬逢皋，順天人，副榜貢生，康熙六年任。王廷伊，山西人，舉人，十年任。范養民，漢軍正黃旗人，貢生，十四年任。而《瓊州志》又載：“程憲、佟世雍、黨居易俱兼提學。”按，《省志》程、佟、黨分巡雷瓊，俱在康熙十五年，罷兼提學後，蓋《瓊州志》誤也。《復初齋雜著》

國家設科名取天下之士，始自縣令之考試。彙其可取者，以達於府。太守考試之，復彙其可取者，以達於督學使者。其得與於督學使者之選，謂之秀才。每三年，則又有主司者，集一省之秀才而考試之，彙其可取者，以達於禮部，謂之舉人。禮部復集天下之舉人而考試之，其得與於禮部之選者，謂之進士。進士然後釋褐，登朝爲大夫，爲公卿矣。然其道皆以四子五經之書爲八比之時文，至於詩，蓋無所用之。而天下之習爲舉子業者，多不能詩。其能爲詩者，亦不得留

意舉子業。嗚呼！此詩之所以能窮人也。《海峰文集》

乾隆十二年八月，大學士張廷玉等覆編修楊述曾奏："查科場條例，初場文字每篇不過五百五十字。是文無貴乎冗長，限字原有定制，嗣後應令主考官遵制，拔取不得動輒千言。至明初，多用大結，後因文日加長而廢。蓋大結之體，漢唐以下之事皆借題立論，隨時可以綴入。明之中葉，每以此爲關節，其後悉行禁止。今若仍用大結，未見有益，而弊竇愈多，斷不可行，應毋庸議。"《條例約編》

乾隆二十三年十二月，吏部等覆御史朱丕烈奏："查翰林考試，係奉特旨，本不限以時日。恭遇皇上降旨考試，則優劣立辨，黜陟嚴明，激勵裁成之道已屬盡善。若如該御史所奏，按季按月輪班請試，事屬煩瑣，應毋庸議。"同上

巡撫周人驥，字紫昂，號蓮峰，雍正丁未進士。以禮部主事視學四川，三年捹守清潔，無所苟且。先是本部堂官薦一僕，甚勤敏，至是數請先行，公曰："我即日回京復命，若當隨往。"其人曰："我亦回京復命耳。"公驚問，乃曰："某實侍衛某也，特來伺公。公考試好，某先期奏聞。"公歸，果蒙褒旨。公弟衣亭，人騏爲立傳，敘其事甚詳。《海濱人物抄存》

憶壬申禮部榜發，范公械士招余移寓其家。聞報鼎甲，公涕泗交頤，蓋痛祖父之不獲見，而轉生悲戚也。故例臚唱畢，諸進士出東長安門看榜。鼎甲三人，謙于門外。京兆尹主席時恪靖胡公，公之壻父，觀者以爲榮。《一樓集》

本朝補殿試,得一甲一名者未之聞,汪東山其一也。《王禮堂初白詩評》

乾隆己卯,余典山西鄉試,有二卷皆中式矣,一定四十八名。填草榜時,同考官萬泉呂令瀲誤收其卷于衣箱,竟覓不可得,一定五十三名。填草榜時,陰風滅燭者三四,易他卷乃已。揭榜後,折視彌封,失落者范學敷,滅燭者李騰蛟也,頗疑二生有陰譴。然庚辰鄉試,二生皆中式。范乃四十八名,李於辛丑成進士。乃知科名有命,先一年亦不可得,彼營營者何爲耶?即求而得之,亦必其命所應有,雖不求亦得也。《灤陽消夏錄》

姚安公未第時,遇扶乩者,問有無功名,判曰"前程萬里"。又問登第當在何年,判曰"登第卻須候一萬年",意謂或當由別途進身。及癸巳萬壽恩科登第,方悟萬年之說。後官雲南姚安府知府,乞養歸,遂不再出,併"前程萬里"之說亦驗。同上

乾隆壬申鄉試,一南士于三月朔日齋沐,以禱乞示試題。得一籤云:"陰裡相看怪爾曹,舟中敵國笑中刀。藩籬剖破渾無事,一種天生惜羽毛。"是科《孟子》題爲"交聞文王"三句,應首句也;論語題爲"夫子莞爾而笑曰:'割雞焉用牛刀'",應第二句也;中庸題爲"故天之生物,必因其材而篤焉",應第四句,也是真不可測矣。同上

科場撥卷,卷受撥者,意多不愜,此亦人情,然亦視其卷

何如耳。壬午順天鄉試,余充同考官,得一合字卷,文甚工而詩不佳。因甫改試詩之制,可以恕論,遂呈薦主考梁文莊公,已取中矣。臨填草榜,梁公病其"何不改乎此度"句侵下文改字題爲"始吾於人也"四句。駁落,別撥一合字備卷,與余先視其詩。第六聯曰:"素娥寒對影,顧兔夜眠香。"題爲月中桂已喜其秀逸。及觀其第七聯曰:"倚樹思吴質,吟詩憶許棠。"遂躍然曰:"吴剛字質,故李賀《李憑箜篌引》曰,'吴質不眠倚桂樹,露脚斜飛濕寒兔'。此詩選本皆不録,非曾見《昌谷集》者不知也。華州試《月中桂》詩,舉許棠爲第一人。棠詩今不傳,非曾見王定保《摭言》,計敏夫《唐詩紀事》者不知也。中彼卷之'開花臨上界,持斧有仙郎',何如中此詩乎?"微公撥入,亦自願易之,即朱子穎也。放榜後,時已九月,貧無絮衣。蔣心餘素與唱和,借衣與之,乃來見,以所作詩爲贄。余丙子扈從時,古北口車馬壅塞,就旅舍小憩。見壁上一詩剥殘過半,惟三四句可辨,最愛其"一水漲喧人語外,萬山青到馬蹄前"二語,以爲"雲中路繞巴山色,樹裡河流漢水聲"不是過也。惜不得姓名,及展其卷,此詩在焉。乃知針芥契合,已在六七年前,相與嘆息者久之。《灤陽續録》

科場爲國家取人材,非爲試官取門生也。後以諸房額數有定而分卷之,美惡則無定,於是有撥房之例。雍正癸丑會試,楊丈農先房楊丈諱椿者撥入者十之七。楊丈不以介意曰:"諸卷實勝我房卷,不敢心存畛域,使黑白倒置也。"乾隆壬戌會試，諸襄七前輩不受撥，一房僅中七卷，總裁亦聽之。聞靜儒前輩，本房第一爲第二十名王銘錫，竟無魁選。任釣臺前輩，乃一房兩魁。戊辰會試，朱石君前輩爲湯荍岡前輩之房首，實從金雨叔前輩房撥入，是雨叔亦一房兩魁矣。當時均未有異詞，所刻同門卷，余皆嘗親見也。庚辰會試，錢籜石前輩以藍筆畫牡丹徧贈同事，遂遞相題咏。時顧晴沙員外撥出卷最多，朱石君撥入卷最多。余題晴沙畫曰："深澆春水細培沙，養出人間富貴花。好是艷陽三四月，餘香風送到鄰家。"邊秋厓前輩和余韻曰："一番好雨淨塵沙，春色全歸上苑花。此是沉香亭畔種上聲，莫教移到野人家。"又題石君畫曰："乞得仙園花幾莖，嫣紅姹紫不知名。何須問是誰家種，到手相看便有情。"石君自和之曰："春風春雨剩枯莖，傾國何曾一問名。心似維摩老居士，天花來去不關情。"張鏡壑前輩繼和曰："墨搗青泥硯涴沙，濃藍寫出洛陽花。云何不著胭脂染，擬把因緣問畫家。黛爲花片翠爲莖，歐譜知居第幾名。卻怪玉盤承露冷，香山居士太關情。"蓋皆多年密友，脫略形骸，互以虐謔爲笑樂，初無成見於其間也。蔣文恪公時爲總裁，見之曰："諸君子跌宕風流，自是佳話。然古人嫌隙，多起於俳諧，不如併此無之，更全交之道耳。"皆深佩其言。同上

科塲填榜完時，必捲而橫置於案。總裁主考具朝服九拜，然後捧出，堂吏謂之"拜榜"，此誤也。以公事論，一榜皆舉子，試官何以拜舉子？以私誼論，一榜皆門生，座主何以拜

門生？或證以《周禮》拜受民數之文，殊爲附會。蓋放榜之日，當即以題名錄、進呈錄不能先寫，必折卷唱一名，榜填一名，然後付以填榜之紙條。寫錄一名，今紙條猶謂之"錄條"，以此故也，必拜而送之，猶拜摺之禮也。榜不放，錄不出，錄不成，榜不放，故錄與榜必并陳於案。始拜，榜大錄小，燈光晃燿之下，人見榜而不見錄，故悞認爲"拜榜"也。厥後，或繕錄未完，天已將曉，或試官急於復命，先拜而行，遂有拜時不陳錄於案者，久而視爲固然。堂吏或因可無錄而拜，遂竟不陳錄。又因錄既不陳，可暫緩寫而追送，遂至寫榜竣後無錄可陳而拜，遂潛移於榜矣。嘗以問先師阿文勤公，公述李文貞公之言如此。文貞，即公己丑座主也。同上

余爲教習三年，可得邑令，而考授中書。爲中書六年，可遷部曹，而成進士，官編修。今六年，可得坊局，而又出守，每垂成輒易地，殊不可解也。《甌北集》

康熙戊辰科，仁和凌紹雯少習清書，殿試對策用清漢合璧體書，置二甲末。雍正庚戌，貢士宋長城，對策有請廢科目之議，置三甲末，停其選用，此元人所謂過河拆橋者耶！《茶餘客話》

會試同考，房運亦有盛衰。給事中劉顯績，大興人，明季癸未，本房得成克鞏大學士、姚文然刑部尚書、魏天賞學士。順治丁亥，再爲同考，本房得王熙大學士、李之芳大學士、程芳朝一甲二名太常卿、蔣超一甲三名、宋琬川臬使。又陳澤

州官庶常時,辛丑爲同考,本房馬世俊一甲一名、孫鉽二甲一名,董含二甲二名。又康熙庚辰科,仁和翁嵩年,本房得張廷玉大學士、勵廷儀刑部尚書。乾隆乙丑科,錢相人琦,本房得蔣元益會元、錢維城一甲一名。戊辰科,李然山金臺,本房得梁國治一甲一名、汪廷璵一甲三名。丁丑科,饒礹南學曙,本房得館選分部即用知縣,二年老者以教職即用,無一歸班者。是科盧紹弓文弨、王仲涵洛,本房所中,俱歸班,無一授職者。同上

雍正癸卯,傳臚張廷珩特旨授檢討,與一甲三人同入南書房。館選後,又補點帥念祖一人,除庶常外,另有記名十七人。著問有情願在官學教習者,令其自陳。又單點記名三十人,以知縣即用。同上

雍正二年甲辰,殿試後,在保和殿考四書文一篇,詩一首。命大將軍年羹堯閱卷,又命九卿保舉後,止憑文錄用,不由保舉。館選四十人,各部主事三十八人,知縣十七人,清書派六人。進士用主事知縣,自甲辰後始爲例。同上

雍正五年丁未,館選三十七人外,以吏部主事即用五人,以六部額外主事用二十二人,以知縣即用四人,以知縣試用二十六人,以教職用五人。同上

雍正八年庚戌,一甲授職外,顧成天、胡宗緒二人,俱即授編修。點庶常外,用額外主事五十八人。其餘分頭等四十二員,中等六十二員,次等九十八員,願授教職者四十八員,

不用者一員宋長城。同上

　　科場兼作五經文字，自前明洪武庚午迄崇禎癸未，鄉會試代不乏人。甲戌榜龍溪顏茂猷思陵，特旨命題名會元李青之前，尤屬異數。國朝順治乙酉、丙戌，康熙戊辰等科，以五經邀甲第者亦復不少，然皆監臨科道特疏奏請，否則以違例貼出。壬午以後有旨："願作五經者，聽敏速之士，誇多鬭靡，視爲終南捷徑矣。"乾隆甲子，陽湖生員白仲徵倍五經之數，作四十六篇，監臨某公格於成例，不敢入告，竟致貼出，白遂恚死甚矣。文人好勝，而益歎憐才之難也。此例今停。《炙硯瑣談》

　　許嗣隆，字山濤，號文穆。康熙壬戌進士，選庶常，歷遷左春坊左中允，兼翰林院侍講，康熙癸酉雲南正主考。著有《孟晉堂詩集》《金臺集》《奉使集》。學問淹博，持衡明允，人交稱之。《東皋詩存》

　　康熙甲午，南闈榜前，宜興某請仙問何人得中，乩云："徐充文。"時充文已下世矣，不解所謂。及榜發，得徐炳文、儲大文、郁文三人，名姓俱驗而二；"儲"一字六雅，一字允豉，"充"字尤巧合。又某科會試，場前問四書第一題，乩云："中人以上章。"問次題，又云："中人以上章。"問三題，亦如之。後首題"知之者"一節；次則"故天之生物，必因其材而篤"焉，見"中人外註"；三則"五穀者"一節，見"知之者外註"，亦奇。《炙硯瑣談》

己卯，磨勘官有宫太僕煥文，閏侍御循琦，朱侍御丕烈，朱侍御稔，盡心細核，指摘較多，時有"魔王"之號。朱侍御丕烈以大磨勘覆核未公劾奏，尤見丰采。庚辰，考差列三等，竟副江南主考。于時，楊給事方立有廢謄錄之奏，湯方伯聘有改經文爲經解之奏，章疏紛紛，議覆殆無虛日。遂酌改罰停三科、一科條例，減主考房官處分，至今遵守。儀部向號閒曹，至是繁劇，甲六部。時郎中爲鄭前村先生忓與先大夫主稿，故得其詳。《藤陰雜記》

南北人卷不通看，前惟辛酉科行之，自戊子以後仍不通看。是以庚寅科，惟李殿圖、劉經傳二人看南卷；丙午科，惟初彭齡、韓湯衡看南卷。一房幾二十人，所謂盡東南之美也。南北皿副榜，向無定額，佳卷約中十餘人。戊子以後，何侍御曰佩條奏，照正榜五名中一名之例，南北皿各中七人。同上

浙江金華府，順治丙戌，朱之錫後一百五十年并無翰林。嘉慶元年丙辰，浦江戴東珊殿泗，以二甲第一入翰林。蘭溪嚴殿傳，武殿試二甲第一。文武同傳臚，同科同府其名俱有殿字，亦巧合矣。《石鼓齋雜錄》

孫遲舟編修，庚辰鄉舉名宸，久困公車，辛卯下第，忽改名辰東，詢之不言其故。次年壬辰舉南宮第一人，以第二人及第。辰即壬辰，東字暗藏"會"字、"榜"字之半。同上

湖州明初科名不振，成化初建萬魁塔于碧浪湖，自是三百年，會試無脫榜者。乾隆丁亥塔圮，己酉脫科。郡人捐修

完整,庚戌、癸丑連得翰林。乙卯,王以鋙會元第二名,王以銜狀元,同胞兄弟會試聯名,從來未有。丙辰,袁棿會元,亦湖州人。同上

史侍郎大成,前生爲僧,即名大成。嚴侍郎我斯,前世爲嵩山僧,嘗夢至嵩見座主,同年皆衣鉢相望。王文莊師及錢文敏維城、夢侍郎麟,俱爲潮鳴寺僧,載《新齊諧》。文莊師無病而終,似有根器。人謂:"早歲巍科皆在此坐破蒲團者,其信然歟?"同上

順治丙戌,會元探花李奭棠,大興人,歷官少宗伯。其父方懋,世居沙窩門內,久困諸生,著《說部》六百餘卷,名曰《雅薈》。魏柏鄉與宗伯同年,曾于孫北海架上見之,稱爲《光怪陸離誌》,霨菴封翁墓詳言之。今不獨書,不得見,并沙窩門故第,亦莫可考。同上

康熙丁巳科,沈檢討上墒主試江西、湖廣,同試江南闈中,江西無中者。《桑梓述聞》

順治十四年七月甲辰,命內翰林國史院侍講方猶,宏文院檢討錢開宗爲江南鄉試主考官。諭曰:"江南素稱才藪,今遣爾等典試,尚敬慎秉公,倘所行不正,獨不見顧仁之事乎?必照彼治罪,決不輕恕。爾等秉公與否,朕自聞知,豈能掩人耳目爾?其慎之。"《史館綴聞》

京師一孝廉,會試後夜候發榜。與友人擲骰子,約曰:"六子皆紅者中。"孝廉得五紅,其一立盆邊,良久始落,亦紅。

又先世神主忽然搖動，合家聞嘆息聲，移時，報孝廉中矣。《筠廊偶筆》

王安國，字書城，號春圃，先世自蘇州遷高郵，康熙丁酉舉人，雍正甲辰會元榜眼，授翰林院編修。釋褐之日，座師高安朱文端公謂之曰："學人通籍後，留得本來面目爲難。"公奉師言，故操節與之相類。壬子典試福建，一榜成進士者四十人，大學士葛山蔡公與焉。遷國子司業，翰林侍講，視學廣東六年。累遷侍讀學士，都察院僉都御史，官至吏部尚書。《淮海英靈集》

江湘，字郢上，儀徵諸生，康熙己未，乾隆丙辰兩舉博學鴻詞。同上

康熙癸巳秋八月萬壽恩科，時亦稱龍虎榜。以第一名孫見龍，二名黃文虎。[元至正十一年二月，禮闈揭榜，榜魁曰李國鳳、趙麟，號"鳳麟榜"。又有三家兄弟聯中，號"棣萼榜"。見《周伯溫詩註》。]又榜中有"萬壽千春"四姓，萬承蒼、壽致浦、千殊、春臺也，時又稱爲"花榜之祥"。[《南部新書》："大中以來，禮部放榜，取二三人姓氏稀僻者謂之色目人，亦曰'花榜'"。]《聞見瓣香錄》

丁丑科，少宗伯介公福自揚州行在賫旨及詩題，以三月初六日馳至京，宣旨即奉充總裁官，入闈。上迴蹕河工，召總裁大司寇劉公統勳馳赴行在，旨以二十八日至，即出闈。《籜石齋詩集注》

秋室余學士集，弱冠文名，甲浙右，人盡以大魁期之。丙

戌成進士,歸班家居。忽廣東吳某投刺訪之,延入,客曰:"君其出恭看書耶?"余怪之,客曰:"予亦犯此罪過。"因述去歲曾病至陰司。自念母早寡,予以遺腹撫而成立。今先母卒,母將無依,痛哭求閻王放還,待母天年。王取生死簿閱之,顧判官曰:"彼陽壽尚未終,何以勾至?"判官曰:"此人出恭看書,奪壽筭矣。"王命取簿,則寸許一厚册,簽書"出恭看書"四大字。王展閱至予名,予方跪迎案前,叩頭哀泣,因得注目視册,果罰壽二紀,上名即君也。君名下注,浙江錢塘人,壬午舉人,丙戌狀元,以下禄位注甚長,乃于狀元字上用筆勾去,改進士而止。閻王謂判官曰:"彼死惟以母爲念,性孝,且陽間不知此罪最重,犯者甚多,無以勸諭,盍放之還,俾流布人世,有則改之,可以自贖罪。册中人不至太多,貸壽一紀。然此十二年中,須示罰,毋令其自適也。"判官以筆點頸,痛甚!大叫而蘇,則已死一晝夜矣。今余得重生,頂間一疽,醫亦罔效,即判官所點之處也,因出疽証之。册中人君與予聯名,故得記憶。余聞之愕然,痛悔自責。方余改過之日,正四庫修書詔下徵召之日也。今官學士。《春水居筆記》

槐廳載筆

卷十二

述異

宣城自本朝來，科甲久不振。康熙己未施侍講愚山閏章、高檢討阮懷詠，以辟薦。孫編修予立卓、茆編修楚畹薦藓，以鼎甲。四人同時入翰林，時施園有梅，三月復開四花，其方位恰應四人所居，人以爲異。梅孝廉淵公清繪爲圖。壬戌，阮吉士爾詢亦入翰林。或謂宣城有文昌閣，久頹廢，甫新之，五君遂相次入翰林云。[壬戌茆卒，癸亥施、孫相繼卒，乙丑高卒，又不知何説也。]《池北偶談》

康熙甲辰會試，四川舉人楊某者，寓四川營右芝菴。塲事既竣，候榜于京師。一夕與諸同年飲，偶出，忽仆地。衆昇入室，移時始甦，叩之，云："甫出户，見二卒強之行至一公府。有王者南向坐，梓潼帝君坐其側。頃之，有吏引楊父母至，王者問云，'今年汝子某合中進士，汝願之否？'其父拜謝。母獨曰，'不願也'。王者叩其故，母答曰，'此子不孝。昔避寇亂入山，距城甚遠，主一親故，主人館餐甚厚，因令子暫歸，視家室。適部檄至，催謁選，縣令強之，遂赴都中途稱病而返。比子入山，而身已死，含歛皆主人經理之，至今飲恨泉下，故不願也'。帝君顧吏，取簿籍檢之，良久語王者曰，'以高某代楊可也'。榜發，則梁山高[宗礪]中式，楊竟被黜。"奉倩述其房師李侍郎仙根子静云然。《居易録》

韓閣學[菼]元少語予："吴人張某者，以術遊公卿間，嘗許繆侍講[彤]念齋狀元及第。繆丁未大廷對，果第一。吴中驚以爲神，門外車騎填委。某亦自高聲價，累致千金。韓貧士教授陋巷中，不敢自往，乃囑友人代問之。張厲聲曰，'此人來歲當死，遑問功名乎？如此命，吾不取一錢也'。韓聞之悵嘆而已。明年遊太學，遂中順天鄉試。又明年癸丑，會元狀元及第，張遁去不知所之。"同上

國朝徐相國元文，赴試金陵。一船家啞子忽迎曰："狀元來矣。"後魁天下，造一船與之，俾温飽終身。《寄園寄所寄》

順治時，山左有李神仙遊行京邸。庚子，北直鄉試，有兩生密詢試題。李笑曰："公皆道德仁藝中人也，無庸卜題。"出，乃志於"道"全章，二人皆中式。辛丑會試，又有以塲題問者，李曰："五後四可。"塲中首題乃"知止而后有定"一節，果"五后"字。二題乃"夫子之文章"一章。三題乃"易其田疇"二節，果"四可"字。靈異最多，此特其一事耳。《北墅寄書》

辛卯之秋，特恩廣額士子之試於鄉者倍於常。故自金陵歸舟，泊燕子磯，不啻翅連尾接。其三塲竣者，皆眉揚色舞。時維風阻群行，登岸見林樾交映處，隱有寺門。入寺，嶙岣怒

石，插空將翔，垂簷欲墮，此中奇險曰"懸崖"。撒手同遊者曰："未也，尚有三台洞焉，盍往觀乎？"於是循水滸而行，一路有橫亘者、峻立者、如屏者、闕者、巨斧劈者、劍立者、鋸者、竅而穴者、若牛馬之飲者、虎豹之蹲獅象之伏者、熊羆之角立鬼魅之攫挐者，無非異境。乃其杳然而深者曰"洞"。一洞一境，俊鶻摩空，紅紫碧綠，雲蒸霞蔚，頃刻萬狀。蒼松翠柏間有一株二枝，參差洞口間，花笑迎劉阮，真少陵所詠"江上無名草"也。行至三洞，兩岸縫接，下臨千仞，上通一綫，窺見千年蝙蝠如群飛白鴿，異哉！此非天地間之奧區乎？適有一老，麗眉碧眼，方頤修髯，顧群遊者而笑曰："君輩非所謂歌鹿鳴而來者乎？"曰："然。""請爲君筮之可乎？"曰："可。"筮得一劃爲奇，二劃爲偶，三劃復奇，連劃三偶，其卦爲"明夷"。群遊者皆失色，以其明入地中，暗象也。復筮之，貞悔內外，上下易位，其卦爲"晉"。群遊者皆喜，以其爲"晉"，進也。老人曰："不然，請觀其動，動得四爻。"乃口占，授以占辭曰："晉如石鼠，入於左腹。觀乎人文，其欲逐逐。君子征之，飛垂其翼。用拯馬壯，富家大吉。揚於王庭，血去惕出。其盜之招也。"群遊者以爲妄，無譽子默而識之。歸而書之，藏而驗之。噫！天洞也，向號爲"三台"者，豈非神仙之窟宅者歟？《三台洞仙記》

康熙乙卯年五月，江南學使者解諱幾貞，科試淮安府。場中兩邊搭席，篷廠中間搭龍門，上綴紙，魁星俱以五色紙爲之。兩手持筆錠足踢魁斗,光彩生動。試畢,封門後,各役俱散。署中親友偶出堂上閒步,忽聞堂前喧鬧聲。趨出視之,見魁星在篷廠中間甬道跳舞不已。闔署驚動駭異,遂舉而焚之。然是科淮安無捷魁者,嗣後亦無大魁,但不脫科耳。《述異記》

康熙甲子,福建鄉試有泉州父子,二生同來赴試。初八日,其父病不能入場,其子初十日早出闈,父謂曰:"我今年頭場文字甚得意,但可惜爲他人作嫁衣裳耳。"子問其故,父口誦七藝題目無訛。子駭問曰:"豈父夢中神識所搆?所謂他人者何也?"父曰:"我爲一吏引入號舍,與杜名成錦者同坐,杜之七篇,乃我作也。我授汝七破,可覓其人問之,且其人今科應中二十六名,亦可預報之。"某果遍覓得之,乃福州侯官廩生。語之以故,且報名次,杜亦不信,示以七破,杜乃愕然。及放榜,果二十六名。同上

康熙癸卯,浙江鄉試,武林陳之檀雲起入闈。文思艱澀,比午不能畢一藝,忽然昏睡。其弟丹兩才更優,文名甚噪,雲起不及也,早卒。至是,夢丹兩進席舍,促之曰:"速起,吾爲兄搆此七藝。"雲起強執筆,不假思索,俄頃完卷。謄真時,猶覺丹兩在側。迨交卷出號舍,則怳如一夢矣。是秋得售。迨甲辰會試,丹兩復至如前,遂得聯捷。雲起每爲人言,不諱也。同上

蕭山張宣綸茂才,十五歲以科考第一赴浙試。其號舍左

壁有詩云："明遠樓頭漏未終,棘牆官燭照來紅。最憐此夜麻衣客,病在西墖號舍中。"讀之大驚。是年,中副榜,榜未發,病死。詢之,則是號爲前一科上虞徐生所居。生中式而以病先死,是詩其所題也。事數之偶合如此。《西河詩話》

明正統丙辰,狀元周旋。宏治丙辰,狀元朱希周。正德甲戌,狀元唐皋。萬曆甲戌,狀元孫繼皋。科目姓名皆相照應,近同安劉望齡,先舉本省鄉試三十四名,後革去。順治辛卯,復舉本省鄉試三十四名。武進巢震林於順治壬辰中會試一百六十二名,磨勘革去,復於乙未中會試一百六十二名。《筠廊偶筆》

蘇之屬邑常熟,距崑山爲近,乃明代二百六十餘年間,崑山多有中狀元者,而常熟則無。堪輿家謂:常邑東門外,水勢直趨玉峯,宜於其地建一浮屠以鎮之,俾其勢少緩,而鼎元可得矣。崇禎間,遂有造塔之舉,而邑紳蕭參政爲之倡。興工之日,蕭盛服肅拜涖事,名其塔曰"聚奎",而咨於眾工曰:"若等試言塔成,狀元出在某家?"齊應曰:"在蕭家屋裏。"至我朝順治戊戌科,世祖皇帝特擢孫承恩爲一甲第一人,其所居乃蕭之故宅,當時眾工之對遂成讖焉。又二十二年,爲今上康熙己未科狀元歸允肅。又二十二年,庚辰科狀元汪繹,皆常熟人。術者之言,可謂驗矣。然三君者,年皆不永,官亦不高。惟歸至少詹,孫、汪皆止修撰耳,終遜于崑山之致位宰輔也。《隙光亭雜記》

本朝江南鄉試不以大學命題。以明崇禎壬午科題爲"定而后能靜"三句,明南京鄉科終于此也。聞廣東鄉試亦然。如命《大學》題,則貢院被火,或主司者有禍患,而尤忌《聖經》一章云。同上

翰林學差典試赴湖廣者,多不利於榜眼。辛未榜眼吴永年昻,甲戌榜眼顧書宣圖河,丁丑榜眼嚴寶臣虞惇,俱卒於楚。京師爛漫衚衕,亦不利於榜眼,居停而卒於其地者,戊辰榜眼查荆川嗣韓,丙戌榜眼吕無黨葆中。《在園雜志》

康熙丁卯科,江南主司乃北平米漢雯也。八月初八日午刻,甫當唱名,忽有飛蝗蔽天,自東而來,迴翔試院,旋復東去,禾苗無損,人咸異之。迨揭曉日,金陵諸生見榜多紈袴,群聚而譁,幾成大獄。好事者競作檄文,歌曲喧傳,遠近事聞,漢雯削籍,識者謂"蝗能食米天",蓋所以徵之云。《柳南隨筆》

雍正元年四月恩科,福州士子召仙競問得失,有李生者疑之,拉江陵張鴻齋往觀。路折芭蕉一葉,納在袖中,甫至壇下,仙即書云:"左袖携來一片青,知君意不問功名。可憐今夜瀟瀟雨,减却窗前數點聲。"李始驚服。及歸寓,二鼓後果雨,此鴻齋親見,爲余言之。《蓮坡詩話》

己未殿試,予傲諸同年云:"霓裳三百都輸我,此處曾來第二回。"蓋試鴻博曾在保和殿也。同徵友蓬雲墀,曾與章藻功太史、蔣文肅相公同時角逐名場。而流落不偶,誓不登科不娶。寓京師晉陽菴,五十餘年而卒。康熙庚子,中北闈副

車,妻年五十,竟以處女終。余有詩弔之云:"五十四年蕭寺老,終身一曲雉朝飛。"雲墀,名駿,常熟人。《隨園詩話》

雍正丙午,江南鄉試,其時,聘各近省甲科司分校事。有張某,性迂滯,每晚必焚香祝天曰:"某年衰學荒,慮不稱閱文之任,恐試卷中有佳文,及其祖宗有陰德者,求神明暗中提撕。"眾房考笑其癡,相與戲弄之。折一細竿,伺其燈下閱卷有所棄擲,則於窗紙外穿入挑其冠,如是者三。張大驚,以爲鬼神果相詔也。即具衣冠向空拜,又祝曰:"某卷文實不佳,而神明提我,想必有陰德之故。如果然者,求神明再如前指示我。"眾房考愈笑之,俟其將棄此卷,復挑以竿。張不復再閱,直捧此卷上堂,而兩主司已就寢矣,乃扣門求見,告以深夜神明提醒之故。大主考沈公近思閱其卷曰:"此文甚佳,取中有餘,君何必神道設教耶?"眾房考不敢言。及榜發,見此卷已在榜中,各譁然笑,告張曰:"我輩弄君。"張正色曰:"此非我爲君等所弄,乃君等爲鬼神所弄耳。"《新齊諧》

先姚安公言:雍正庚戌會試與雄縣湯孝廉同號舍。湯夜半忽見披髮女鬼搴簾,手裂其卷,如蛺蝶亂飛。湯素剛正,亦不恐怖,坐而問之曰:"前生吾不知,今生則實無害人事,汝胡爲來者。"鬼愕眙却立曰:"君非四十七號耶?"曰:"吾四十九號。"蓋前有二空舍,鬼除之未數也。諦視良久,作禮謝罪而去。斯須間,四十七號喧呼,某甲中惡矣。此鬼殊憒憒,此君可謂無妄之災。幸其心無愧怍,故倉卒間敢與詰辨。僅裂一

卷耳,否亦殆哉!《灤陽消夏錄》

竇東皋前輩言:"前任浙江學政時,署中一小兒恒往來供給,使以爲役夫之子弟不爲怪也。後遣移一物,對曰,'不能'。異而詢之,始自言爲前學使之僮,歿而魂留是也,蓋有形無質,故能傳語而不能舉物。於事理爲近,然則古書所載,鬼所能與人無異者,又何説歟?"《槐西雜志》

先師介野園先生,官禮部侍郎,扈從南巡,卒於路。卒前一夕,星隕於舟前。卒後,京師尚未知。施夫人夢公乘馬至門前,騎從甚都,然佇立不肯入,但遣人傳語曰:"家中好自料理,吾去矣。"匆匆竟過,夢中意爲,方扈從疑或有急差遣,故不暇入。覺後乃驚怛,比凶問至,即公卒之夜也。公屢掌文柄,凡四主會試,四主鄉試,其他雜試,殆不可縷數。嘗有《恩榮宴》詩曰:"鸚鵡新班宴御園,[案,鸚鵡新班,不知出典,當時擬問公,竟因循忘之。]摧頹老鶴也乘軒。龍津橋上黃金榜,四見門生作狀元。"丁丑年作也。于文襄公亦贈以聯曰:"天下文章同軌轍,門墻桃李半公卿。"可謂儒者之至榮。然日者推公之命云:"終於一品武階,他日或以將軍出鎮耶?"公笑曰:"信如君言,則將軍不好武矣!"及公卒,聖心悼惜,特贈都統。蓋公雖官禮曹,而兼攝副都統,其扈從也以副都統班行,改即武秩進一階。日者之術,亦可云有驗矣。《灤陽續錄》

翰林院堂,不啓中門。云:"啓則掌院不利。"癸巳,開四庫全書館,質郡王臨視,司事者啓之。俄而,掌院劉文正公、覺羅奉公相繼逝。又，門前沙堤中有土凝結成丸，倘或誤碎，必損翰林。癸未雨水衝激，露其一，爲兒童擲裂，吳雲巖前輩旋歿。又，原心亭之西南隅，翰林有父母者不可設坐，坐則有刑尅。陸耳山時爲學士，毅然不信，竟丁外艱。至左角門久閉不啓，啓則有司者有譴謫，無人敢試，不知果驗否也。其餘部院亦各有禁忌，如禮部甬道屏門，舊不加搭渡。[搭渡，以巨木二方夾於門限，坡陀如橋狀，使堂官乘車者可從中入，以免於旁繞。]錢籜石前輩不聽，旋有天壇燈杆之事者，亦往往有應。此必有理存焉，但莫詳其理安在耳。同上

吳狀元錫齡，前生爲僧，募修橋道，封翁倡捐。工竣，見僧入房，而生狀元。乃二十四歲及第，次年即逝。嗣子若曾，早官吏部，亦不永年，皆不可解。乙未，傳臚榜眼汪鏞以夜醉到遲，不及行禮，未授職即議罰俸。是年，狀元吳錫齡，探花沈清藻，皆未散館而歿，亦奇。《石鼓齊雜錄》

宋監司越，初名鉞，烏程人。應府試，適吏填卷面悮作越，父欲令改，正問塾師，師曰：「逢戊則走，此佳兆也。」是年入泮。乾隆戊午，領鄉薦。戊辰成進士，官刑部主政。又十年，戊寅陞郎中。在部有聲，旋授福建驛鹽道。及戊子歲，以疾卒於官。終身事跡不出「逢戊則走」一語，洵有數存焉。《秋燈叢話》

陝西薛侍御尺菴，設帳樂邑，從學甚衆。己卯，塲前占及門得失，卦辭曰：「眇能視。」榜發，本闈中宋芷，北闈中潘同

善,兩人皆短視,同人常以耻嘲之。同上

　　康熙癸巳恩科,懷慶余生讀書開封某寺,爲入闈計。一日雨雪,生擁爐獨酌,諷吟不輟。忽有客搴簾入,氣宇不凡。問其里居、姓氏,曰:"閩人,郭姓,寓同寺別舍,慕君高雅,故來奉訪。"讓之坐即坐,勸之飲即飲。言辭豪爽,叩以時藝議論,多出人意表。生不覺心折,持近作正之。客曰:"可也。再加陶鎔化其圭角,則百發百中矣。"因口授數題,囑曰:"此我所竊擬者,幸秘之勿洩。"并教以投窾導竅、宛轉取神之法。談次,一童子攜樽至,客曰:"昨友人貽我旨酒,願一醉。"於是且飲且談,夜分始去。至明,遍訪同寺寓客,并無其人。末至一郭公祠,木主題曰:"祥符令福清郭公某神位。"生甚驚疑,謹識之。其教作數題,極意揣摩,入闈果如所擬,遂獲雋公車。北上,復捷南宮。閱同年登科錄,有福清郭姓,其祖爲祥符令,名亦同。亟訪之,告以故,郭曰:"適攜先祖遺照。"在展閱之,狀貌宛然,旁立一童,亦與所見無異。同上

　　余同年徐君士楹,文登人,中丞公士林弟也。一日行隴上,見車馬旌旗簇擁而來。意達官過,方欲趨避,欻已至前。一青衣吏鞠躬請曰:"方伯需人,特迎公往署。"徐訝其不倫,峻拒之。吏曰:"不見允,當再至。"言訖而沒,儀從亦頓失所在,始悟其非人也。驚奔而歸,後每出輒見。懼而匿諸室,吏復現形,迫至曰:"陰牌已下,辭亦奚益?且不過暫行攝理,頃即歸耳,何害?"徐畏其逼漫,應之即昏然如寐,旬餘不醒,家

人守視,越月始蘇,曰:"寅攝藩篆,新任到,始放歸。"問其情事,不肯言。惟云:"兄將來禄位遠勝於弟,好自愛。"中丞後登第,歷官蘇松巡撫,清潔自勵,不名一錢,以勤勞没於任。同官贈賻儀千金,徐却之曰:"兄素矢清白,恐拂初心,不敢受。"上聞而嘉之,時已雋鄉榜,賜進士,授東粵某邑令,抵任,踰歲卒。同上

河南劉學廉石渠,精數學,占驗如神。康熙己卯春,予外舅勵文恭往問科名,劉笑曰:"尊翁座上客,不可慢也。"再問之不答。及歸,李殿撰蟠適在座。是秋,獲售正考官,即李也。劉屢躓禮闈,而每試必赴,衆謂曰:"君負管郭之智,既知藥榜無分,安用此僕?"僕爲曰:"此亦有數存焉。艱辛須盡償之,妄行趨避恐遭陰譴耳。"劉房師爲德州盧公喜臣,抱孫其子也。幼時每以終身問,輒曰:"公子賢人也。"以爲諛詞,置之。後成進士,再任兩淮,一任長蘆,理鹺政者三,方悟前語,蓋"鹹"與"賢"音相仿也。同上

夏太史力恕,孝感人。康熙庚子,夢謁關帝廟,帝諭之曰:"廟聯多不愜意,如三分忠義等語,適足增痛。"好爲作對,將元爾矣,授以巨筆。《夏書》云:"英雄幾見稱夫子,豪傑於斯乃聖人。"帝稱善。醒誌之,敬書鐫板懸于廟。是科,鄉試第一。同上

徐州俊,字敬菴,臨清人,邃於數學,寄寓德州。時嘗爲李紫瀾司寇占鄉試,繇詞內隱"羊角二八"字。牓發,果中解元。又爲占會試,繇詞云:"名居滄海之間。"牓發,則前一名

海寧人。又爲司寇子鳳洲預占鄉試,繇詞云:"五月榴花照眼明。"是年加科,以四月鄉試,牓發聞捷,齋中榴花正放,其奇中如此。《樂圃閒述》

先曾祖癸卯房師山陰金煜,字子藏,一目重瞳子。其母弟馬玉起攜嶺表,一扶乩客來,見煜驚曰:"此唐李後主後身也。後主見馬太君詞而善之,願爲之子。其遭逢不能遠過,後主得乎戌,失乎戌。識之,識之。"乃命縛乩,以筆書一詞去。煜祖太常公笑曰:"彼知後主一名煜,故妄言耳。"及閱陸游《南唐書》,煜亦一目重瞳子,乃大驚。後年十九,中順治戊戌進士,授郯城縣知縣。康熙庚戌罷官,館京師。甲戌,死於天津。按,後主以宋建隆三年壬戌即位,至開寶七年甲戌國亡身隕,兩人始終同以戌。其詞有曰"天津橋上望歸舟",又是"黃花落水秣陵秋"。以後主幽洛陽,與先生遊京師同一客,殂而燕之,天津猶洛陽。其所謂招魂望鄉者,黃花落水兩候,適符也。《種李園詩話》

翁覃溪閣學,視學江西,稽察坐號。見一生於指甲上寫四書文一篇,其字細如蛟脚。閣學本以蠅頭書擅名,自言不及此生。生名夢松。同上

湯侍御世昌,仁和人,諸生。時鄉試僦居貢院比鄰,苦炎熱。旁一大宅鐍閉,詢之爲前杭守柴君所買爲公館者。因有鬼祟,人莫敢住,餽司鑰人,假以暫居。樓中窗櫺尚完略,爲洒掃,遂移榻焉。樓西房中,委棄竹箱雜物,亦置不顧,明燈

讀書，不覺夜午。忽有披髮女子突立樓心，湯公大聲叱之。女惶恐曰："不知貴人在此，竟無狀矣。"退西房膏沐以出，一姣好女子也。跽訴曰："妾姓朱名筆花，前杭守柴納爲姬。正妻奇妒，值娩身，賄穩婆，桐油塗下體，潰爛而卒。兒被正妻認爲己出，今已長成，不知爲妾所生。他年君設教江漢書院，子應出門下。懇公將妾冤告之，將妾尸改瘗墻東，井邊有八角磚可驗也。"指房中破竹箱云，"是妾昔年藏有零星首飾，太守哀悼，觸目傷心，未攜歸。有人翻動，妾出怖之，人驚爲怪，今舉以奉贈。"湯公慘然，諾之，後事皆驗。湯公與予交契，故詳悉焉。《水曹清暇錄》

內閣大堂之西，槐樹有鵲巢。會試之年結一巢，則中書得鼎甲一人。相傳已久，頗著靈驗。同上

乾隆甲寅恩科，綿竹鄒生某入闈，與同邑黃生多益同號。鄒至黃號閒談，忽見號板上寫"樂道""人之善"二句題。鄒問："何爲寫此？"黃曰："今科題也。"鄒曰："何以知之？"曰："余初應童子試，即夢四川甲寅科題係此，余得中元。心疑甲寅非鄉試之年，何以有科？旁一人曰'恩科'也。醒後余因取'多益'二字爲名，以圖後驗。是年遊泮，今甲寅果有一恩科，題當不虛也。故入闈即將此題錄出，汝何不早爲揣摩？"鄒笑曰："君一夢十餘年，尚未醒耶？"略不介意，談笑而罷。至五鼓題紙發出，果出前題。塲畢榜發，黃果中元，鄒薦而未售。《新搜神記》

嘉興沈大令增，官甘肅崇信令。甲午科入闈同考，九月初閱卷已畢。方劇飲，忽聞外間架上錄卷盡倒，頹然有聲。視之，則未倒也。再聽，而聲凡三。異之，請于眾，復揀遺珠。眾以為多難之，沈乃獨任。閱三晝夜得一卷，中式二十四名。其子振鵬應本省鄉試，亦中二十四名，數蓋適相符云。《春水居筆記》

慕廬韓先生，少貧困，鄉薦後猶藉館讀書。歲壬子，暇遊荊洛間。忽有人持關書聘金來寓曰：“奉主人命，請先生授生徒焉。”遂欣然就道。至則門閭宏壯，如公侯家。其旁為館舍，亦精潔莫比。既入門，主人以疾辭。弟子謁見，而英姿秀氣，迥異常人。居數月，見僕隸奔走，若主人常理事者，然而主人初不一見，心頗疑之。問之館人，不答。問之弟子，則又支辭以對。疑愈甚。竊欲私覘之，而主人已排闥入，若知先生之欲覘之也者。曰：“先生勿疑，吾實冥府官也。敬君學品，故聘求教。子頑劣之資，得沐教化，實為厚幸。然先生功名中人，即當大魁天下，吾何能久覊？”遂厚贈之，遣使送歸。次年癸丑，先生應會試，果擢第一。《識小編》

余中己亥鄉試頭場卷，面坐號東洪字四十二，至二三場皆如之，號軍孫姓。及庚子會試，三場亦皆東洪字四十二號，號軍仍孫姓，其人也斯已奇矣。而鄉會試中式皆九十五名，尤奇。《竹西雜記》

華亭王礪齋太守祖庚，字孫同。礪齋為相國文恭公家孫,幼穎異,公愛其類己。且生同甲,名而字之。文恭以鴻博起家,礪齋亦由進士薦鴻博。詩集五卷,黃唐堂作序。乾隆甲子,以隰州守留史局校書,感懷云:"無端潘髮已星星,誤我槧鉛檢汗青。滿地落紅人已往傷,心猶坐草元亭。悔讀南華恨八乂,半生虛願向誰賖。東塗西抹成何事,潦倒風塵日已斜。"蓋深以不入翰林爲憾也。《梧門詩話》

槐廳載筆

卷十三

炯戒

順治丁酉，江南鄉試前數日，嚴霜厚二寸。既鎖闈，鬼嚎不止。放榜後，弊發。主考方猶、錢開宗，房考李上林、商顯仁、葉初槐、錢文燦、周霖、張晉、朱滙、李祥光、田俊民、李大升、龔勳、郝維訓、朱建寅、王國禎、錢昇、雷震生，俱駢戮于市。前此江陵書肆刻傳奇名《万金記》，不知何人所作，以"方"字去一點爲"万"，"錢"字去邊傍爲"金"，指二主考姓。備極行賄通賄狀，流布禁中，遂有是獄。北闈李振鄴、張我樸，有"張千李萬"之謠，事發被誅者亦數十人。《三岡識略》

田茂遇，字髹淵，江南青浦人，順治丁酉舉人，授山東新城知縣，不赴。著有《水西草堂集》。按，丁酉科塲事發，九重震怒，命嚴鞫之覆試之日，堂上命題二書一賦一詩。監試官羅列偵視，堂下列武士，銀鐺而外，黃銅之夾棍，腰市之刀，悉森布焉。未刻繳卷，諸生文皆如格。撫臣以覆卷奏進，事乃解，復原名，先生其一也。惟有據者，充發數人，世皆以吳漢槎兆騫爲可惜云。《鶴徵錄》

顺治二年十二月庚子，礼部磨勘河南乡试录，内称皇叔父为王叔父，主考欧阳蒸、吕云藻，俱请敕下处分。得旨。皇叔父摄政王封号，久奉明旨，中外恪遵。欧阳蒸辄敢任意改移，悖慢不敬，无人臣礼，殊属可恶。并吕云藻俱革职，刑部分别究拟。《史馆缀闻》

顺治三年八月丁丑，光禄寺寺丞张作楫坐争试差，降三级调用。同上

顺治四年三月戊申，庶吉士袁襜如革职，以会试分考擅改硃卷故也。同上

顺治九年三月己卯，大学士范文程等参奏，会试中式第一名举人程可则，文理荒谬，首篇尤为悖戾经注，士子不服，通国骇异，请勅部议处。上命革可则名，并治试官胡统虞等罪，降胡统虞三级，成克巩一级，皆留任同考官。编修左敬祖等，各罚俸有差，以不遵传注，文理疵谬故也。同上

顺治十一年甲午，先是刑科给事中任克溥参奏，乡会大典慎选考官，无非欲矢慎矢公，登进真才。北闱榜放后，途谣巷议，啧有烦言。臣闻中式举人陆其贤，用银三千两，同科臣陆贻吉送考官李振邺、张我朴，贿买得中。北闱之弊，不止一事。此辈弁髦国法，亵视名器，通同贿卖，愍不畏死。伏乞皇上大集群臣，公同会讯，则奸弊出而国法伸矣。事下吏部都察院严讯，得实。奉旨。李振邺、张我朴、蔡元禧、陆贻吉、项绍芳，举人田耘、邬作霖，俱著立斩，家产籍没，父母兄弟妻子

俱流徙尚陽堡。主考曹本榮、宋之繩着議處。同上

順治十一年十月庚子，禮部尚書郎球等參奏，順天主考范周、吳正治評閱硃卷，止有姓名，全無次第，請敕部議處。同日戶科給事中宋牧民參奏，試録程文種種乖謬，至有喧傳爲笑柄者，辱簡命而忝文衡，莫此爲甚，請敕部從重處分，以挽頹風、昭文治。并奉旨交部。同上

順治十五年正月甲寅，上親覆試丁酉科順天舉人。面諭之曰："頃因考試不公，特親加校閱。爾等皆朕赤子，其安心無畏，各抒實學，朕非好爲此舉，實欲取拔真才不獲已爾。"衆皆頓首，稱萬歲。同上

諭禮部：朝廷選舉人才，科目最重，必主考、同考官皆正直無私，而後真才始得。昨因鄉試賄賂公行，情罪重大，已將李振鄴、田耜等特置重辟，家產籍沒。今會試大典，尤當重慎。考官、同考官及天下舉人若不洗滌肺腸，痛絕情弊，不重名器，不惜身命，仍敢交通囑託、賄買關節等弊，或被發覺，或經科道指參，即將作弊人等，俱照李振鄴、田耜重行治罪，決不姑貸。爾部即刊刻榜文，遍行嚴飭，使知朕取士釐姦至意。同上

二月庚午，禮部磨勘丁酉科鄉試硃卷，劾奏違式各官。河南省考試官黃鈫、丁澎，用墨筆添改字句。山東省同考官同知袁英、知州張錫懌、知縣唐瑾、吳遏、何鑑、章貞，用藍筆改竄字句。山西省考試官匡蘭馨、唐虞堯，批語不列銜名，俱

屬疏忽。得旨。俱着革職逮問。同上

　掌河南道御史上官鉝劾奏，江南省同考官舒城縣知縣龔勳，出闈後被諸生所辱，事涉可疑。又有中式舉人程度淵者，嘖有煩言，情弊昭著，應詳細磨勘，以釐奸風。得旨。著嚴察逮訊。同上

　特旨諭禮部，前因丁酉科順天中式舉人，多有賄買情弊，是以朕親加覆試。今取得米漢雯等一百八十二名，仍准會試。蘇洪瀹、張元生、時汝身、霍于京尤可嘉。陳守文、張國器、周根郜等八名，文理不通，俱著革去舉人。爾部傳諭行。同上

　庚戌，上親覆試丁酉科江南舉人。同上

　乙卯，降禮科右給事中金漢鼎二級調用，以其不能摘發科場奸弊也。同上

　戊午，諭禮部，前因丁酉科江南中式舉人情弊多端，物議沸騰，屢見參奏，是以朕親加覆試。今取吳珂鳴三次試卷，文理獨優，特准同今科會試舉人一體殿試。其汪博勳等七十四名，仍准作舉人，史繼佚等二十四名，亦准作舉人，罰停會試二科。方域等十四名，文理不通，著革去舉人。爾部即傳諭行。同上

　順治丁酉科工科給事中陰應節，劾江南主考通賄，律決同考十七人，皆伏法。十五年，上親覆試吳珂鳴同新科舉人，殿試，汪博勳等七十四名准作舉人，罰停會試二科者二十四

人,斥革者十四人,徙尚陽堡者八人。《史館雜記》

丁酉順天主考曹本榮、宋之繩,以不能覺察同考官作弊,俱降五級,以本衙門用。同考李振鄴、張我樸,舉人鄔作霖、田耜俱伏法。覆試取米漢雯等一百八十二名,革舉人八名。同上

河南主考黃鈗、丁澎,以刑科給事朱紹鳳劾革職,徙尚陽堡。同上

姜宸英,己卯順天典試,以塲弊下獄卒。同上

康熙辛卯,考官趙晉以科塲賣舉,照丁酉科李振鄴、田耜例伏誅。同上

丙午,江西主考查嗣庭出題不合,旋以狂誕論罪,俞鴻圖以塲弊伏誅。同上

康熙辛卯,江南鄉闈事發。皇上問中堂云:"江南科塲一案,賣舉人之事,主考官斷寬不得。考取舉人係主考官之專責,督撫如何賣得舉人呢?"中堂李光地云:"皇上所見甚明,臣也做過巡撫,如何賣得舉人?有此心如何與主考開口說得?斷無此事。"皇上又問中堂云:"張鵬翮并不審問正副主考,將無干之人究審,延挨時月,不行啓奏。現今各官俱在揚州,地方事務着實廢弛,百姓紛紛議論。"中堂等回奏:"皇上聖明,無微不照。"中堂又將知府陳鵬年、巡撫張伯行議處,二本具奏。奉旨:"此二本係一件事,張鵬翮怎麼作二樣奏呢?應作一本,從重議奏,發與該部再議具奏。"《梧巢緒聞》

奉旨："考試舉人進士，爲國家遴選人才，關係甚大。世祖章皇帝時，諭旨炳赫。即朕亦有諭旨，甚是明白。從前科塲有此等弊發，俱議軍法從事。今趙晉干犯國法，私受賄賂，暗通關節，并不將趙晉拿問嚴審，且趙晉行止不端，舉國無不知之。左必蕃愚昧已極，被趙晉欺弄。今但照革去舉人三四名之例，革職軍流。這案發回，着九卿等詳看，會議具奏。"太學士李光地等爲前事會議得："考試舉人進士，關係重大，豈容恣意行私。副主考趙晉惡跡顯著，有犯國法，科塲內多受賄賂，打通關節，有干法紀。即行嚴拿審理，從重治罪。止擬充軍，殊屬疏忽，聖旨甚是。此案不便草草完結，應發回張鵬翮、赫壽，將趙晉挐問，嚴加審明，從重治罪。"具題，可也。同上

順治丁酉，科塲大獄相傳，因尤侗著《鈞天樂》而起。時尤侗、湯傳楹高才不第，隱姓名爲沈白、楊雲，描寫主考何圖盡態極妍，三鼎甲賈斯文、程不識、魏無知亦窮形盡相。科臣陰應節糾參。殿廷覆試之日，不完卷者，銀鐺下獄。吳漢槎兆騫本知名士，戰慄不能握筆，審無情弊，流尚陽堡。張文貞玉書，時方十八歲，從容抒寫而出，公輔器度，固自不凡。《石鼓齋雜錄》

康熙己卯，李蟠、姜宸英典順天試，有"老姜全無辣味，小李大有甜頭"之謠，因是下獄。李論戍，姜以老病卒於請室。同上

康熙辛卯，江南左必蕃、趙晉典試事。必蕃，廣東舉人，素無文望。晉則少年鼎甲，任意妄爲，視左如木偶也。榜發，多中揚商子弟，士論沸騰，遂有"左邱明兩目無珠，趙子龍一身是膽"之聯，貢院匾改作"賣完"。總督噶禮具奏：在揚州逮訊，左以不知情論戍，趙定罪。王樓村與趙同年，時告假在籍，入獄探視，趙即於次日伏法。有謂"王帶病僕進獄，易趙出者"，遂下王獄，通緝數年無獲，王方得釋。同上

浙江丁酉科，索泰、張戀能典試事。索爲杭州學士，陳恂丙戌分校所得士，因以族人托，榜發中式。其人市儈，素不能文，杭人忿移財神像入文廟，索下船時，以瓦礫投之。獄成，陳、索俱按治。陳老病，以子代遣戍。後戍回，課子極嚴，後由科第起家，官清要。同上

國初生員中額《大學》四名，公取一名而已，餘皆賄買，有白首不得一衿者，學差滿禮部，禮科磨勘考察，需索亦不貲。若聲名平常，即令罰修密雲城、永定河等工。一二公正者無賄，亦不能免，其時有"銀户科不及金禮科"之謠。學差與人留別，有"將來相會在密雲城下、永定河邊"語。自學額加增，官防嚴密，人皆儆畏，乃尚有俞鴻圖、喀爾欽、朱荃之案，真所謂憨不畏死者。同上

雍正丙午，查嗣庭、俞鴻圖典江西試，以"君子不以言舉人"二句，"山徑之蹊間"一節命題。其時，方行保舉，有意譏刺。三題"茅塞子心"不知何指，其居心不可問。因查其筆札

詩草，語多悖逆，遂伏誅，并兄慎行、嗣瑮遣戍有差，浙人因之停丁未會試科。俞鴻圖自認出"日省月"試題免罪，旋出學差，仍不知檢束，亦論死。同上

乾隆壬申，胡蛟齡、徐堂主山東試，以"民之於仁也，甚於水火""山徑之蹊間"一節命題。既而念下文有"蹈仁而死"句，怏怏不樂，胡因是成心疾。回京憶巡城時，有聽情受賕事，即自行檢舉，逮訊以風憲官論罪加等，老病瘐獄中。徐大考四等，改知縣，嗣是相戒"山徑之蹊間"題不用。而戊申，山東復以"君子不以言舉人"二句試士，豈未之聞耶？同上

辛未會試，蔡時田充分校官，薦曹詠祖卷。不中，來謁，見其年少才美愛之。壬申會試，由山東道御史監試。入塲搜檢行李，於眼鏡匣內躍出一紙，蔡、曹俱伏誅。時蔡寅斗在號，誤聽己亦在內，立時自縊，亦奇。先是山東道出缺，翰林王世仕應得，夢見山東道察院燈籠前導，其父在旁搖手，語之曰："此官爾不可得，得必有奇禍。"醒後數日，差福建考官，山東道缺遂及蔡，而禍亦及矣。王差竣回京，次日大考，未及試，改知縣。同上

吾湖康熙中任學道學院者，輦金而歸，訾雄鄉里，迄今未百年。後人有不能讀書，貧困無聊且絕嗣者，吁可畏也。沈心齋閣學在閩，公正自矢，閩人建祠以祀。昔雷翠庭師考湖日昌，言於眾曰："吾家五傳不得一衿，沈公視學，吾父方入庠，至今感泣閣學。"後嗣科甲連綿，侍御琨其曾孫也。同上

槐廳載筆

卷十四

品藻

颜光敩，曲阜人，康熙三十三年以检讨督学浙江。性孤介，人不敢干以私，拔取真才不遗余力。杭郡倩人代试，沿习成风，光敩取岁进新生扃户覆试，文理荒谬者黜之，并治代者及相保廪生。于是诸生畏法自爱，无敢复蹈前辙，所刻试牍，风行海内，垂三十年，士人诵习不异于初。《一统志》

严沆，字子餐，钱塘人，顺治进士选庶吉士，改给事中，典试山东。故事圣裔无举者，四氏子不得独隽。沆疏请得岁举二人，著为令。累官总督仓场侍郎，通赢绌，剔侵蚀，岁省金钱数万。乞养归。同上

李周望，蔚州人，父旭升，康熙壬戌进士，累擢工部侍郎。福建沿海大饥，奉命发江浙米三十万石往赈。旭升计口授食，无遗无滥。历吏部左右侍郎，加尚书致仕。周望登康熙丁丑进士，选庶常，迁侍读，督学湖广，以端士习正文体为己任。诏命廷臣甄别各省学臣，周望为天下第一，擢国子监祭酒。勤于考校，迁户部侍郎，进礼部尚书，以病归。周望为人

厚重，居官清廉自奉，淡薄終身如一日。弟暄亨，康熙甲戌進士，終內閣中書。居親喪，哀毀廬墓。學術醇正，詩文皆有法度。同上

李來泰，撫州人，順治十二年督學江南，所拔皆孤寒知名士。尋任蘇松糧儲道，復分守蘇松常道，歷官清慎，能持大體，不事威嚴，而所部懾服。同上

許汝霖，海寧人，康熙中督學江南，手定甲乙，釐正文體，人咸服其公鑑。同上

歸允肅，字孝儀，常熟人，康熙己未殿試第一人，授修撰。辛酉，主順天試，所拔多寒畯。歷官少詹事，持正不阿，居鄉雅有清望。仝上

陳卓，字懋修，江都人，順治丁亥進士。由刑部郎提學四川，時蜀新定，文學荒廢。卓出經籍，令傳寫相教授，文風日振，擢陝西臨鞏副使道。復官商分茶之法，辨部民受逆偽劄者，再擢荊南參政道。同上

劉楷，字子端，南陵人，由進士授中書舍人。典福建試，稱得人，擢給事中。疏論督撫保學臣及河工保題官員之弊，聖祖嘉納。又參相臣柄國等事，疏上如奏，罷斥，風采肅然。累官光祿寺卿致，仕歸。同上

吳國龍，字玉騮，全椒人，明癸未進士。母喪廬墓，順治中以漕撫蔡士英薦徵用。康熙初，授兵科給事中，歷禮科掌印，屢上封章，有裨軍國大計。典試山東，稱得士。同上

吳國對，字玉隨，國龍弟，順治戊戌進士第三，授編修，累遷侍讀，督順天學政。國對才學優贍，工詩賦，善書，言論風采為一時館閣推重。同上

　　邵嗣堯，字子昆，猗氏人，康熙進士。知臨淄縣，又補柏鄉。落職後，以薦授清苑知縣。入為監察御史，調直隸守道，卒於江南學政。嗣堯性廉介，遇事霆發機激，勢要憚之。歷三縣皆有善政，及督學江南，試三郡，清名大著。卒，自製布衣以殮，諸生建祠祀之。同上

　　張潤民，字膏之，夏縣人。性醇謹有守，以孝友聞。康熙丁未進士，由中書舍人累遷河南督學僉事，克舉其職，嘗拆童子號，提調某潛請易，潤民大怒，再三謝罪乃解。人謂公而明為學政最。同上

　　王尹方，字鶴汀，安邑人。康熙癸丑進士，改庶吉士，官至内閣學士兼禮部侍郎，有清望。庚午主江南鄉試，多自搜落卷中之盡文章之變，得士稱最。事訖，以疾乞歸，卒。性至孝，生母歿，以嫡母年高請終養，生母故不慊於嫡母者也。鄉黨稱其厚。同上

　　崔爾仰，字子高，聞喜人。順治戊戌進士，授晋州知州。勸學墾荒，治行著聞，入為吏部員外郎。時懸賞招閩越降人，至者相屬，爾仰嚴核符牒印劄，得無濫。遷户部郎中，開復諸生逋糧者五百四十餘人。出為浙江提學僉事，以勞邁疾卒。同上

趙申季，武進人，康熙四十五年提督山東學政。清廉恪謹，苞苴請託，皆不敢至其門。較文必親自點定，嘗夜至漏三下不休。體素羸，竟以積勞致疾，卒於官。同上

蔣伊，常熟人，康熙二十四年提學河南。嚴絕苞苴，有暮夜投金者，面唾之，愧服而去。文廟及名賢祠墓多捐俸葺治，以勞卒，士人皆傷之。同上

王自新，句容人，順治時督學湖廣。起衰振靡，試卷必親校閱，積勞成疾，江漢之士莫不悲泣。同上

劉炎，陽穀人，康熙中爲江西提學副使。杜絕私請，以實學敦行，勗勉諸生。各郡文廟、禮器、樂舞缺略者，修舉之。秩滿去，幾不治裝，巡撫郎廷樞率屬捐俸，以資其行。同上

葉映榴，上海人，康熙十八年官陝西提學道。訓士以敦行爲先，每按部虛公考校，被斥者無怨言。同上

許孫荃，合肥人，康熙中由戶部郎中出督陝西學政。勤於課士，行部所至，遇古聖賢名蹟，力爲修復。表章敬待名儒，李顒輩爲刻其所著書行世。同上

李振裕，字維饒，吉水人。康熙進士，由庶吉士歷官刑、工、戶、禮四部尚書。致仕。嘗督學江南，所賞薦拔皆一時才俊。察賑畿輔，全活甚多。奏免江西浮賦，振裕有力焉。同上

彭殿元，字上虎，廬陵人。康熙進士，選庶吉士，授編修，與修《明史》，主順天鄉試，所取多名士。未幾，罷官，構鄉谷小隱，潛心講學數十年。同上

陳璸，香山人。康熙四十八年督學四川，屏絕請託，以甄拔人才。爲心苾官之日，止以一力，自隨襆被，蕭然衡校，每至夜分不輟。試未竣，調補臺灣道。同上

簡上，字謙居，巴縣人。性至孝，爲兒時，嘗負米百里外以養親。順治辛卯舉於鄉，知直隸、鉅鹿縣，以廉能擢吏部文選司郎中。視學江南，再轉廣西右江道。所入俸錢，多贍族鄰之貧者。著有《四書彙解》。同上

汪薇，歙縣人。康熙中任福建學道，以崇實學，端士習爲首務。考校公明，斷請託，取士爲天下冠，時謂"振興文教，常袞後一人而已"。郡人建祠於道山祀之。同上

沈涵，歸安人。康熙中提督福建學政，試士公明，雖勳貴請託弗許，所拔皆名宿。以朱子分年讀書之法課士，士習爲之丕變。秩滿去閩，人創清苕書院祀之。同上

余正健，字乾行，古田人。康熙進士，選庶常，授翰林院編修，累遷國子監祭酒。以撫臣張伯行疏薦，督學江南。條教不煩，苞苴請謁無一及者。疏請范仲淹從祀文廟。上廉其學守，召爲順天府尹。别奸弊，省囹圄，勤於奉職。數月，晉秩副都御史。再奉命督學滇南，疾作，予告歸。同上

編修彭殿元，癸酉京闈所得南卷，如姜宸英、顧圖河、汪繹等皆登鼎甲。《西江志》

張四教爲諸生時，以歲薦，讓同舍人，高其誼。歷官有政績，視學山右，所取士登甲榜二十六人。生平訓子弟有法，故

張氏群從,皆端謹無挂吏議者。《山東通志》

　　汪灝以侍讀督山西學政,清節著聞。聖祖仁皇帝西巡,擢內閣學士兼禮部侍郎。督學陝西,旋命巡撫河南,告歸卒。同上

　　單若魯分校己丑禮闈,甄拔多名宿。兩官大司成,勤於造就。歸里後與人款曲,不立城府,人稱長者。《萊州府志》

　　王舜年少孤,事母以孝聞。以中允分校禮闈,所得皆知名士。秉臬西江,平反大案,全活甚衆。遷山西右布政,以絓誤削籍。三逆之亂起,爲辰沅道贊畫軍中,頗著勞績,轉蘇松督糧道,後以事奪官。同上

　　趙文照,以乙卯典粵東試。時寇犯高雷,羊城震驚,從容畢試事,所拔多名流。房師潘君已故,家被寇掠,悉贖歸之,爲置產業,告墓而去,人高其義。《膠州志》

　　今人見科目仕路中人,謂某某有功名矣。余不敢信,問客,客曰:"列高榜,登甲第,得顯官,居要路,非功名而何?"余始知,今人之功名異於古人也。古人之功或在社稷,或在封疆,或在匡君,或在養民;古人之名或在尸祝,或在口碑,或在文教,或在史傳。一代之有功名者不數人,一人之有功名者不數事也,何今人功名之多也?《庸言》

　　文敬曰:"朱子說,科舉雖做了狀元,可惜輸了這邊工夫。"又曰:"若科目果能得人,程朱該是狀元。"前輩所見之卓如此。《邇語》

　　御史彭始搏仍爲翰林檢討,檢討劉炎特改江寧府知府,

以其會試分校能守正故也。《居易錄》

　　萊陽趙公崙，字閬仙，戊戌進士。性高潔，清修樂善，獎進人材，孜孜不倦。督學南省，指天誓日，過江擊楫曰："某若一毫自私，決不能生渡江北矣。"於是干謁不行，孤寒吐氣，簠簋之風爲之一變，紳士競爲詩章以歌詠之。《三岡識略》

　　癸酉正月二十五日，學使者許公汝霖駐節暨陽。試畢，合宴諸生于君山之巔，赴者二千餘人。席地論文，酬酢竟日，諄諄訓誨，此從來未有之盛事也。公既明，且公間有挾貴人札，不得不曲從者，皆垂淚而戒之。其所識拔，俱一時才士，江左之人，靡不感嘆。同上

　　張公鵬翮，庚戌進士，爲浙撫軍官已高矣，上以其有清望，擢江南督學，蓋特簡也。時適當科試，奔競者紛紛，公信心直行，矢公矢愼，終其任，無一人私者。雖當路不敢以一札仰干，即有一二京函，亦逡巡躑躅不投而去。去後，士子思之不置，每談及，輒爲歆歔流涕云。同上

　　麗雪崖從余遊最久，余知之亦最深。方其由諸生孝廉以入翰苑也，此常情之所喜，而雪崖自視欿然。及乎由翰林而中舍部曹，此又常情之所慍也，而雪崖處之恬然。升沈隨時，不以經心。所嗜尙以篤，故其所成精以深，詩也進乎道矣。《昊廬文集》

　　戊子，予讀書靈隱，偶憩冷泉亭。見李文宗際期，屛去騶從，止攜一小童步行入寺舍，與予書齋僅隔一壁。移時，李公

步行去。鄰僧急過予云："黃公索僧以尊諱,面遞宗師云,'值此時而隔壁有士子,學生未識其面,夜過午,書聲不絕,當培植之'。宗師唯唯。小僧特來報喜。"予詢之,方知黃公諱鳴俊,字跨千,由浙文衡歷官巡撫,爲李公房師,避靜此寺。前輩之歛跡如此,予再投稟謝之,禮意甚殷。極口贊許,絕不道及薦予一字,科舉發落,文宗面諭此意。《寄園寄所寄》

米進士詩畫皆工秀,書法學米南宫,徑寸外者尤勁媚。或評之曰:"紫來天才超詣,當在友石先生之上。"入翰林,曾典雲南鄉試,以試事罣誤。久之,召入供奉内廷,遷侍講,賜第西華門。《説鈴》

宋既庭與宗弟疇三,俱以孝廉知名,時稱"大宋小宋"。或問:"大宋何如?"人予言:"阮思曠都不及真長、逸少,而能揔有諸人之勝。"同上

吾兄戒菴先生,當卯辰閒奉璽書視學江右。時江右屢中寇,從烽燧壁壘中招生徒。出就試,按部所至。每日坐堂皇,戟門洞闢,諸生造几案前,環侍問業,昵昵如家人。比試甲乙殿最取決,俄頃輒背誦其文,曰:"某佳某不佳。"即被乙者,皆心服,驚以爲神。尤加意童子試,塾師老儒頭童齒豁者,一旦簡拔殆盡。十三郡七十餘州邑,同聲嘆詫,謂:"更數百年所未有。"迨乙丑,請告南歸,出俸入所餘惠宗族。寘祭田,新椑楑。仁和學宫圮,捐千金葺之,曰:"吾家世所發軔,不敢忘也。"《青門簏稿》

蔣君虎臣先生，諱超，江南金壇人。年二十二，舉於鄉。又二年，舉丁亥進士一甲第三人，官翰林修撰，以文雄于時。主浙江省試，提督順天學政，并清慎，事竣告歸，不過里門見妻子。扁舟草履，徑自楚之蜀，客死于峩嵋之伏虎寺。《學餘堂文集》

嚴藕漁負卓犖之才，高尚其志，徜徉山水數十年。所懷狷潔，軒冕富貴不動其心，詩酒筆墨自娛而已。梁谿之人爭以倪雲林，目之及徵，山澤遺逸，試於大廷。天子聞藕漁名，思舉而用之，藕漁僅賦一詩見志。九重嘉其恬退，特命釋褐，官翰林，俾修前史。未幾，侍講幄記起居。於是藕漁感激自奮不忍，以向之高尚狷潔之懷，上負知遇，凡職所當盡者，罔不夙夜兢兢。《高澹人文稿》

靜菴公，諱朝生，字玉墀，與伯兄玉堦、仲兄玉驄齊名，號"莊氏三玉人"，以比"王氏三珠"焉。予既與陶菴拔貢，同年澹菴皆翰林前輩，而靜菴與予又同出東山張夫子之門，若異姓兄弟也。既而靜菴附舅氏外家，移居吳門，故相與益親，而知公家事獨詳。公少喪母吳夫人，孺子泣也，司寇倍憐愛之，不甚督課。而公天資敏妙，努力自奮，咕嗶不少休。十四入泮，方子安滕閣之年。十九登賢書，二十捷南宮，猶魏公奏名之日，終童棄繻之歲耳。當是時，莊氏閥閱最盛，而公以弱冠巍科。簪筆禁庭，玉筍班中，望之如神仙中人。會丁繼母憂，省親蜀道二載。旋歸，復奔司寇之喪，哀毀骨立，則公孀嫠在疢時也。服闋，起補特簡京兆主試。首開風氣之先，衣鉢相傳，至今艷稱之。辛丑，江南奏銷案起，部議降調。他人或遷延前却，公獨毅然曰："君命也，何避爲？"遂就國子監助教，朝饔暮鹽，泊如也。亡何題署禮部主客司事，亡何轉兵部督捕司，升刑部員外郎，加一級。在禮言禮，固儒者事。且主客司，先大夫舊職也。至兵刑二部，非公素習。乃一歲逋逃幾何，一歲訟獄幾何，無不朝考夕糾，平反奏績，非公清慎勤之才惡能勝任而愉快乎？丙辰，奉敕督學河南。《鶴栖堂稿》

本朝賓興，凡十有三，而江右獨阨其四。屬以科條益密，額數益嚴。奉行者不審朝廷所爲慎重之意，務以凌削立威名。邵公戒三，匡救袚濯，紀綱始振。諸爲援其俘獲，恤其仳離。或下賑旅饘，或代輸公府，皆出人意。量之外支郡多故，諸司寄署省會，大帥皆擇地而蹈。公減騶從邵厨，傳叱馭于層巒巨浸中，無敢睥睨者，經濟大略，已見於是，豈尋常智勇可同日語哉？《蓮龕集》

丁葯園知中州貢舉，闈中搜采瑰異。得一卷奇之，同考以波瀾簡質，度其人已老，請置於乙。丁曰："才與膽岐豈老生所辦，必年少知名，終爲大器。"榜發，乃廬陽李湘北天馥也。同考出語人曰："吾以世目衡文，幾失此佳士。"李果方弱冠，名振西清，以文章道誼服天下。《今世說》

都下人士，一時競稱"三曹"。"三曹"者，冠五太史及長公靖遠、次公賓及也。太史高雅，靖遠英犖，賓及秀冲，皆擅詩家之勝。昔人共推魏氏父子,橫槊賦詩西園飛,蓋爲一時盛事,以較溴陽能無遠遜乎?《詩觀初集》[按,冠五太史曹鼎望,豐潤人,順治己亥庶吉士,官至徽州府知府。賓及,名鈖。]

宗伯寄予《青箱堂稿》凡三種,其已刻者美不勝收,謹將未刻新詩選次登梓,與寓內人士共遵典式焉。戴滄洲每向予言:"宗伯自爲諸生,孝廉時望隆顧俊,一時公卿咸爲倒屣。今位極崇隆而虛懷下士,有若飢渴。予雖別公二十年,在三千里外猶寄書,惓惓不忘,豈不令人有君宗之歎?"《詩觀二集》[按,《青箱堂稿》,王文貞公崇簡著。滄洲戴王綸,字苾極,順治乙未榜眼,官至江西糧儲道。]

戊辰春雨不輟,醒齋先生招飲署齋,出新詩一卷見示,乃督學江南時所作者。其詩較前一變渾樸蒼老、廻絕時蹊,正非劍南所能望其壁壘。《詩觀三集》[按,醒齋先生李振裕,字維饒,吉水人,康熙庚戌庶吉士,官至兵部尚書。]

四山先生督學秦中,數載不得其音問。戊辰,從郵筒兩得其《華嶽集》。時選事已竣,採其高篇復爲附入。較士方冗,乃能吟詠如許之多。而且高華沈鬱,俯罩詞壇,其胸次何如也。同上。[按,四山先生許孫荃,字生洲,合肥人,康熙庚戌庶吉士,改主事,官至陝西提學道。]

李應薦,字諫臣,號愚菴,日照人。少有文名,讀書過目輒成誦。丙午,舉於鄉署,天泉學正造就人才爲多,汪公文漪亦親問業經指授焉。己未,同考會試,得人最盛。督順天學政,既歲滿,公明之譽蔚起,復留任三載。公之典學政也,絶苞苴,嚴請託,釐正文體,振拔寒滯。又請置學田,以資贍養,增弟子員額,以廣進取。一時人士無不鼓舞嚮學,而公又引進諸生,反覆開導以讀書爲文之法。於是人知研窮經史爲有用之學,而文氣亦駸駸復古矣。公爲人凝重,有風骨,不苟訾笑。有顧問輒應聲而對,無所紆回。班行中持議尤侃侃,然亦以此齟齬,不合於世公。卒,黃君崑圃持狀請銘。黃君,公所拔士也。《文貞集》

惟康熙二十七年,歲次戊辰,二月甲辰朔,越十九日壬戌,考試官某,同考官某等,敢以瓣香昭告司盟:"某等荷朝命典試禮闈,學術固陋,大懼弗克,得士以俻國家任使,致寒儁抑而不章,用是矢諸明神。其有偏私玩易弗虛,公於乃心,弗恪恭於廼職,上負聖恩,下負多士,神其殛之。俾蒙蔽賢顯,僇禍罰及於厥世。謹告。"《澹園集》

康熙三十九年七月初四日,内閣傳奉上諭:"各省學道原不差遣翰林官員,嗣後各省學道宜將翰林官員一併差遣。爾等與翰林院會議具奏。欽此。"管掌院學士事臣韓菼謹議:"人臣居官奉職,東西南北凡有差遣,悉是朝恩,固無可辭避。其翰林諸臣,皆文學侍從之官,幸生堯舜之時,置身清切之地。蒙我皇上禮遇優渥,累加異數。從來詞館無今日之光華,叨沐逾涯。即長守此一官,朝夕講習文章,豎立品誼,猶不足以補報萬一。今奉學道一併差遣之旨,此固非常不次之鴻恩。在諸臣，他日一經拜命，便不得日覲天顏，時聆聖訓，固當不勝依依戀闕之忱。且係聖明簡拔之員，與郎中道府序補者不同。諸臣中有志有守者，固不乏人然。儻有一之未稱，不特一己之面目所關，深恐負我皇上格外擢用詞臣之至意。臣愚不敢輕議差遣，謹別具摺以聞。"《有懷堂集》

淄川孫先生，名若羣，學贍品端，言動有則。早歲成進士，謁選京師，任少司寇。海湄延之官邸，訓其子彥方。處以廣廈，坐不易牀，供以豐肴，食不兼豆。雖隆冬盛暑，衣冠襜如。司寇知孫有二子，已就童試，適山左學使者與司寇有舊，將爲之地，而未詳二子名，屢欲請之，憚其嚴正，終不敢發。先生端居緘默，遇有問難輒指畫議，滾滾滔滔，竟晷不倦。凡及門與輦下，諸子以制藝就正者，一一評隲，務愜其隱，而運之菀枯，年之修短，皆能於文預決之。康熙癸丑，出爲交城令，多異政。秩滿遷蜀中州牧，卒於官。《觚賸》

澹園丁先生，以清郎雅望，奉簡命視學入閩。閩中經兵燹之餘，士氣稍稍不振。先生奮然以淬厲作新爲己任，衡文課藝，一歸於雅馴。冰蘗之操，始終一節，權要莫得干以私，真才夙學甄拔殆盡。修學葺祠，無廢不舉，閩人士至今歌思頌歎。《遂初堂文集》

慎行舉京兆鄉貢，時年已四十有四。又十年，奏名禮部，顧瞻彙進，英英皆少年。其間頗首下心，夙昔所愛敬而兄事者。癸酉則慈谿姜西溟，癸未則寶應王方若而已。兩先生咸

負當代重名,差池晚達,先後以高第入史館,一時稱風雅者兼歸焉。《敬業堂文集》

西樵先生之學與行,人能言之。余最以爲莫可及者,惟其守。當典鄉試,河南磨勘獄起,中先生者,以毛髮之疵下詔獄。是時,死生在呼吸。余計偕京師,爲之惴恐,食不能下咽。而先生一委於命,終日晏坐鈔經賦詩,卒得無事以出。《百尺梧桐閣集》

魏子曰:"兼材難矣。騷人韻士麗于文者,缺經世之具。能臣良吏茂于功者,乏摛天之詞。從古惜之,非天厚之,以經濟才猷,復充之以涵養學問,欲以二不朽之業,同敝天壤也,未之覯也。吳門范雪樵先生則不然。當先生之讀中秘書也,雅擅文名矣。甲午主試北闈,所拔多英宿。戊戌登鼎甲者三,咸出其門。海內談文章者,愈翕然宗之。"《百名家詩選》
[按,雪樵先生名周,字挺嶽,順治己丑庶吉士,官至河南布政司參議。]

廉訪公分校鄉試,得金侍郎鋐、李學士昌垣等六人,極畿甸之選。時故禮部尚書合肥龔端毅公,方持文柄,亟推公。一日,集并時文士同賦古今各體詩,擊鉢立成,公擅塲,衆大折服。公才名甚盛,而守之以謙,外和內介,不苟異同,故仕惟平進,位不卿宰,而亦鮮患禍。庚寅,擢刑科給事中。凡有章奏,期於崇國體,行實政,不爲矯激,不輕彈劾。北郊奉祀及藉田祈穀諸大典,煌煌然一代禮文,公所請也。辛卯,頒詔山西。癸巳,遷戶科右給事中。甲午,轉禮科左給事中。主湖廣省試,得人之盛,爲是科冠。乙未春,南宫放榜,臺臣有以違例取士爲言者,復有沈姓爲蜚語侵闈中事。公抗疏請嚴加覆試,并磨勘試卷。且有褻大典而惑衆聽,及視科塲爲奇貨語。《飴山文集》

吾師葂谿彭先生,涵泳道真,沈潛理學。既首舉南宫,天子臨軒策試,復親擢第一。囘翔禁近,漸次枋用。而先生性樂閒靜,年甫强仕,早賦《遂初》。所居南畇草堂,塲圃在前,雜植花木,讀書吟咏其中。不殖家産,不問有無,泊如也。《東江文鈔》

張自超,字彝嘆,高淳人。爲諸生試,必冠其曹。困舉塲幾三十年,未嘗有愠色。治古文及詩,所得皆警邁,而未嘗爭名於時。近五十始登甲科,而不肯試爲吏。其既升於禮部也,宗伯韓公炎昌言於朝,某宜在上甲。自超踵門曰:"某有母,病且衰。登上甲必以職留,公當愛人以德。"《望溪集》

五經者,萬古不易之書。平實切近,正如布帛菽粟,乃人生一日不可離者,自應服習講貫,身體力行。乃人皆不肯真心用功於此,即間有全讀者,不過爲獵取功名計耳。及功名到手,又視爲敲門瓦子,豈不可惜?更可笑者,近來童子讀經應試,希倖進學,亦能自首至尾五經通熟。學使者喜其童年記誦,冀其將來有成,所以文少明通,遂録取入泮。豈意入學後,志滿意足,不惟不能再有進益。并其已熟經書,亦置高閣。及至歲試臨彼,文一荒謬,名入下等。是今日背經入泮之人,即異日下等對讀之人。雖未必人人如此,然如此者甚多,可勝歎哉!故學問不日進便日退,志氣一暢滿便墮落,此一定之理也。時不可失,人其念諸。《行廨劄記》

田公雯嘗舉博學鴻詞,一時名士率皆懷刺。跨馬日夜詣司枋者之門,乞其聲譽以進,公獨屏居蕭寺中,不見。一大人長者,今之來江南也。昇以肩輿,從兩驢,載衣裳一箱,五經子史兩方底,蒼頭奴兩人,踽踽行道上。戒有司勿置郵傳給供張,自市蔬菜十把,脫粟三斗,不為酒醪佳設。惟日矻矻以文章為事,蓋公之居官如是。《紅豆山莊集》

陳見復祖范,於雍正癸卯捷南宮。未及臚唱,以足疾歸里。次年甲辰,復行殿試,而足疾已愈。親知力勸其入都,衆喙一辭,見復不聽,嘗語予:"我無用世才,倘殿試而蒙拔擢,受職之後,虛縻廩祿,既有所不可。若遽乞歸,自處則高矣。但人人如此,公家之事誰任?今甫捷南宮,是猶未成進士也。不若量能度分,如此知止,猶不失出處之義。"予深韙其言,見復亦云:"友朋中不勸予殿試者,惟君一人耳。"《柳南隨筆》

予初主試,上以新婦生子調之劉松臺道長。從未分校,自謂:"監試似未字之女,亦佳話也。"賦詩云:"杏苑懸弧典故新,每因生子憶生身。凌雲老樹枝分後,可念當年手種人。宮花彩映繡衣新,半老依然未字身。自笑殷勤還學養,宜男卻是讓他人。"《尹文端公集》

許敬菴公,督學陝西,集眾講貫,每至夜分。或曰:"校文

足矣,何必講爲?"公笑曰:"此乃督文,非督學也。"講勸愈力。《南谿偶刊》

秦松齡初入翰林,賦《白鶴》詩應制,有句云:"高鳴常向月,善舞不迎人。"上顧左右曰:"此是有品者。"家有園,在惠山之麓,擅林泉之勝。罷官後,鍵户讀書,與故人遺老倡和其中,與漁洋爲同年友善,嘗緘詩一編,題曰《寄阮集》。《震滄集》

蕭公惟豫,爲余外舅。生有夙慧,手紋如硃砂。順治甲午初赴省闈,即以第五魁其經。戊戌成進士,入翰林。典江西鄉試,得人最盛。吉水李尚書振裕,年甫十五,閱卷決其遠到,置第五,曰:"此吾鄉試名次,今以衣鉢授之。"後果以文章事業名於世。既揭曉,止滕王閣,一夕遂行,當事餽贐,一無所受。督學畿輔,公明并著。翁鐵菴尚書,冒北籍應童子試,縣人攻之急,不敢入覆試,公索之急,教官以暴卒對。公爲刻其文,深致惋惜。後鐵菴入翰林,執弟子禮,學差將竣,行大用矣。聞父病,力乞終養以歸。及丁外艱,服闋。蔚州魏敏果公象樞方柄用,以公與平湖陸清獻公隴其同薦諸朝。值聖祖南巡,駐蹕德州,召見行幄,公以母老陳情,特蒙俞允,遂避跡村野。《雅雨堂集》

雍正癸卯,余主江南試。副考鄧鍾岳丁憂,一人閱卷萬餘,所拔多知名士。歸,過鳳陽隣寺。有未中者怨主司擯其文,因令其試背首篇,念至半篇,余曰:"爾無庸背,爾次藝非化育分貼天地耶?"其人愕然,慚而退。《崑圃自訂年譜》

李因篤,字子德,陝西富平人。康熙己未,以布衣召試博學鴻詞,官翰林院檢討,著有《受祺堂集》。先生邃於經學,顧寧人先生推重之。以公卿薦,召試,當時所稱"四布衣"之一也。授官後即以老母辭,不許,表三上,乃許。情詞懇惻,比李令伯之陳情則又過之。聖主之仁,人子之孝,宇內共稱,不止羨鴻軒鳳舉也。《國朝詩別裁集小傳》

繆沅,字湘芷,江南泰州人。康熙己丑賜進士第三人,官至刑部侍郎,著有《餘園詩鈔》。視學楚中,延四方名流,校閱所得人文,極一時之盛,楚人爲予稱道之。詩舊入《江左十五子選》中,予曾評點,後披全稿,見半屬朱墨改易,所云老去漸於詩律細者耶?同上

陳祖范,字亦韓,江南常熟人。雍正癸卯會試中式,乾隆壬申舉經學,官國子監司業,著有《見復詩草》。見復捷春官,未殿試歸,著書設教,垂三十年。大臣以經學薦授少司成,居家受官,生平以天爵自重者也。同上

吾鄉吳修撰鴻,督學湖南壬午科。湖南主試者爲嘉定錢公辛楣,陝西王公偉人。諸生出闈後,各以闈卷呈吳,吳最賞者爲丁牲、丁正心、張德安、石鴻翥、陳聖清五人,曰:"此五卷不售,吾此後不復論文矣。"榜發日,吳招客具飲,使人走探。俄而,抄榜來,自六名至末只陳聖清一人,吳旁皇莫釋。未幾,五魁報至,則四生已各冠其經,如聯珠然。吳大喜過望,一時省下傳爲佳話。先是陳太常兆崙,在都中以書賀吳云:

"今科楚南得人必盛,蓋預知吳、錢、王三公之能知文,能拔士也。"吳首唱一詩云:"天鼓喧傳昨夜聲,大宮小徵盡含鳴。當頭玉笋排班出,入眼珠光照乘明。喜極轉添知己淚,望深還慰故人情。文昌此日欣連曜,誰向西風訴不平。"一時和者三十餘。後甲辰三月,余遊匡廬,遇丁君宰星子爲傭夫役作,主人相與序述前事,彼此慨然,且曰:"正心管領廬山七年,來遊者先生一人耳。"《隨園詩話》

施閏章,字尚白,號愚山,宣城人。博綜群籍,善詩古文詞。順治己丑進士,爲刑部員外郎。讞決明敏,督學山左,有冰鑒之譽。轉湖西道參議,湖西故荒瘠多盜,閏章撫綏有方,袁臨間稱之爲"施佛子"。庚熙己未以博學鴻詞薦改授翰林侍講,纂修《明史》,轉侍讀,以勞瘁卒。閏章性仁孝,事季父譽如父。廣置義田,以贍宗戚,篤窮交勵後學,人咸奉爲楷模。《宛雅三編》

許之漸,字儀吉,號青嶼,鼎臣長子。登順治乙未進士,初授户曹,旋擢御史,遇事敢言,彈劾不避權貴。巡按陝西茶馬,悉心簡閱,除一切陋規,蠹奸剔弊。居林下者數十年,近九十兒孫,五代兩舉鄉飲大賓,所謂三達尊者,兼有之矣。《七十二峰足徵集》

劉子壯,字克猷,黃岡人。己丑進士,廷對第一,授修撰。壬辰禮闈分考,旋請告歸,卒。鴻才碩德,未竟其用。公孝友性成,初出嗣叔父,叔父置媵舉二子,乃歸。嘗遊吳門,有小吏坐法繫獄,言於令得脫。吏鬻愛女得金爲壽,急諭止之。同鄉有難婦流落長安者,捐百金贖之,令與夫完。嘗假寐,恍惚見神人呼劉狀元,官不過五品,壽不及五十,殆有定數。所著《屺恩堂集十五卷》。《楚詩紀》

熊伯龍,字次侯,號鍾陵,漢陽人。順治戊子舉人,己丑進士及第,授編修。歷遷内閣學士,賦性孤介,礪名節,其文章衣被天下。甲午典浙江試,一榜中狀元三人,探花一人。督學順天,及官祭酒,凡鄉會巍科,多出其門。年五十三卒,著有《穀詒堂集》。同上

灊川宋嵩南先生,戊午科以第一人冠南國,乙丑科復以經魁宴瓊林。身躋史館,纂修之暇,吟咏甚富。嘗典試滇南,所拔皆知名士。居官則勤勞矢公,丁内外艱,皆有哀草以鳴慕,蓋先生忠孝之志,朝野咸仰矣。《嘯梅齋詩藁》,語多深厚,根柢性情,商邱中丞公序之謂:"其清芬而不艷,蒼勁而不支,亦如梅然。"士林稱爲確論。《國朝詩正》[按,嵩南先生宋衡,廬江人,康熙乙丑庶吉士,官至翰林侍讀學士。]

順治丙戌會試,杜月湖芳以庶吉士同考,得魏栢鄉裔介卷,已擬第一,後改十二名。李蓃棠本十二名,改第一。月湖評魏文稱"爲天下士擬之以蘇長公",果居撰席。而月湖分校次年即卒,栢鄉作誌銘述此云。《石鼓齋雜錄》

江蘇嘉定秦簪園先生,爲孝廉時續絃某氏,昏夕悲啼不止,問之曰:"妾幼許鄰村李氏子,父母嫌其貧,逼休改嫁。竊

念身更二姓,有乖婦道,是以痛耳。"秦聞之竦然曰:"何不早言,幾成吾過。"乃趨避外舍,命僕召李,李至,語之故,且曰:"今夕良辰,可於敝廬合卺。"所有奩資,舉以相贈。李感激涕零,莫知所對,三朝後夫婦叩謝而去。秦乾隆癸未成進士,大魁天下。《秋燈叢話》

張惟赤,原名恒,字君常,浙江海鹽籍海寧人。順治丙戌貢京師,以茂才廷試,當縉縣印綬。耻不由科目出身,不拜,更今名號"螺浮"。中乙未進士,補尚書郎,改給事中。出爲荆南道,未半載裁缺以歸。御史季振宜上言:"給事中張惟赤敢言,有大節,不宜放棄。"遂復其官。康熙癸卯主山東鄉試,先考功出其門。丙辰,卒於位。《樂圃故人尺牘小傳》

石韞玉,字執如,負文章盛名,而實道學中人也。嘗謂予曰:"我輩著書不能扶翼名教,而凡遇得罪名教之書,須拉襍摧燒之。"家置一紙庫,名曰"孽海",蓋投諸濁流,冀勿揚其波也。一日,閱《四朝聞見錄》,拍案大怒,急謀諸婦脫臂上金跳脱,質錢五十千,徧搜坊肆,得三百四十餘部。將投諸火,予過其齋,怪而問之,石曰:"是書所載,俱前朝掌故名士著述,無可訾議。而中有劾朱文公一疏,荒誕不經,逆母欺君,竊權樹黨,并及閨閫中穢事。有小人所斷不爲者,乃敢形諸奏牘,污蔑我正人君子。且編書者又逆料,後人必不深信,載入文公謝罪一表,以實其過。嗟乎!小人之無所忌憚至於此極乎?"予曰:"是何足怪?天下享重名者,必遭衆忌。況我文公少時出入經傳，泛濫佛老小儒，易涉堂奧，後得理學正宗。門墻高峻，而又有蔡西山、真景元諸弟子輔翼之。而日前之依草附木者，盡麾之門外。於是轉羞成怒，欲敗名而無隙乘。咸和殿兩劄有'大臣失職，賤者竊柄'之語，爲上遊所惡。而又劾唐仲友不法等事，觸忤宰執，遂文致其詞，貿然上瀆，一以雪擯斥之讎，一以逢臺垣之喜，此小人之肺肝如見者也。"石曰："然則文公何以不辨？"予應之曰："文公當孝宗朝，陛對者三，上封事者三，披肝瀝膽，詆訶近臣。孝宗開懷容納，令持浙江、江西之節。繼復有經帷之命，眷之愈厚，嫉之愈深，當時諫垣諸公，至有罪當誅戮之議。君子明哲保身，而動稱好辨僇辱及之矣。且理欲危微，毫釐必辨，仍恐疑似之介，貽誤後學。若立朝行己之間，天下萬世自有公論。譬諸執途人而指雪爲黑，指漆爲白，雖愚者亦知其謬，而猶待曉曉置辨乎哉？"石曰："君論誠佳，然此可爲智者道，難與俗人言也。"卒燒之。予曰："君可謂勇於從義者矣。"是年，石以南闈發解，庚戌應禮部試，爲臚傳第一人，其扶翼名教之功乎？《諧鐸》

康熙庚午，安邑王公尹方者，主試江南，士子多以淺學誚之。而公則務期遴選真才，揭曉人人觀望。儲同人亦趨赴榜次，路逢人輒問曰："解元是誰？"人曰："廟後劉輝祖也。"儲驚曰："王公識文者，輝祖中元，我名應亦不遠。"果中第四。是科文清奇濃淡，各極其妙，遠駕前明隆慶辛未會墨之上，故時人以爲江南珠璣被王公網盡焉。《識小編》

長洲彭定求，績學勵行，事親至孝。康熙丙辰會試，聞空中語曰："上帝以汝孝行可嘉，會狀屬子矣。"揭榜果中會元。殿試大魁天下，孫啓豐亦會狀聯元，祖孫繼美，今後起尤科甲不絕云。《紫垣隨筆》

今上元、二之間，昭宣鴻朗，天下文人稱爲極盛。其薦而遇者，若大學士劉文定公綸，雲南總督劉公藻，太僕寺卿陳公兆崙。其薦雖未遇而致身貴顯者，若尚書裘文達公曰修，沈公德潛，左都御史金德瑛。若仕未甚達與偃蹇以終者，爲桑調元、符曾、厲鶚、胡天游、劉大櫆、方貞觀等。然衡其著譔，豈以遇不遇爲增損與？《述菴文鈔》

平瑤海聖臺，甲戌會試出錢文敏之門，公嘗稱其館課"一鈎楊柳外，彷彿上弦初"。及公已卯典試江西，瑤海由庶常改縣令，奉調入闈。公途中見新月，懷瑤海云："涼風已見催秋去，碧漢何嘗待客還。不信一鈎楊柳月，此詩只合老途間。"《梧門詩話》

虞山汪杜林先生應銓，以康熙戊戌第一人及第，未散館即擢庶子，蓋異數也。雍正年，罷官家居，教授湖湘間。時江蘇巡撫邵公基，兩淮運使盧公見曾，江常鎮道馬公維翰，皆先生分校所取士。以書約先生歸里，不應。邵卒，乃歸而哭之，盧已降官矣。其性情倔強如此，詩特高朗諧暢，及第後答友人云："愛詠秋居別選坊，未嫌蝸殼自聊浪。市聲喧隔蕭條巷，雨氣香生瀲灩觴。客屢款門刪剩語，僮初移竹問栽。方

不才遭遇應過,分只合吟詩不合狂。"同上

　　壬子,余再攝翰林院事。檢舊牘見殘帙中《寒香草堂詩》四卷,湘潭劉侍御元燮作。侍御庚戌館選改御史,有直聲。陳星齋先生述其因,辭蒼梧道謫廣西佐貳,亦奇人也。詩甚和雅。同上

槐廳載筆

卷十五

夢兆

王涓來少宗伯說："劉修撰克猶子壯，中明崇禎庚午舉人，困於公車，至順治己丑赴會試。初入京，居黃岡會館。是夜夢一神人自空而下，類人間所繪畫魁星者，連呼狀元。劉驚起遜謝，顧曰：'數定矣，何遜謝爲？'是科遂捷南宮，殿試果及第第一。既入翰林，又一夕夢人告曰：'君雖狀元及第，然官不過五品，年不過五十'。時遇覃恩加一級，爲從五品，急請告歸，歸未久病卒，年四十有三。卒時命家人洞開窗户，仰視曰：'天樂迎我，我逝矣'。又曰：'我東華真君第三弟子也，今召復故位耳'。劉生平力行，功過格制，行不減古人。"《居易錄》

甲戌科經房，得人最盛者，翰林院檢討彭直上始搏。鼎甲二人，胡任興、顧悅履；庶吉士四人，黃龍眉、黃中理、周起渭、殷元福也。直上，鄧州人，故布政使禹峰而述子，諸生時執經於予。任興以辛未受知於予，俛得而復失。之後知爲任興，名解元也，惋歎彌日。今乃受知直上，信遇合有時，文章

有神也。聞任輿少時嘗夢登高山，手摘香櫞二枚，自吟詩云："手弄雙元小天下。"至是果驗。胡，辛酉江南解元。同上

門人丁丑狀元李蟠仙。李，徐州人，孝廉時常夢神人衣冠甚偉，手一合子付之，其中有黃金絲糾結如字形，令諦觀之，乃狀元二字也。至是，果及第。同上

喬進士夢蛟自言："十四五時將應童子試，夜夢一人如俗畫張仙者。謂曰：'汝欲登第，須與某同榜，宜切記之'。驚寤，隨識簡端。"喬長予一紀，予雖生，尚未命名也。自後每遇試，必遍覓賤名不可得。歲庚辰，余補博士弟子員，喜曰："果有是名，有是人矣。"至順治辛卯，喬中式，戊戌捷南宮，余於甲午鄉薦，疑此夢不足據。及辛丑，僥倖遂為殿試同榜，竟符所夢云。喬君樸實人近，偶談及，余不甚信。因出所識，歲月雖久，墨跡宛然，乃知窮通得失，信有定數，天下事又何足預計耶？《三岡識略》

建德馬生某，應癸卯秋試。已鎖闈，提調撫軍朱公倚几假寐，夢神告曰："天榜有馬天選者，尚未到。"朱曰："門已封矣，奈何及。"天明，有馬生因卷損求易。朱忽憶前夢，急以卷與之，囑令改名天選，并親加封印。榜發，果中式。藩司及學使者，皆莫知其人，公具述所自，咸嘆異之。見《祝氏卮言》。同上

大名黃之昇，與交河王瑄同赴公車。一夕謂之昇曰："夜夢天榜會元姓黃，其名模糊，不暇詳視，可預為子賀矣。"及榜發，之昇僅登榜魁，而元乃崇明黃君仍緒也。同上

壽州葉甲，丁酉中式第七，後緣事改名瀅，入學補廩。康熙戊午金陵鄉試，語同寓休寧戴錫蕃曰："吾夢場中首題是'點爾何如'一節。"併囑其從遊王宅三、王鑑各作一藝。戴以舊題熟擬未必出，置之。是科首題"抑爲之不厭"三句，夢弗驗也。越三年，辛酉，二王復科舉，戴又與同寓。因問其師葉，則去年七月作古矣。是科首題果"點爾何如"一節，出場時，二王相告以爲異。是科，戴中副車。《懷秋集》

順治己亥秋八月，再行會試，予與同年朱若臣士綏同公車。若臣夢看榜首姓朱，單名是金字偏傍，左邊不甚了了。予笑曰："年兄未必便中會元，得無爲他人作夢耶？"若臣具呈禮部，改名鎔。榜發，會元朱錦。《寄園寄所寄》

句容笪巡按重光，未第時，夢其父曰："汝功名在朝天宮某道士身上。"覺而信之，訪其人訂交焉。既而辛卯，金陵塡榜即某道士也。試官折卷到笪名，方訝其姓，欲易之，而道士聞唱名時，直書其姓名，遂得不易。同上

里有徐生者，少負時譽，讀書於光德菴中。一夕，夢神曰："我有文七篇在我座下，今科場題也。子熟記之，可膺首薦。"明晨往視，果有文七篇在焉。朝夕記誦無遺，及入場，七題無一爽者。和墨揮毫，茫無一字記憶，信筆終場，揭曉無名。及閱解元卷，即神座下七篇也。生遂終身寥落。徐生者，余爲童子時，習知其武斷於鄉，其或有遺行而失之者歟？《見聞錄》

康熙癸酉秋，海鹽徐屹年偕其姪容赴省試，後詣于墳祈夢。是夕，容夢忠肅公問："汝祈何事？"曰："敢問秋闈中否？"公顧吏曰："持文册來。"既至，閱畢，謂容曰："汝中式矣。"示以册面，上批"清晰"二字，且曰："歸語汝祖吳三桂一事，當報汝甲第也。"醒語其叔，亦不解所謂。既而榜發，容果入穀。謁其本房，閱卷中批語，并無"清晰"字樣。及主試刻試錄進呈，選容《春秋墨義》一篇，其批適於夢合。因共駭然，而終不晤所謂吳三桂者。復詢其祖，時年已及耋，亦茫然不記。久之，嘆曰："是矣！此事汝父亦不知之。吾曩有僕姓吳，有婢名三桂，因通姦，汝曾祖治之，幾瀕于死。吾力爲解勸，即以三桂配吳，已三十餘年矣。不意爲神明所鑒，貽福於汝，冥冥之中因果殆不爽也。"容，字介臣，中丁丑進士，尚在重慶食報，未有艾也，俞叔音言。《信徵錄》

李子靜學士，少隨其父如石先生官於吳，遇國變不能歸蜀，僦居錦帆涇側館於鄉間柴氏。柴氏子世俊，夢入玉京，試得狀頭，師得榜眼，以告子靜。子靜心喜自負，因拆榜眼二字之半合爲"根"字，改名仙根，仍回原籍應舉。辛丑傳臚，果中第二，狀元則馬世俊也。柴本姓馬，名偶符耳。如石先生名實，癸未進士，明末爲吳縣令，著有《賢聲鼎革》。後杜門著書，不以子貴易操，方巾布袍終其身。《觚賸》

近一生科舉，祈夢于公，夢公以始生葫蘆一枚示之。落第後，每科舉，每夢葫蘆漸大，見之則必落第，是生潦倒積七科矣。又當就試，復夢公出一人大葫蘆示之。生意悶絶，及入闈，見夾號兩少年，一曰胡，一曰盧。放榜，與之俱雋。蓋生初夢時，胡、盧始生，等其大等身，方得中式，此與相傳一夢絶類。一生每試必夢油漬其首，往往落第。後科試已畢，放榜之夜恐復見前夢，約與友人飲酒達旦。將曉，一蒼頭假寐大叫而醒。衆問其故，曰："方倦合眼，見一人挈油瓶注我主人頂上，故夢與之爭。"生聞言大慟，俄鑼聲疊至，哄報中式。吏人不戒，填榜時漬一油點於其姓上，向來之夢始驗。《湖壖雜記》

康熙近科，一上舍行之于廟祈夢，遇其鄰人自廟中出，因告生曰："我爲子嗣祈夢，神囑我往問解元。"生曰："若何所夢？"鄰曰："夢得瓜子一撮。"生曰："君無子矣。瓜旁一子，非'孤'字耶？"其人大恚曰："我問解元，何用爾語？"生祈夢竟無夢。放榜日，其鄰預立榜下待問夢兆。及開榜，第一名即生也。無夢而有夢，一夢也，兩兆之矣。同上

海寧楊少司馬雍建，甲午北京鄉試。闈中夢見一人提燈籠大書兵部二字，照之不去，是科中式，次年聯捷。尋以行取，授兵科給事，嘗曰："得無功名止此耶？"或曰："兵科非兵部，君請勿疑。"既仕至貴州巡撫，每以前夢爲疑。夫人曰："安知不更遷兵部耶？"後果遷兵部侍郎，其孫守文爲余言。《曠園雜記》

松江丙午孝廉金維寧，戊辰會試，初場交卷，天尚未明。

於明遠樓下遇宮詹沈繹堂先生,曰:"先生何以在此?"繹堂曰:"吾以生平無過,上帝命吾爲文昌祿,宰司科甲之職。"忽不見。而主考徐健菴先生夢見繹堂,明日得其令,嗣宗敬卷中式。《述異記》

劉克猷初登鄉薦,夢一人語之曰:"爾須朱之弼做房考,方中春榜。"及到京時,偶出寓散步,見數童子攜書包經其門。一童子最秀出,遂拉其手與談,見書上寫學名乃朱之弼也。大驚,隨之至其家,見其父乃開柴廠主人。因與款曲,將筆墨數事贈之。後遭流寇之亂,屢次不赴春官。及己丑會試,朱公已爲禮垣分校,得首卷即克猷也。又康熙壬戌,金德嘉在楚作教,不肯會試。俄夢劉克猷以門弟帖拜之,因北上。是年,朱公禮闈總裁,而金儼然會元,始信夢兆之異。同上

泰州宮懋言,中康熙癸未榜十八名,爲詩四房李編修鳳翥首卷。其祖偉鏐,中崇禎癸未榜十八名,亦爲詩四房李翰林士淳首卷。當懋言公車北上,夢祖與之履喜曰:"是繩祖武之兆。"果符其言。《西陂類稿》

無錫鄒忠倚,舉進士第一。微時游錢塘祈夢于于忠肅祠,忠肅授以瓜子一握,數之得五十四粒。後閒居,其夫人偶以"瓜子"作"狀元"二字。忠倚見之而悟,數之如前數。壬辰,既舉南宮第一。癸巳復考,列詞臣第一,時呼"兩狀元"。《查浦輯聞》

李漁村,名澄中,諸城人。康熙壬子拔貢生不利,秋試,

一夜夢人持二册子示之曰："此鄉試録内無君名,彼乃有君名。"睇其上有"特恩"二字,卒以鴻博入詞館。少與劉子羽稱石交,子羽見薛臣《八才圖》謂："貌似李于鱗君亦嘗夢人授一卷文字,曰:'此汝作也。'醒記數言,是于鱗《華山記》中語,乃恍然自失焉。"《紀城文稿》

翰檢貴陽周起渭,以康熙乙酉奉命典浙江試。既入浙境,夜夢有神人衣冠,捧黄裹至其前問之曰:"此今科吉祥榜也。"比發榜,第一人爲詹銓吉,殿榜曰戚麟祥,果符其兆焉。《隙光亭雜記》

鄧林梓,字肯堂,邑人也。順治丁酉將赴省試,祈夢于韋蘇州廟,神示以"中式力田"四字。肯堂竊意,是科可中。但當從此知止,歸老田間,無望科甲矣。迨榜發,邑中陳溯潢父名式,力田者,合之爲"男"字,言"中式男",鄧無分也。《柳南隨筆》

歲戊午,嘗宿錢塘江,夢兩水物從沙壖中扛金字牓出,立舟前,蓋三夕而三夢。其一則"上元甲子"四字也,兹以壬申恭遇慈寧六十萬壽恩科,金榜獲名,乃徵先兆。《攃石齋詩集注》

李又聃先生言:"昔有寒士下第者,焚其遺卷牒訴于文昌祠。夜夢神語曰,'爾讀書半生,尚不知窮達有命耶?'"嘗侍先姚安公,偶述是事。先姚安公艴然曰:"又聃應舉之士,傳此語則可;汝輩手掌文衡者,傳此語則不可。聚奎堂柱有熊孝感相國題聯曰,'赫赫科條,袖裡常存惟白簡;明明案牘,簾

前何處有朱衣'。汝未之見乎？"《灤陽消夏錄》

蕭山韓其相先生，少工刀筆，久困墰屋，且無子，已絕意進取矣。雍正癸卯在公安縣幕，夢神人語曰："汝因筆孽多，盡削禄嗣，今治獄仁恕，償汝科名及子。"其速歸，未以爲信。次夕，夢復然。時已七月初旬，答以："試期不及。"神曰："吾能送爾也。"寤而急理歸裝，江行風利，八月初二日竟抵杭州。以遺才入闈中式，次年，果舉一子焉。《如是我聞》

汪編修守和爲諸生時，夢其外祖史主事珥，攜一人同至家，指示之曰："此我同年紀曉嵐，將來汝師也。"因竊記其衣冠形貌，後以己酉拔貢，應廷試，値余閱卷，擢高等。授官來謁時，具述其事，且云衣冠形貌與今毫髮不差，以爲應夢。迨嘉慶丙辰會試，余爲總裁，其卷適送余先閱，復得中式，殿試以第二人及第，乃知夢爲是作也。《灤陽續錄》

乾隆甲午歲，河南臨穎陳翁有子某，爲名諸生。時方鄉試，翁于家營建客廳，忽折一梁，差人於鄰村尋買。翁鬱悶，晝寢。工匠亦偶無事假寐，夢至數里外一集市，見有奔走匆忙者，如報録人狀。匠問曰："汝報録人乎？"其人曰："然。"匠曰："某村陳秀才曾否有名？"其人曰："有之。"匠曰："汝不識路逕，吾爲導引至其家何如？"其人言："不敢煩勞，自當得星而往。"匠曰："于夜間報之乎？"漫應曰："然。"醒，言于翁，翁亦與同夢。及客廳落成，署匾因係陳姓，又以夢徵，額曰"德星堂"，用太邱故事。已而榜發，竟無名，以爲夢不足信。及丁酉歲始捷闈中,詩題爲"德星聚主司項太史家"。逵戚民,曹蓼生,一爲德清人,一爲星子人,德星之説,蓋驗于此。《水曹清暇錄》

江南太學生顧某,雍正壬子應試北闈,夜夢人謂曰:"子南榜孝廉也,宜遠歸。"醒而喜甚,時届七月中旬,恐已過錄送期。憶素館八座某公與學使有舊,乃乞其書,星夜南馳。抵金陵,遇夏君之蓉於秦淮河上,形容顑頷,問之曰:"學使遺名,祈補無策,獨步河干,聊自遣耳。但君應京兆試,何以來此?"顧言其故,夏懇於書中增己名,許之。書入,二名俱補錄。迨榜發,夏高中,顧竟被落。《秋燈叢話》

江西周力堂先生,應雍正癸卯鄉試,主司何淡菴先生闈中屢夢人謂曰:"三男作解元。"以爲其子登科兆。是時,周試卷已被房考塗抹棄置矣。何定榜首,無愜意者,搜得之,深加讚嘆,謂:"章羅復出。"閱卷面則男字三號也。悟前夢,遂取冠多士。同上

又某省有書吏,夢其子中若干名。入闈,書榜將至其處,驚喜交迫,不能執筆。監試怪而問之,以夢告。恐其暗通關節託辭於夢者,易其卷,并更他吏填寫。及唱名訖,吏躍然曰:"此真吾子也。"同上

海寧陳孝廉遇堯,乾隆壬申恩科赴禮闈。夢二友造訪,乃浙江壬子及江南甲子兩孝廉也。方欣然道故,忽喧傳寇至。陳倉卒欲踰垣走,甫舉足,即騰身霄漢間,而墜失一屨。

顷见二友招之下,遂拉與偕往,覺天氣昏惨,不類人世,頓悟友故已久,何得至此,叱之而醒。以告同人,咸不解。而陳每疑爲不祥,場畢,董曲江聞其事,謂人曰:"陳子捷矣。"或詰之云:"今科首題'君子有三畏'節,乃壬子浙省所已出者。次'果能此道'節,又與江南甲子同題。'聞寇失屨'非三題,業屢弗得之意耶?至置身雲路,當爲飛騫之兆。但與泉下人相周旋,恐享年不永耳。"榜發,果雋,不踰歲,竟赴玉樓之約矣。同上

乾隆甲子江西鄉試,康公五瑞於考官入闈時,不覺見獵心喜,夢己亦與試,中三十五名。及榜發,三十五名則張五瑞,南康人也。張與康同名,而夢先兆之奇矣。同上

中州有士人某,入闈神思瞀亂,竟日不成一字。及夕,夢人謂曰:"汝若做一字,便不能中矣。"醒而不解其故。至次日晡,猶未成稿。忽聞鄰號大呼可惜者,再驚,往視之,則卷面爲墨瀋所污。其人面色如灰,慨然嘆曰:"余諸作頗費經營,惜時迫,不及易卷,君如不棄,願以相贈。"某喜而受之。及榜發,中魁選。越數日,同號生來賀云:"君必有大陰德,故造物令我爲君捉刀也。"某曰:"生平無他長,惟某年月日山行,天將晦,見少婦策衛而馳,忽失足墜澗中。呼號無應者,彼時急於拯溺,不但不及於亂,即邪念亦未敢萌,送至坦途而別。"同號生憮然爲間曰:"噫!此天罰我以報君也。"先是婦以情告夫,夫疑莫釋,遂離之,蓋即同號生之妻也。時其婦尚未改

適，歸而親迎焉。同上

范浣浦咸，雍正癸卯聯捷，入翰林。先是夢得泥金賀帖有"齊第五"三字，鄉會首題第五字皆"齊"字，"子華使于齊"一節，"道之以德齊"一節。咸安宮學生，向少科第。浣浦謫官，充教習。丁巳，觀補亭德定圃先生，李質穎諾敏皆聯捷，館選一時稱盛。《石鼓齋雜錄》

益都馮文毅公溥，先考功座師也。崇禎己卯登賢，書報至，方熟睡，家人呼之不醒。太夫人大驚，令扶起以水噀之，夜半方晤，云："夢登泰山，雲氣蓬勃，擁之而行，回視五大夫松、十八盤、三天門，歷歷如向時所見。至則結一席殿縣錦繡于門，眾樂齊作，酒肴咸備。碧霞元君親領眾仙，隨之成禮將退。適聞雞鳴海中，紅日如車輪湧出，遂驚寤。寤時猶帶酒氣，公燕臺雜感云，'曾登嶽麓譀天門，縹緲霓裳醒夢魂。跨鶴仙人傳玉琴，驂鸞侍女奉金根。秦松龍蛻鱗含雨，漢碣苔封篆有痕。欲溯滄桑尋往事，海波澎湃湧朝暾'。蓋紀其事也。"又於康熙辛酉七月，夢一人欲求見，亟整衣冠出，不見一人，但見群犬亂吠，似有物异之。行行數里，見道旁臥一石牛，大如象狀，亦不類世間牛，一人執鞭語云："此觀音大士送汝乘者。"遂乘之。牛即起，立行步穩。適至一處，茅屋數間。馮下牛，入門見一老僧，彼此不爲禮，但語馮云："汝自今慎，諸莫思議。"因指壁間畫云："譬如此畫，樹即是樹，水即是水，石即是石，何用思議？"馮云："師所見止此，抑尚別有？"僧亦不言，第以指云："途尚遠，好事儘多。"旁復有一僧以拂指云："汝非凡人。"馮笑云："誠如君言。"大士送牛尚在，遂別去。過一牌坊，候牛不至。馮呼之來，別有一牛，狀相類，因相逐而走。馮云："汝去，余何所乘？"旁忽有勇夫手執磬槌擊之，牛咆哮作吞噬狀。其人將磬槌寘牛口中，牛即俛首順從，其人牽之至。馮復乘之行數里，至村店，僮僕數人候馮云："飰熟。"馮乘牛入店即寤，紀以詩云："不犯禾苗露地牛，餐風卧雪幾經秋。本來草料無教少，認得家園即便休。"《種李園詩話》

翰林某供職京師，有子年幼聰俊，意其不凡，夜夢神謂曰："爾子科名須馬世俊領榜。"覺而訝之。一日，偶倚門首見一總角童子，狀貌岐嶷，挈書篋過其前。將就傅取帙，姓名恰爲馬世俊。心詫其異，隨訪之，家徹貧。使人招以來，與兒同習舉子業，相得甚歡。聚處有年，馬忽以病歿，翰林乃悒然心傷，謂："疇昔之夢殊惡，馬既夭，兒可知也。"後數年，其子登第，狀元果馬世俊也。吾嘉許潛壺自俊，宿學能文，崇禎癸酉舉人，屢躓春闈。與蘇郡繆封翁某友善，嘗至其家，言及下第，輒欷歔不自勝。封翁子方數齡，適在坐，慰之曰："許伯無憂，我中爾。"封翁叱之止。嗣後，潛壺頻試輒蹶，而封翁子以妙年及第，官修撰。康熙庚戌得列房考，潛壺以是科成進士，正出繆公房，年七十，距鄉舉三十八年矣。揭榜，偶至他寓，友賀之潛壺曰："進士之願遂矣，奈出小繆房何？"繆公適坐內，趨出曰："許伯父，小繆在此。"潛壺頻首謝，有赧色。由此觀之,科名遲速數定之矣,不可強也。康熙丁酉,先君子省試于京兆,與鄒先生升恒同寓試。後俟發榜,共約骰百擲,六子皆紅者中。頃之,擲至百,皆無。先生憤,猛以骰擲盆中,得五紅,其一軼出,舉燭尋至牆邊,骰亦紅。狂喜,供于几。夜半聞報聲不絕,而寓中寂然,以爲骰不足憑也。黎明報至,則中爲南元。《質直談耳》

執丈戴勻齋先生彬,粹學恬淡。乾隆丁酉科,未赴省試。八月初一日夜,夢入棘闈,諸生立階下,上坐朱衣人。有頃,一綠衣老者至,與朱衣并坐,語良久。命題各給一綠玉簽,書姓名其上,交簽置大籠中擾亂之。朱衣人向籠中取一簽,階下喧傳,榜發唱名,解首吳一騏,第二嚴謙,第三即唱先生名,醒而異之。是科解首、第二果符夢境,第三則杭州戴檀也,姓同,名之木旁亦同,然非一家,兩不相識。入于夢中,感此應,彼不可解也。或爲先生是科當發解,以未入場,故易人耳。《淮海錄》

元和施陛錦,江南庚子解元。是歲元旦,本路門斗至賀曰:"相公今歲高發矣。"笑詰之曰:"早晨郡廟進香,見神座一榜首列尊名,故來報喜。"至期,諸生束裝應試。施無科舉且貧,欲不去。門斗促之,且曰:"相公所慮盤費,我本送考,同往可耳。"錄遺案三續,施竟無名,怏怏欲歸。會有某秀才游兩廣督署,夜夢一神語曰:"江南無解元,侍汝去。"醒後自思考期已近,錄科不及,遂置之。次夜夢前神怒曰:"汝不去江南,無解元矣!"某爲主人述之,主人以驛馬贈送,到江寧已八月初五日。文宗知某一時名士,即與施名補出入場。頭場題爲"歲寒"一節,施曾以是題擬作文意,頗自得。有友人同號,忽握卷至施前曰:"尊作已録卷,君可更作。"施無可如何,勉搆新藝。是科施竟解元,某與友不售。《廣新聞》

吳門長邑舉人陳堯叟,雍正癸丑年將赴會試。夢至一所官闕壯麗,遙見殿上坐一王者,兩旁隨侍甚衆。正窺伺間,忽聞呵聲。隱隱旋見一偉丈夫,鬚髯若神,從中門進,陳雜於護從中,隨入王者出迎,分賓主坐客,問曰:"今歲會墨若何?"王曰:"君少坐,我爲誦之。"自第一名至十八名爲"君難"二句題文。陳詢之從人曰:"此文昌帝,來者關聖也。"陳素穎醒後,猶歷歷可記,即披衣録出。日將元卷誦熟,入場,題目果符元卷。杳不能記一字,勉强草就。自度功名無分,有友同號者以文相質,閱至二行即賀曰:"君作第一人矣。"友問故,陳細告之,且掩卷誦下篇,一字無錯,友大駭曰:"十八篇文君皆能誦否?"曰:"當時意在會元,餘文皆已忘卻。"後榜發,陳中十八。檢舊所録,對之悉合。後視魁墨,無一卷悮者。同上

海寧祝琦,康熙丁巳科解元也。塲中題是"譬如爲山"一節,出塲後,覺通篇得意,而中二股有數語未愜。夜夢至文昌殿中,帝君上坐,旁列爐竈甚多,火光赫然,祝問:"何爲旁判官?"長鬚者笑曰:"向例塲屋文章必在此用丹爐鼓鑄,或不甚佳者,必加炭火鍛鍊之,使其完美方進呈上帝。"祝急向爐中

取觀,則己所作塲屋文也。所不愜意處,業已改鑄好矣。字字皆有金光,乃苦記之。一驚而醒,意轉不樂,以爲此心切故耳,安得塲中文如夢中文耶? 未幾,貢院中火起,燒試卷二十七本。監臨官按字號命舉子入塲重録原文,祝入塲,照依夢中火爐上改鑄文録之,遂中第一。同上

秦簪園,名大成,與其中表某赴會試。夜夢至文昌宮中,適關帝至,問:"今歲狀元何人?"文昌以某對。忽見一婦人跪帝前云:"某爲我夫弟,夫死後,某凌虐備至,憂鬱致死。"文昌曰:"此人短行,奚可大魁天下?"特上帝選才甚難,殿試已近,誰可易者? 關帝曰:"查後科,何人易之,申奏。"未遲,有一吏捧册跪進文昌曰:"今歲且以秦大成爲狀元,惜功名豫得未免減算耳。"是歲,秦果第一,某竟落第,未幾死。簪園主講平江書院,每舉以爲諸生戒。同上

丙午鄉試前二月,顧進士禮琥,夜夢在護龍街見一牌樓,上書"張祖勳"三字。傍一人語曰:"過此可中矣。"醒後自思,己中此夢何因,向其徒黃一機述之。黃曰:"此乃長洲學生,機友也。"告于張,張甚喜。後竟頭場貼出,掛名大公坊,己酉科乃爲江南第一。同上

李石渠殿圖,嘗夢人語:"遇亨而通。"不解所謂。乙酉出劉侍讀亨地房,丙戌出盧學士文弨薦,中撥入紀太僕復亨房,而夢乃驗。遂由翰林科道廉訪閩中。《秋坪新語》

晉曲沃拔貢李弱侯宗鄴,於乾隆戊午科鄉試塲。中夜夢

张榜,已身中解元。视其名,上下二字分明,中间一字糢糊。醒以语人,乃放榜,则榆次李鄴也。可见事属前定,未免睡魔弄人。李后举乾隆己卯科乡试。《闻见瓣香录》

乾隆戊戌科,江西戴莲士修撰衢亨大魁天下。是岁元旦,有人梦见天榜状元。初则常州奚某也,既而易戴。闻空中语曰:"奚某之父病其聘媳貌陋,不足以为子妇,卒休之。戴之外舅恐女形醜,求他择戴父,子卒不许。夫妇大伦,其设心为何如也,故黜奚而易戴。"《二云出房赘笔》

乾隆甲子,桐乡陈宗达乡荐。其父于揭晓前一夜,梦人倒提一大鼠首至其家。占之,疑末一名也,报至果然。《春水居笔记》

叔祖稼村先生源亨,雍正壬子孝廉,乾隆丙辰应礼部试,未移小寓。入场前一日雨,因投友人沈君寓就宿。沈不纳,恳之而怒曰:"夺吾南宫矣。"怪而询之,则沈昨梦一异人,头戴土,手执戈,入室刺之。解字,即戴也。同人强之,遂留。榜发,沈果下第。后知沈卷同房同荐,总裁于中式时将二卷比较,卒弃沈卷,果符所梦。《松门日抄》

武进李梧阳先生,名瑞冈。乾隆癸酉科江南乡试,甫入闱,有同乡友王某先在号。俄而,奔告之曰:"顷假寐间,梦此号中李五全必中。吾遍访同号李姓有三,无名五全者。"梧阳先生应之曰:"如是,我中矣。我卷上却有'五全'二字。"盖时方各习一经,有习五经者,则卷面另注"五全"二字,先生习五經者也。榜發，果中式。先生初名煒，累應童子試不售。癸亥元旦，有好友劉珂園先生名琛，夢見黃榜中有李瑞岡姓名。旁一人指而告之曰："此汝友李某也，今年當進學矣。"覺而告之，李縣試即易瑞岡名。是年，果入泮。至癸酉，捷鄉試；庚辰，捷禮闈，入館選。先生自序云："題名偶爾兆，每在好友夢中，豈定數耶？"《紫垣隨筆》

太倉貧士喪偶，遺一子。九歲攜赴金陵應鄉試，其子自隨父出門，想欲從入場，未敢啓口而心神專壹。無時，或釋士至白門，寓淮清橋畔。入場，以子託房主照應。頭場畢，歸寓，房主迎門告曰："自先生進場，令郎酣寢不醒，似夢魘。然頃甫起盥洗矣。"怪之，則曰："與父同出場耳。"父詰之，謂："父點名領卷，入龍門時，墨墜不見，兒同尋覓得之。"異其言確，詢乃細述。入場時，見無數青衣吏卒，簇擁一大轎至，禁不許，前轎中人審視良久曰："穉幼無妨也。"然後敢入。閒游東西號舍，無不周徧。頻視父所坐號，問食求湯置不答。傍晚聞散紅燈，隨卒行每號插在瓦檐，有多有少，甚至空無所插者。父號亦插一燈，詢卒云："是新科中式士子。"心甚喜。既而，一號檐插有二燈，又問之云："此乃解元也。"向其人問姓氏籍貫，實不答，特認識其狀貌耳。父以爲夢境，何足信？三場竣，束裝赴水西門外，搭船欲歸，子隨後牽父衣低語曰："前所行者，掛雙紅燈者也。"趨與周旋，各道姓名，子亦叩見談次，將夢中所見述之。其人曰："我有女九歲，如彼此俱不中，或有中有不中則已。倘得同榜，當締姻訂期十月朔，赴江陰學使署，填親供時相晤。"榜發，一元一魁，如約往江陰。倩同年二人，蹇修成禮，遂傳爲佳兆。《南窻雜志》

襄城劉太乙先生青藜，康熙丙戌翰林。鄉舉前一年，夢人持一簡題云："太昊陵邊思故鄉，兒女織錦千丈長，那解刀尺作衣裳？"謂先生曰："此明年科題也。"先生熟思，久之曰："其子在陳章乎？"覺而異之，詩以紀焉："文通授彩筆，子雲吐白鳳。古來瑰偉人，奇怪事頗衆。而我獨何爲，廋語偏入夢。覺來味厥旨，反覆轉憹憹。十年走名場，銳氣消磨礱。伯倫醉不醒，嗣宗腸常慟。攘臂復何心，鬼神乃嘲弄。抑豈憐我拙，客居如羈控。發矇指迷途，詭語示微諷。晨昏離庭幃，甘旨缺親貢。衣給陌上桑，蘁盈屋角甕。豈必舌爲耕，始足免飢凍。中宵坐且起，歸心勃然動。敢以金石言，蕉鹿等蕢蕢。"《梧門詩話》

槐廳載筆

卷十六

因果

延陵巢震林，壬辰禮闈中式一百六十二名。以他事被革，落魄歸，不復以進取爲意。友力勸，不得已再上公車。及榜發，則仍一百六十二名也。夫名次前後尚一定如此，人豈可徼倖非分也？《三岡識略》

順治丁酉科，豫章一士子入闈中，作文謄寫已畢，甚覺愜意。忽見魁星跳舞其前曰："汝今科狀元也。可書'狀元'二字于我掌上。"士子大喜，促筆纔書一"狀"字，魁星倏以手反撲印於卷面而去，此卷因是不得謄進，蓋士子頗善吏筆也。《訒菴偶筆》

吾邑王觀子有俊才。童時讀書僧寺，見廡下木像斷爛，仆地戲溺其首，夜夢神怒曰："汝不過舉人縣令，敢爾無禮。"逾五年，補諸生鄉試，值號舍有同庚生者吳某，月日時悉合，定交闈中。是歲，吳中式，王被放，終以窮老悔艾無及。每舉以戒後生，吾友黃玘公親見，其言如此。《矩齋雜記》

壬辰，予與吳道南、沈禹玉會試，共寓都城峨嵋寺。予語道南曰:"'參乎'全章題,曾揣摩否?"道南曰:"未也。"時已二月初六,將進闈矣,道南晚作此題,文止三百餘字。予爲評隲,訖語曰:"予一時未能收束,作短篇不能與兄同門也。"及至小寓,將進場時,同在炕上,予偶云:"道南昨作'參乎'章好甚。同人取閱,而禹玉注目多時。"予謔之曰:"君欲抄其文耶?何閱之久也?"予與道南、禹玉卷,俱在王公舜年房內。道南中式,批予落卷"有人患才少,君患才多,再一整鍊,自拔前茅"語。禹玉"已得復失"。閱其落卷,即次題"參乎"全抄道南新作,因雷同而黜道南。初謁房師即云:"場中兩卷俱好,惜二題重複。"鄰房李公曰云:"既抄時文,何不兩棄?"王公云:"必中其一,心乃安。"李爲拈鬮,乃得吳而棄沈。予曰:"此有天道存焉。喜以文請教人及好抄人文者,均當以是爲戒。"《寄園寄所寄》

陸孝廉,名在新,字蔚文,蘇州人。順治乙酉夏至虎邱,見一幼兒啼哭,問之曰:"九歲,揚州人,姓韓,過江爲大兵衝失。"陸即裹糧送往,時僵尸滿道,步至鎮江,徧覓韓氏,舟還之,其父母感泣。是年,陸父病篤,夢朱衣神曰:"爾子有還兒之善,增爾壽三十九年。"父病尋愈。陸又館于他邑,一日歸,忽有館隣女婢泣,奔舟欲相隨。陸拒之,婢將赴水,急訪其母家還之,并告其主速擇良配。康熙丙午,赴句容途中拾銀一包,特留旅店候失物者至,還之。是科場中,閱至陸卷,彷彿見陰兵無數,又忽現"金書三還"大字,房師異之,郎中式。《果報見聞錄》

吴縣郁進士裴，字肇名。少爲諸生，家貧，授徒讀書作文外，弗問戶外事。順治丁酉舉於鄉，時南闈貪緣事發，詔覆試。明年集京師，試以詩、賦、頌、解，郁少不習詩，是日，詩賦成，有古意。試春官不第，歸，仍授徒。未幾，江南撫臣以誤課網紳士，悉褫革，郁以註誤名隸籍中。憤甚，走京師，控於部，然不攜一錢，部勿與直也。歸益貧，仍授徒，讀書作文無少間。康熙十六年，軍興廣例，得賜復會試，成進士，年已六十五矣。性質直，無城府，遇人無貴賤，輒率意與語。無餙詞，有所拂，無慍容，然澀於口。欲言則曰“赤赤”，或戲之曰“先生赤赤也”，郁怡然再呼之。輒應館選，名稍殿，憤而歸，仍館於門生家。辛酉春，忽病，未幾死。死之前三日，謂子若增曰：“夜爲嶽神賜宴，命我掌書記，若等宜往廟謝。”又日曰：“昨上帝有使至，敕下矣。”又日曰：“頃見攜冠帶至者，曰某縣尹趣行輿從已備，我當去。”遂索筆，書一紙，付家人，投筆而逝。先是吳郡有范翦者，曾捨身爲吳邑城隍隸。病疫死，死三日，心微溫，後始甦曰：“憊矣！爲郁進士起身，累我足三日不得停。”家人叩之，曰：“郁爲泰安州城隍，迎官者皆山東人，本縣城隍餞行，我攝是差三日，今早始發舟去。”而郁適於是日卒。《曠園雜志》

康熙己酉，江南鄉試。宿松令朱維高入內簾，取中一卷，明晨擬首薦。夜夢關公謂曰：“某人不可中，因手書一‘潘’字。”次日忘之，以卷呈主司，初加稱賞，忽以筆抹“險阻”二

字。朱堅請曰："中卷中有此字者甚多,似不應抹。"即命朱浣去,及浣而墨漬透數層矣,竟被擯。《尊鄉贅筆》

崑山徐太翁,當明末土寇竊發,擄婦女數十人藏于徐氏。賊將他出,屬太翁善守之,歸若少一,當取汝命。賊去,太翁各詢其丈夫、父母、家親,送還之。婦女皆叩頭流血,感謝大德。太翁亦焚而逃矣。國初定鼎,土寇削平,太翁三子,長乾學,次秉義,三元文,皆鼎甲八座。其門對一聯："侍郎尚書都察院,狀元榜眼探花郎。"鄉里榮之,皆太翁陰德之所報云。《感應篇》

康熙癸未,江南士子赴都會試。解元某負才傲物,陵轢同輩,每曰："今歲狀元舍我而誰。"同輩不堪其侮。既至京師,試期且近,同舍生夜夢文昌帝君陞殿傳臚及唱名,則某果狀元也,同舍生意竊不平。未幾,有女子披髮呼冤曰："某行止有虧,不可魁多士,須另換一人。"帝君有難色,顧朱衣神問之,朱衣神曰："萬曆間亦有此事,以下科狀元移至上科,其人早中三年,減壽六歲,此例今可照也。"遂重唱名,狀元為王式丹。旦起,某大言如常,同舍生告之以夢,某失色曰："此冤孽難逃。"匪特不思作狀元,并不復應試矣。亟束裝歸,半途而卒。是科狀元果王式丹也,壽六十。《續子不語》

丁酉科,龔太史大萬及姚主政梁同主粵西試,首題為"斯民也"二句。某房考得一卷甚佳,欲行呈薦,夜夢一人告之曰："此卷必不可薦,其人三破人婚姻,大損陰隲,必不售。"某以夢寐不之信，乃薦。之後復夢其人曰："某卷係抄襲陳勾山兆崙舊作，《窻稿》中有其文可查也。薦而不售，其衣巾尚在；薦而獲售，援新例必除名。汝雖無大處分，何執拗如是耶？"某以夢白於主司，共言："吾輩識勾山文筆，足徵眼力，若置前列，恐致人疑，或遭磨勘，附榜末應無害也。"及到部磨勘者，復夢如前，因以抄襲陳文除名，蓋定數，果報不可逃也。《水曹清暇錄》

山左蒲留仙好奇成癖，撰《聊齋志異》。後入棘闈，狐鬼群集，揮之不去，竟莫能得一第。同上

乾隆戊子歲，黔中秋闈，貴州鎮寧牧山左王石潤執事外場。至薦卷期，忽傳內場火起。驚詢其故，知非真火也。蓋緣房官某嗜飲，日夕時闌入醉鄉，秉燭閱卷。得一卷文頗佳，酒後興狂，輒用墨筆圈批。既醒知爲誤用，深惜而悔。然違場例，置之案頭，弗敢薦也。次日，晚飯罷，主考與各簾官論文之頃，而此公房內突然火起，群奔而救，至則寂然。環相詫異，視之案頭有一卷，主考閱之，竟可中元。詢以因何不薦，始悉前故。主考曰："何妨即作吾圈批者。"竟領解。及折封填榜，知爲蕭鳳翔。皆以爲蕭生陰德之報，然中後，蕭生不認房師，而以鬼爲師，其亦謬矣。同上

乾隆丁酉，陳殿撰初哲與程主政世淳主秦省試。程中定二十五卷，送陳閱。內某號一卷紕繆甚多，陳欲去之，以備卷頂補。方欲粘簽，即聞鬼聲四起，徐至窻外長嘷，尋入室中揶

揄,擾至黎明,諸鬼乃去。陳以考院久無人居,疑狐爲祟,亦不之怪。造程商酌去取,程聞之大慟失聲,言曰:"先君子皓首科場,三經獲雋,皆以正副主司意見不合,抑落孫山之外。由今追昔,不覺感傷。至此卷之疵纇,愚亦見之。其去取原無成見,第以愚念及之,情不能禁,祈于格外錄之。"陳勉從其請。榜後來謁,則祝振聲,一村學究。二公爲歷言其故,詢以有何陰隲。祝因自敘,春夏務農,秋冬訓課,不惟不能爲陰隲,亦不知何者爲陰隲。固問之,乃曰:"幼受文昌陰隲文。二十八歲時,每晨漱口焚香拜讀一過。今五十八歲矣,行之三十年不倦,生平惟有此事,他無所知。"二公曰:"汝能讀即能行,即此已是陰隲。"因厚贈之。戊戌,公車赴禮部試,見其人樸誠無文,吶吶如不出諸口,其言或不誣也。同上

江南王孝廉晉原,博學能文,爲南中名宿。雍正癸卯發解後,終身不赴禮闈。人疑而詰之,曰:"余少時與妻不睦,妻忿而自經。嗣後入闈,至夜分輒出相擾,卷幅非墨污即燭煤,每試皆然,不能終場。及癸卯春,加意揣摩,鍊熟文機。入闈,日將夕,真草俱畢,復恐其攘,取乃藏束衣內,危坐以俟夜分。妻至,覓卷不可得,嘻笑曰,'爾誠狡矣。然今科應中,亦爾命也。但一之爲甚,勿庸再涉妄想,明春俟於黃河岸側,斷不容爾北渡'。忿忿而去。遂絕意進取,終老於家。"《秋燈叢話》

海陽修符,赴乾隆庚寅恩科鄉試。途遇夫婦二人攜幼子

哭之哀，異而詰之，乃貸富室金，將鬻子以償者。修惻然曰："爾鬻此子，猶有他子乎？"夫婦曰："四十餘矣，只此一脈，計無所出，不得不割愛耳。"修乃計其所需，傾囊與之，兩人泣且拜。願求姓氏，修不告而去。及入闈，題爲"孔子於鄉黨"句，屬思未就，夜夢老人告曰："此題作兩扇格必元。"遂驚覺，即以宋、魯分股。場後，見一人泥首於地，視之即鬻子人也。堅請過其家，甫入門，見壁懸像一軸，與夢中叟宛然無二。詢之，爲乃父之遺像。及榜發，果登首選。同上

江南郭生，名士也。雍正壬子鄉試，文機頓塞，竟日未及一字。鄰號一老叟吟哦自得，頃之聲寂，俄拍案大呼。趨視之，卷幅血跡淋漓。訝詢其故，云："三藝成，頗自喜。忽神倦，伏案而寐，見二人來，引至一處，宮闕嵯峨，有王者南面坐，責吾前世負郭某三千金，當酬以三藝。驚寤而鼻衄盈卷上矣。此行無望，但不知郭某爲何如人？"郭聞之，矍然曰："我是也。"取卷面示之，名姓不爽，叟舉授郭，遂冠多士。同上

蔡寅斗，江左名士也。公車入都館某氏家，其家主人物故已久，唯主母孀居，撫一子一女一老僕，已歷三世矣。誠愨忠靖，主母待之甚厚，僕亦素重蔡名，甚喜。幼主得師，敬禮不替。會主母將嫁女，乏粧奩之貲。畿內有田數頃，使僕徵其租，以歲歉去月餘，僅獲八十金以歸。計之不敷用，仍付之，曰："諺云'飯到口，錢到手'，零星費去，至時愈不足用。汝姑收貯，待取足總繳可也。"僕諾之而退。自念身常出外，

妻子頑鈍不解事，倘此銀有失，大事去矣，乃攜入館中，以情告蔡，乞代爲收貯。時左右無人，蔡即納于箱中，而鐍之曰："汝第去辦正事，寄此無妨也。"僕謝而去。又半月，徵得餘金復命，主母索前項，僕曰："在蔡先生處。"即往索之，蔡不承曰："汝那得有銀寄我處？"僕曰："先生無戲言，可即見付。"蔡怒曰："何物敢來誣我？我爲汝家教子弟，豈爲汝家作看財奴耶？不速退，當惹老拳矣。"僕大驚，爭辯不已。蔡聲色俱厲，即刻欲解館。主母聞之，立門外揚聲慰蔡曰："先生勿氣，吾當爲先生責此叛奴。"蔡始不言。主母呼僕入，痛責之曰："先生讀書人，且南方名士，希圖我家數十兩銀耶？此必汝將去，自救燃眉，卒乃誣妄好人。吾母子孤兒寡婦，出門跬步不能行，所賴者汝一人耳。今又如此，尚何望乎？"言訖，掩面而泣。僕無以自明，但自批其頰以自罵。是夜，遂縊死。次年蔡入闈，精神恍惚，下帷秉燭，親筆備錄其事於紙，自述昧心蔑理，罪不可逭。解帶自經，比人知覺，體已冰矣。尤可怪者，面壁端坐，帶繯去喉寸餘，不解何由致死。其自供之辭，衆爭錄之。仁和葉省三先生亦錄得一紙，每出以示人，以爲文人無行者戒。《夜譚隨錄》

歸安費之遠，於康熙壬子赴省試，與嘉興某秀才同寓佛寺。時寺僧夜夢神告曰："嘉興某，今科解首也。"皆相告，以爲奇兆。未幾，有老嫗來寺禮佛，倉卒出門，遺金條脫及白金二十兩于地。某秀才拾得之。頃之，嫗號哭來迹遺金，云：

"我兒負官物繫獄,因力貸此物以贖其罪。今失去,兒其休矣。"之逵廉,得其實,力勸某秀才,不肯。之逵遂典質衣裝,并釀金以濟。是秋,之逵首登鄉薦。丙辰,成進士,入詞館,而某秀才以白衣終其身。《淮海遺聞》

顧君諱玉林,居太倉州城東。乾隆辛丑,年十七,爲弟子員。有友喪父,貧無以殯。顧君慨然任之數,夜夢其父曰:"必報德。"癸卯秋闈,初作文見一人立于前,以己之無愧,也不之懼。至晚挑燈,恍惚落卷,拂之無所損,神思汩汩而來。偶出溺,硯覆卷,倉皇捧起,墨瀋污稿數字,如塗改,節奏恰合,遂因之不易。後歸家,夜夢友之父曰:"君今獲雋矣,余煞費苦心也。"遂以薦,中七十四名。《質直誤耳》

青浦陸某應省試,舟泊吳門,聞岸上失火聲。旋見一裸體婦投入舟,陸亟擲襆以被,使裹之。飛棹還家告其妻,而以衣衣之。問所親,去金閶三里,母家在焉。於是更買舟,佐以小婢,連舸并進,暮達吳門,訪母氏而歸之。試畢,登賢書,謁房師于武進。一孝廉先在,坐師以陰德叩辭,固問之,具詳歸婦事。在坐者泣下,稽首曰:"不有今日,幾以醜德污君也。"向者樓焚失婦,遇于舅氏,裸而往,衣而歸,不可問矣。棄諸其家,今而知某之不德也,歸必逆之。夫一念之正,上通于天,乃巧爲之緣,以雪其事,神哉! 同上

溧陽馬珩聲之父,臘月散館歸家,得束修二十金以了夙逋。鄰有負債莫償,將粥其妻,離異痛哭。馬廉得之,欲代贖

價，須四十金，修脯僅得半。因商於湖州米客，米客慨然，亦出二十金助之。夜夢其先人曰：“汝何不賣屋而獨償之，今一舉人各分其半矣。”下科鄉試，其子珩聲，米客子皆中副車，稱同年云。《春水居筆記》

無錫顧鈺，乾隆丁未科會試。入闈假寐間，見一人索卷，大書一“惜”字而去。及醒，題紙已到，文思沛然，首藝援筆立就，但覺篇幅太短，欲增不可得，乃即初稿錄之。榜發，竟以是科中會元，始悟太翁敬惜字紙之報，蓋太翁平日勤于惜字也。《紫垣隨筆》

常州趙恭毅公，諱申喬，國朝名臣也，平日最敬惜字紙。康熙庚戌科會試，卷爲墨污，恍惚一人以袖拂之，墨跡遂去，大異之。是科即中式，後官大司農，謚恭毅。子熊詔，己丑狀元。今內閣中書懷玉，其曾孫也。同上

雍正丁未科會元，長洲彭啓豐。殿試呈卷，則武進莊柱在第一，彭在第十也。上以前兩科榜首俱出江南，閱至第十卷，字跡殊遜，疑必爲邊省人，遂改置第一。及臚唱，乃知彭仍是江南人。彭固會元，又復大魁，一時傳爲佳話。初，莊母太夫人，夢三神人議鼎甲事曰：“陰德，莊與彭適相埒，惟惜字一節，莊不及彭，奈何？”一神人曰：“即改彭爲第一人可也。”醒而異之。及殿試錄，至始知前夢不妄。後莊與彭遂締姻焉。莊自是勤于惜字，兩子俱中鼎甲，長存與，乙丑榜眼，次培因，甲戌狀元。同上

武進劉在東,雍正乙卯應試北闈,夢神人語之曰:"汝命本薄,因汝存心惜字,且勸化多人,今年應得一科,幸自勵。"是科即中式,自是惜字愈勤。館天津,倡舉"惜字會",會中人無脫科者。次子芳,壬申副榜,癸酉舉人。孫印全,辛卯、壬辰聯捷;弼全,丙午舉人。同上

　　興化徐步蟾,乾隆丁卯科江南解元也。是年,科試無名,錄遺亦無名。時已八月初,將買舟欲歸矣。偶與友某過懷清橋關帝廟,見神前一紙包,拾而視之,白銀二十兩也。意候失主還之,友曰:"迂矣。汝不取可與我。"遂奪銀去。少頃,一老嫗奔趨至,遍覓無有,淚如雨下。徐在旁逆,知爲失銀者,佯問之曰:"爾何悲?"老嫗曰:"吾夫爲讐人所陷,身坐囹圄,咋書吏來索二十金,可免罪。今鬻一女,得銀二十,冀免夫罪,而又恐吏之誑我也,故至此卜于神。不料銀在袖中已失去,枉鬻一女,而夫罪仍不能免,是以悲耳。"徐惻然曰:"銀我所拾也,隨我去,當還汝。"至寓,適友人已將此銀輸去大半,餘銀亦不肯還。公不得已,檢囊中考費十餘金,不足稱,貸于同寓友,合二十金與之。老嫗叩頭泣謝曰:"相公積此陰德,當爲今秋第一名。"解元徐笑曰:"吾豈望報乎?亦行吾心之所安而已。"後得入闈,果中第一。同上

　　左藻,桐城縣監生,初不事舉業,貿易蘇州。買婢爲女從嫁,婢容端重,問其祖父,婢泣曰:"我祖上七代進士,今父欠官糧無償,不得已賣我耳。"藻聞之惻然。因日暮,閉女室中,

己乃邀同寓博戲達旦，隨送女歸其父母，不取原值。復與銀釧一副，認爲己女，囑媒爲擇良配，其父母泣謝。藻父在家，夢冠烏紗七人謝曰："汝子有陰德，奏聞上帝，賜伊一榜。"醒疑之，頃復夢如前。藻歸，父問其有何陰德，藻乃述前事，父告以夢。值康熙癸酉科場，促令赴試，藻遂入場。及試題出，藻悶悶而寐，夢冠烏紗七人來，每人抱藻手寫文一篇。藻醒，見文已寫畢，遂交卷。三場皆然，藻中式六十三名。高郵沈仲嶽述其事。《信心錄》

金甌，誠敬惜字紙，凡遇遺棄字跡，必拾之；有染穢者，則滌之焚灰，投於河中。如是有年，一夕，夢文帝召。甌至殿前傳命，賜以功名。次日，適有友邀甌赴童子試，始閱書，便能自解悟，遂入泮。後倍加敬惜，刊施惜字紙文，逢人勸化，如是又二十年。甌子相，年十六，爲諸生，二十一歲，中雍正丙午科解元，聯捷進士，入翰林。同上

查宮詹昇，浙江海寧人，字聲山，一字仲韋，康熙丁卯鄉舉亞魁，戊辰成進士，授翰林編修。己卯，典江西試事。受命之日，不留不處，單車就道。入棘闈，集同考官十三人，焚香誓天曰："某二十年備嘗舉業之苦，敢負初心？今與諸公約，務期矢公矢慎，搜羅真才，有違是言，殃及再世。"每得一卷，必反復推勘，得佳卷欣然擊節。即遇不愜意者，亦未嘗奮筆塗抹，必對本房商榷，本房所言有當，轉從而賞識之。試錄序云："不敢憑臆見以矯異，不敢狗衆論以黨同，乃述實也。"撤

闈後，遠近翕然稱得士。盛德若此，宜其後人，掇巍科享厚報焉。《劍潭雜述》

宮詹幼禀庭訓，事事躬行實踐，虔奉斗齋，嘗自書《感應篇後跋》云："余年二十四，患目疾，遂失明，醫藥罔效。因奉斗母，并受持《太上感應篇》，朝夕不輟。如是二年，目漸還明，迄今二十有七年矣。去秋，奉命典試江西，夙夜盟心，不敢一毫苟且。闈中恍惚夢神臨，舉子名次皆若神與默定者。余心益敬畏，持誦愈虔。今值庚辰元旦，朝賀回寓，齋沐書此以勸世之有同志者。"宮詹生平著作有《姓氏譜》《静學齋詩稿》《尺牘偶存》，俱未刊行。惟《五瑞詩》《塞上詩》已鏤板，書有《孝經感應篇》《蘭亭考》《山居篇》《天台賦》《陰符經》《聖主得賢臣頌》各帖流傳於世。同上

槐廳載筆

卷十七

詠歌一

康熙間，太學生周清原有詩名。大學士馮溥見其雍試諸作，目爲奇才，詩以贈之曰："尊酒高齋話夕曛，斗間佳氣識龍文。十年閉戶遲遊洛，千里過都早不群。春草已看傳白傅，飛花定見詔韓君。九重側席今方切，振筆蓬山爲爾欣。"後清原果以博學鴻詞授翰林。清原雍試諸作，有《太學白丁香》詩句云："月明有水皆爲影，風靜無塵別遞香。"一時傳誦都下，上達宸聽。比官翰林，召見，上猶誦其詩句，獎之。《國子監志》

康熙二十六年丁卯八月初八日，余偶入江寧，送兒子威寶赴棘闈。主試者米翰林漢雯也。舉子才點名，忽聞空中聲勢洶湧。仰視見飛蝗蔽天，自東北來，日色爲其所掩，經過之處，屋瓦層叠數寸。有客從江北至，云："初七晚，蝗至浦口。是日上午，至白下城。旋渡江，兩岸蘆葉俱被食盡。"時有童謠云："蝗虫入考場，有米也要荒。"米君素有才名，竟被黜。《三岡識略》

順治丁酉科，以江南試場。榜發，諸生哭於文廟，有以首题作爲"黄鶯兒"歌之者,其詞曰:"命意在題中,輕貧士,重富翁。"詩云:"子曰全無用,切磋枉工,往來要通,其斯之謂方能中。告諸公,方人子貢,貨殖是家風。"上聞,并北場皆嚴處分。《雞窗剩言》

彭而述《楚闈校士詩》云:"篝燈瀲灩映高幛,栢老虬龍膩葉稀。缺壁高臺燐未散,荒簷古瓦蝠初飛。十年夢冷雕蟲技,四月江乘黄鵠磯。誰謂洞庭衣帶水,猶遲聲教未言歸。"《讀史亭詩集》

《康熙十七年戊午秋七月十日試庶吉士上出秦漢文一部裝潢精美備出題之用恭紀》:"每羨龍文被石渠,五雲清切啓函初。誰傳蠹食神仙字,喜值題逢天老書。雨滴梧桐秋色淺,香浮甘露齒芬餘。先是上命内閣日備清茶。鳳池珥筆光華盛,一曲陽春笑子虛。"《佳山堂詩集》

《七月十一日上幸内閣閲庶常試卷應制》:"秋色分東壁,奎光暎紫微。皇情逢暇豫,文苑奉恩暉。麗句珠璣湧,鴻章道德歸。縹緗留聖鑒,常傍五雲飛。"同上

熊伯龍《永平久旱試士日微雨志喜》詩云:"棘院倚幽岑,前山一雨臨。花枝隨意濯,書幌密來侵。帶景開光餤,含風和苦吟。終期霖可作,慰此望雲心。"《穀詒堂全集》

《自宣府之易州校士宿紫荆關》詩云:"蔚羅南下踏雲烟,冀野真稱地利偏。路轉千盤難恤馬,時當六月又行邊。[客歲亦以季夏試宣府。]頻呼雨漲公無渡,但見烏栖我自憐。危嶺荆榛還

叱馭,楚人藍縷已三年。"同上

湯斌《戊午應召入都留別里中親友》詩云:"蕭然蘿薜絕雙魚,雲外忽傳有鶴書。學道原因息翱早,出山翻悔避名疏。幽花谷口遙相映,野鷺溪邊迥自如。龍尾班行真濟濟,拙庸應許住茅廬。簇簇郊關擁畫輪,臨河握手話酸辛。蓺花選石多同調,待漏鳴珂少故人。倦鳥寧能歷遠岫,歸雲何意覆通津。入朝倘得辭簪紱,春水還期理釣綸。"《湯子遺書》

秦松齡《應詔北行途次和蓀友》詩云:"長途觸熱走踆踆,老友扶攜各愴神。軍府元瑜羞筆札,公車曼倩倦風塵。憂時尚屬艱難日,應詔都非少壯身。溪上釣磯安穩在,可憐烟雨隔通津。"《蒼峴山人集》

李天馥《題沈繹堂太史殿廷橐筆閣門賜貂二圖時太史候補郡丞》詩云:"頻年待詔隱神仙,此日欣聞內殿傳。逸少自書三藏序,無煩聖代集金錢。興時文字肆旁求,見說清平屬隱侯。賦罷至尊含笑閱,尚方親賜黑貂裘。珍貢新裁宮樣寬,濃雲拂簪日光攢。著來出入承明殿,多少行人夾道看。史館三長舊絕倫,書來錦帙五雲新。可憐十載遊梁客,原是先朝獻賦人。"《容齋集》

《正月廿一日上御懋勤殿召郎中臣王士禎賦詩賜讌授以侍講遂諭中外臣僚各舉所知恭紀四律》詩云:"賦奏明光愛子虛,一時盛事紀相如。朝廷正厪賢良對,公府爭修辟召書。牧豕難安東海上,驚猿應悔北山初。從今徧給尚書札,不使崇文美石渠。側席旁求勅有司,新科博學復宏辭。除書原不循常貫,肆志如今未可爲。孰謂劉君終下第,卻令張季悔高賚。鵬搏鷗運知多少,都覓琅玕集鳳池。黃金初築競彈冠,應詔毋爲著說難。露布鐃歌邊燧歛,蒲輪纁帛帝絃寬。詎惟經學參同異,會有書生策治安。正是五星奎聚候,少微長映上台端。力能尊顯趣從遊,續食何煩物色求。祇爲宫中思屈宋,頓教車下拜巢由。三珠池影冥鴻落,雙匣霞光寶劍收。白虎宏文皆異數,儒生何必憶封侯。"同上

陳廷敬《禮闈校士得十四韻》詩云:"數到掄才地,承恩自禁林。纔移經席仗,猶殷屬車音。白首冰銜晚,青春鎖院深。昔遊思袒褐,榮路愧華簪。銀燭三條盡,銅壺午夜侵。苑花應冉冉,闈棘自森森。簾下經過斷,風前語笑沉。樓明金牓月,臺轉玉衡參。地鄰觀象臺。屢輟中宵夢,回憐儤直心。香凝新繡綱,寒戀舊綾衾。忝竊繁文字,蹉跎細討尋。池邊蹲豈鳳,書裏穴成蟫。典職堪遲暮,登賢鬱滯淹。不辭鈎校切,有暇得微吟。"《午亭文編》

王士禛《奉命典會試二月初六日賜宴禮部》詩云:"郎官列宿記當年,重到南宫尺五天。滿座金貂霄漢上,幾叢羅綺舞筵前。八公相鶴希真賞,一代登龍愧昔賢。弱歲計偕今白首,承恩遠憶舊青氈。"《蠶尾集》

《闈中》詩云:"一半青春在鎖闈,韶華客思兩依依。燕知社日逡巡到,花滿春城歷亂飛。敢謂進賢蒙上賞,只思沽酒

解朝衣。檐牙曉日聞靈鵲,檢點金花御苑歸。"同上

《放榜》詩云:"銀燭青煙徹曉明,曙鴉聲散九重城。高風鵾鶚扶搖起,春水魚龍變化生。仙掌凌空干氣象,湘靈鼓瑟擅才名。書生報國從今始,取次煙霄第一程。"同上

嚴我斯《甲辰傳臚日紀恩》詩云:"旭日罘罳霽色開,鴻臚聲徹殿頭來。香飄御案初承詔,酒賜天廚正舉杯。綵仗氤氳喧鳳吹,康衢蹀躞走龍媒。自慚拜獻無長策,敢忘經生舊草萊。"《尺五堂詩删》

《國子監釋奠恭賦》詩云:"朱甍碧殿迥嵯峨,檜柏森森隱玉珂。委珮庭前陳俎豆,環橋門外擁絃歌。恩叨醉酒丹霄上,座想橫經翠輦過。[大司成置酒堂東偏,各獻酬三爵,以堂中曾駕臨,故也。]聞說太平崇禮樂,祇今薄海盡投戈。"同上

《己酉校文山左次陽明先生原韻》詩云:"金門方朔本浮沉,八月秋風客思深。海內幾人求駿骨,匣中雙劍忽龍吟。文章有用期千古,得失難知總寸心。聞道姚江衣鉢在,清宵危坐費追尋。歷下亭邊海氣沉,蕭蕭鎖院正秋深。名山不朽青蓮句,大雅猶存白雪吟。魯國兩生今日重,漢廷三策舊時心。濟南共說多名士,許我停車次第尋。"同上

《乙丑闈中次韻五首》詩云:"丹詔求賢切,清時拜獻頻。九重懸藻鑑,什襲重儒珍。士有登龍望,才誇吐鳳新。廿年空躑躅,孤負上林春。　秘閣傳宸翰,黃封下禮曹。骨收千里駿,相取九方皋。御苑風雲集,天衢日月高。經綸須大手,

珍重吕虔刀。　侵曉攤書坐,當軒樹影鮮。右文昭代典,吾道幾人傳。辛苦三千士,瞻依尺五天。持衡公等在,須著祖生鞭。　鎖院人初散,空堂月二更。青燈思往事,白髮笑浮名。臺迴星河近,城高畫角清。春風桃李發,吟眺一含情。共有憐才意,中宵起浩歎。何人工抱瑟,有客笑彈冠。霄漢逢年易,文章報國難。由來天下士,不厭布衣寒。《尺五堂詩鈔》

熊一瀟《出闈贈慕鶴鳴中丞》詩云:"拜捧丹綸出紫宸,雲霞萬頃大江濱。掄才敢忘三秋舊,敷命廻瞻五夜新。豈我文章千斗象,知公經緯動星辰。首場魁星示異。盛朝黼黻需良彥,陶冶真憑社稷臣。"《浦雲堂詩集》

勞之辨《闈事告竣便道省覲述懷》詩云:"天下離別多,無如宦遊子。憶我象勺時,晨昏依怙恃。弱冠厠賢書,通籍金閨裏。屈指歲月徂,浮沉閱一紀。郵書托鱗鴻,奉養虛甘旨。往歲改曹郎,需次曾旋里。鯉對共潘輿,天倫樂無比。洎乎榷津門,嚴君遠至止。尚憾隔慈顏,北堂疏省視。今年秋八月,奉命衡多士。主恩出意外,隕越引爲恥。南國滿才畯,狂瀾亦須砥。江水照臣心,臣心白于水。工歌鹿鳴三,卒爵事方已。尤幸秣陵道,維桑近如咫。暫歸謁寢門,百拜長跽起。承歡餘兩袖,老親爲色喜。珍重囑加餐,躊躇及行李。王程敢淹留,挂帆徒徙倚。"《靜觀堂詩集》

張英《二十四日聽恩詔》詩云:"當軒鳳藻太平春,學士冰銜紫誥新。慚愧江南圭竇客,絲綸四代作詞臣。[詔贈祖父皆翰林

學士，時廷贊亦官翰林編修。]《存誠堂詩集》

祖父贈光禄公恂所，府君每聞鄉人言其厚德，仰之如祥麟威鳳。方伯公己酉登科，邑人榮之，贈以聯曰："張不張威願秉文，文名天下；盛有盛德期可藩，藩屏王家。"今桑梓以爲美談。《篤素堂文集》

徐乾學《赴京兆宴入棘闈口占》詩云："聖世巍科録異才，詞臣聯騎瑣闈來。春曹捧敕群官侍，御路簪花京尹催。九陌和風搖玉珮，滿堂晴月瀉金罍。三年兩度叨恩宴，鳳闕紅雲首重回。"《憺園集》

《闈中即事呈太傅宛平公成少司馬鄭副憲暨分校諸君》詩云："鳴騶此日鎖闈開，十六年前騎馬來。文運正欣逢泰盛，君恩豈易答涓埃。兩行樺燭看傳鑰，一縷新蟾照舉杯。懷槧欣陪丞相席，聯裾真讓列卿才。春風寂寂敞虛堂，禁苑連翩玉筍行。授簡風流存著作，埋輪中外仰封章。感恩報國寧無意，識曲搜奇定有方。落盡繁華都不管，迢迢清夜靜焚香。"同上

李光地《七夕督學政至通州》詩云："連旬傾暑雨，天意誠若何。北地惟愁旱，傳聞不厭多。傷哉漳滏濱，頻歲沈驚波。高士猶自可，下游勢則那。我來坐深院，雨脚亂如麻。文場時滿展，絳帟手可捼。中宵七夕響，星漢漫平沙。云何稗野事，祲精爲擊摩。芃芃苗黍外，庶以育菁莪。雲霖道苦遠，心跡只藤蘿。"《榕村全集》

韓菼《方靈皋解元落第二首》詩云："南國才名早擅場,情知抱玉劇堪傷。春衫底泥萋萋色,只欠新來時世粧。著書端合在窮愁,歲歲饑驅也倦游。南面百城門兩版,期君小試作三頭。"《有懷堂詩稿》

顧俠君《孝廉病不及終場太息其去》詩云："白蓮千朵爭文戰,忽退三舍收靮鞿。似有揶揄來掣筆,亟脫麻衣筆仍健。早別春明二月春,柳似含顰花欲濺。請看壓倒元白人,明月未投玉未獻。"同上

《送張日容孝廉下第歸里》詩云："去去休論刀劍傷,一時拍板擅詞場。旗亭唱徧弓衣織,折得身如燕子忙。"同上

王鴻緒《主京兆試闈中示同年韓慕廬》詩云："北溟起鯤鵬,波浪闊萬里。忝司文衡柄,旦旦誓諸水。刻厲衾影衷,蕩滌脂膏累。祗恐五色迷,未足厭多士。銀燭燦風簾,隃糜列棐几。魚豕混莫讐,甲乙雜難紀。間得沙中金,盈握竊共喜。桃蹊詎敢私,衣鉢何妄擬。惟求神奧區,殖彼桐與梓。斲為琴瑟材,揚音清廟裏。回顧三年前,矮屋兩腳挤。伸紙筆不休,懼遭有司否。短翮翔青雲,內省常顙泚。濫先粉署賢,謬簽昌黎子。庶幾金臺上,蹀躞皆騄駬。"《橫雲山人集》

徐倬查《夏重下第後以詩見投余約之同行因和其韻》詩云："料量身如一葉輕,敢將樵牧傲公卿。笨車那用三驌導,池草還留兩部鳴。白袷烏巾仍舊服,紅蘭綠芷足前程。與君宿昔稱劉阮,且共春帆問赤城。楊花作雪路茫茫,結伴青春

返故鄉。蛩蚷相依原自合,蜨蜂趁逐也能狂。罷官滋味沙糖好,下第情懷刀劍傷。東野下第詩:棄置復棄置,情如刀劍傷。但得閑閑十畝在,君栽黃竹我栽桑。"《道貴堂類稿》

《津門聞顧子書宣及第》詩云:"上林小燕語呢喃,名紙唧來到客帆。半載愁眉今破笑,茶甌翻落浣青衫。"同上

彭定求《乾清宮御試紀恩》詩云:"乾曜瓊霄麗,奎文紺宇明。賡颺依聖藻,陶鑄切皇情。秘殿初分牘,真人又秉衡。恩同宣室召,寵倍上林行。瑞靄開中禁,祥烟儼太清。凝神瞻肅穆,垂拱仰昇平。松棟雲方縵,虹梁景正晴。丹書呈有象,銅漏聽無聲。緗帙窮三篋,瑤函富百城。隃糜供內府,象管給延英。硯滴蟾蜍潤,箋披錦縠生。賜餐皆玉饌,啜茗是金莖。喜接天顏霽,深叨禮數榮。夕香聞麝液,霄燭見蓮檠。積雪消鴛瓦,春星轉繡甍。十年曾釋屩,茲日勝登瀛。每愧雕蟲技,真慚倚馬名。菲葑寧有棄,葵藿亦知傾。式序隨仙露,傳歌和早鶯。願言勤砥礪,長此荷裁成。"《南畇詩集》

張榕端《禮闈分校次掌院陳澤州相國韻》詩云:"泰運開皇路,春光滿上林。築臺收逸足,爨木待知音。珥筆才誠忝,衡文眷特深。昔年懷素槧,此日逐華簪。列棘規宜肅,分曹職戒侵。時和風習習,院靜景森森。戶鍵人聲寂,牕虛月影沉。良朋宵聽漏,高論曉移參。鈴閣回殘夢,風簷耿寸心。敢淆碔與玉,寧愧影和衾。帳秘曾提誨,薪傳更討尋。鶱騰思吐鳳,潦倒念枯蟬。索句空尥癖,研書任誚潜。載歌池上

曲,雅志續微吟。"《寶嗇堂詩稿》

張廷瓚《辛酉八月初一日召見庶吉士于瀛臺午後試于太和殿蒙恩授館職恭紀》詩云:"雙闕嵯峨禁苑西,秋風太液水痕低。絳綃萬疊花圍浦,碧玉千重柳覆堤。日麗龍文開寶幄,雲生雉尾上丹梯。自驚初入長楊館,名姓親勞聖主題。"《傳恭堂詩集》

汪晉徵《己未二月十五禮闈玩月》詩云:"月屆闈中滿,文成筆底圓。典謨昭奕代,藻采耀當年。豈爲虛名重,應思濟世賢。光輝盈宇宙,相對思悠然。"《雙溪草堂詩集》

《丁卯奉命校士三楚初秋朔出郭》詩云:"帝城違不遠,山色倚雲屏。野水過橋白,墟烟遶郭青。古槐臨上道,高柳拂離亭。萬里行行始,愁人候使星。"同上

李孚青《閏五月初四瀛臺御試賜宴恭紀》詩云:"螭頭晴旭映曈曨,天際瑶池一望通。渡盡蒲灣齊肅立,泠泠仙樂五雲中。饌玉豐盈出大官,華裀藉地坐來寬。殊恩獨念舒長日,中旨還宣恣飽餐。水殿荷風香滿襟,長廊無暑竹林深。天顏咫尺含毫怯,未敢掀髯肆朗吟。黃帕瓊觴賜日斜,真從天上酌流霞。沾脣已勝金莖露,猶有頭綱八餅茶。安穩蘭舟兩槳輕,垂楊夾岸晚波平。紅霞一抹明金碧,如在仇英畫裏行。碧藕冰桃浥露滋,歸鞍珍重馬行遲。入門先發青絲籠,也使恩波及婦兒。"《野香亭集》

彭孫遹《和院長陳說巖先生禮闈司考十四韻》詩云:"幸

際昇平暇,追陪翰墨林。掄才需哲匠,抽思發清音。幻眇移情甚,留連託興深。瑤華呈國寶,玉筍豔朝簪。鎖院春陰靜,垂簾暮色侵。風鈴聲斷續,月樹影蕭森。乍煖爐烟潤,餘寒漏箭沉。簷虛初候鳥,[時春分前一日。]天迥欲橫參。荏苒青雲夢,蹉跎白首心。所期同緩帶,敢使獨惎衾。永夜仍無寐,遺編得自尋。百年同野馬,三食亦仙蟬。文起齊梁弱,詩刪鄭衛淫。[時予分授葩經。]濡毫一言志,重此繼高吟。"《松桂堂全集》

《和少司農李容齋先生禮闈司考》詩云:"偶此蓬山逐陣行,十重仙署列嚴更。曾分天上紅綾餤,再聽人間白雪聲。卿月乍看垂照迥,臣心不待飲冰清。當年得御真多幸,肯向青雲一借名。早將彩筆鬭宏農,萬象雕劖間氣鍾。手植桃蹊迎化日,口噓黍谷轉嚴冬。浮沉只似湖中雁,忝竊還隨柱下龍。爲染吟牋一相和,院門深掩夕陽封。"同上

王頊齡《六月六日奉命典試閩中出都李丹壑徐虞門嚴漢茂家兄后張弟薛澱甥周冰持送予郊外口占志別》詩云:"諸君送我出城闉,惜別依依欲愴神。余亦此間常送客,十年折盡柳條春。"《世恩堂詩集》

陳維崧《咏翰林院中古蹟次尤悔菴二首》詩云:"黃帕低籠雪藕寒,九重分賜遍長安。[時以賜藕入院。]滌來院吏尋冰井,踏處墻陰觸石欄。瑟瑟銅瓶苔影薄,涓涓碧㲻葉聲乾。玉堂舊事知何限,欲溯風流想像難。[右咏劉井。]瀛洲誰料尚能來,藥院荷潭面面開。聞說前朝柯學士,種將雙樹傍空臺。蒼皮繡

甲参天質，嘯雨呼風不世才。爲撫茶陵遺墨在，索鈴擊罷首重回。[右詠柯亭。]"《湖海樓全集》

朱彝尊《正月二十日召入南書房供奉》詩云："本作漁樵侶，翻聯侍從臣。迁疏人事減，出入主恩頻。短袖紅塵少，晴牕綠字勻。願爲溫室樹，相映上林春。"《曝書亭集》

《恩賜禁中騎馬》詩云："魚鑰千門啓，龍樓一道通。趨翔人不易，行步馬偏工。鞭拂宮鴉影，衣青苑柳風。薄遊思賤日，足繭萬山中。"同上

汪琬《聞薦舉詔言志》詩云："菟園册子在牀頭，自分迂疏不足收。賈董高文姑撥置，可能詞賦類俳優。久忘箋傳語云何，蠶譜農書記憶多。腰了一鎌肩一笠，只應赴筒力田科。曾學雕蟲苦未成，讓渠班馬獨專名。白頭願作邨夫子，一卷蒙求聚後生。鄰穉譁闌野父驚，爭傳軒騎枉柴荆。此翁漸被時賢識，悔不從前換姓名。紙窻竹屋栖遲穩，絺帳桃笙偃仰寬。憨愧暮年真大黠，不曾西笑爲長安。松黃半落柳陰深，緩步前邨頗愜心。莫笑吳音殊未正，也能擁鼻作長吟。"《鈍翁續稿》

潘耒《膺薦寫懷》詩云："緯蕭抱甕一閒身，忽報徵書訪隱淪。客到定知傳語誤，牒來方訝姓名真。雕籠豈得呼高鳥，芳餌何當近逸鱗。閉戶莞然成獨笑，南山翠色正嶙峋。土木形骸臥竹根，一生無夢到金門。梁鴻早歲耽樓遯，何點中年薄宦婚。櫟以不材留作社，瓠因無用取當樽。少微那得關星

象,錯比柴桑處士村。多謝雲霄鵷鷺行,聯翩推轂有封章。只言牛鐸堪諧律,詎料鉛刀已挫鋩。元子曾聞薦譙秀,巨源終不強嵇康。此情可待披襟説,欲寄蒲箋鳥路長。萬事都緣不耐饑,賣文作活計全非。定僧豈合持齋鉢,處女何當辦嫁衣。橘彈千林霜帶屋,魚苗十斛水平磯。逍遙雲路餐風好,莫逐光音拾地肥。爛溪斜引雪溪流,一派香風菡萏秋。早韭晚菘園客舍,綠簑青笠水仙舟。識時何物稱龍鳳,混俗從人喚馬牛。遮斷白雲三十里,莫教空谷有鳴騶。"《遂初堂詩集》

施閏章《應召入都留别親舊》詩云:"林壑君恩重,棲遲鶴髮新。心將同木石,名敢玷絲綸。黄閣憐知己,青山解笑人。匡時計疏闊,多恐負楓宸。闕門真聖主,禁院富群賢。半豹吾何有,雕蟲世偶傳。生涯餘藥餌,懶臥信江天。舊侣應相憶,東峰夜月圓。休沐非歸隱,山田薄且耕。時艱須管葛,祖德舊周程。衰謝看才盡,關河觸暑行。不知宣室召,何策對昇平。烽烟猶未息,山澤忍安居。白髮千行淚,輕裝數卷書。聖朝容老拙,野性稱樵漁。卻笑從前事,無端賦子虛。"《學餘齋詩集》

《大梁試院中秋夜同劉怡齋吏部》詩云:"汴宫遺跡舊淒清,永夜論文露氣生。忽見月圓知令節,誰禁歌罷動鄉情。閒從河畔看銀漢,遠憶江關歷鳳城。池白渾疑梁苑雪,共君拚把玉樽傾。"同上

《贈别同考諸君》詩云:"鄴下詞人會聚難,辛勤旬日接清

歡。相知懷抱然疑絕,苦愛文章慘淡看。合坐風簾摧燭短,倚樓秋月照人寒。金門握手前期在,惜別芳尊興未闌。"同上

《丁酉三月十九日余初至東萊校士唱名畢雷雨大作平地水尺餘雷聲洶洶如崩屋諸生皆雲集堂上不復得試是時苦旱久矣書口號以壯多士》云:"滿目明珠絳帳開,久晴一日走風雷。敢言化雨隨車至,應有蛟龍出海來。咫尺蓬萊山可移,雨師風伯颺靈旗。從教滄海添春漲,會取珊瑚百丈枝。諸生和者十餘人,高密王颺昌最見。"賞異後,官至少宗伯。《蠖齋詩話》

《學政故事諸生非先期告老臨塲概不得請及試其文常八九黜余校士青州既鎖院復有三叟乞衣頂憐而破例許之日中未得出與以酒食偶作》詩云:"一領青衫兩鬢班,春風特放此身閒。掉頭歸去休惆悵,無恙相看是舊山。"同上

徐釚《應詔入都呈司農公》詩云:"煙雨常思笠澤灘,徵書忽枉到漁竿。破琴欲擊嗟桐爨,短策曾羞笑籜冠。上馴誰能過郭隗,寸心只欲擬任安。從今自合雕籠住,且向車茵一醉彈。蘆中竈下感恩私,豈有才名聖主知。薦達已慙司馬賦,飢驅猶誦杜陵詩。絳紗入座晴雲迥,紅豆當歌晝漏遲。欲向上林誇羽獵,鵷鶵敢借萬年枝。"《南州草堂集》

方象瑛《癸亥七月一日出都》詩云:"五載承恩久,今朝奉簡書。敷文天子意,論秀太平初。[以寇亂,三科未舉,鄉試至是始補行。]早識蠶叢險,寧辭鳥道紆。從來期許志,肯負此征車。秋

色皇都早,迢迢事遠征。五年繙史乘,[時奉命纂修《明史》。]萬里數郵程。巴蜀人才藪,淵雲絕代英。求賢知不易,篝火記平生。"《健松齋集》

毛奇齡《午門謝恩恭紀》詩云:"嵯峨閶闔啓雙鐶,帝闕遙看綵仗班。伏地敢違階咫尺,瞻天只在殿中間。楓門劍珮朝方啓,草野衣冠拜未嫻。但愧聖恩無可報,遙呼萬壽指南山。"《西河詩集》

《家明府際可以徵召赴御試下第還任祥符爲此送之》詩云:"宜春門外柳絲長,欲縮雙輪返大梁。祇爲漢庭尊吏治,不將王吉作賢良。蕭風冉冉動高旌,空道宏詞繼永貞。篋裏文章雄八代,當時猶失退之名。"同上

嚴繩孫《拜命後作》詩云:"久爲迂疏憶薜蘿,職司清切更如何。百家同異源流遠,一德都俞記載多。懵學豈堪參作述,承恩始自悔蹉跎。筋駑肉緩平生事,愁問花甎日影過。"《秋水集》

吳雯《李湘北閣學有聖代求賢之作傳和紛然酒次出以見示余自揆謭劣何能揚摠盛事但自述所遭而已并呈先生》詩云:"遙開甝鼬學隣虛,巖壑朝朝信所如。聖代自多優異詔,微才真媿治安書。觀光未敢違先達,作賦還當念遂初。回首舊山冷猿鶴,桃花流水亂春渠。故人清切白雲司,愛我陽春郢上詞。苦欲上書共徐樂,不教下第歎邱爲。陽居久矣忘争席,司馬何須更入貲。看取凌雲新賦好,幾人先到鳳凰池。

鄉里常隨馬少游,上公偏有白雲求。可能輦下留方朔,先是人間笑許由。草野郤知千古事,朝廷自有八紘收。玉杯漫道天人策,牧豕公孫萬户侯。"《蓮洋集》

田雯《壬子順天分闈即事》詩云:"京兆承恩重,詞臣拜詔來。宮花迎寶幄,鈞樂佐霞杯。玉勒香塵動,珠旗日影迴。簾幃分鑰院,燈火映高槐。乙夜青藜合,長天水鏡開。五經參博士,十駕擢英才。鷹隼隨風下,璠璵入手裁。旁求收竹箭,蒭拂走龍媒。冰鑑歐陽陋,春鞭祖逖催。敢忘辛苦地,盛典喜趨陪。"《古歡堂集》

槐廳載筆

卷十八

詠歌二

歸安嚴少宗伯我斯將歿前，夢至一山僧舍。見其座師、房師及諸同年俱僧服，嚴訝之。諸公曰："寧忘卻此地耶？"因問山名，僧云："崧山。"嚴忽悟，曾曬鞋於階，視之尚未燥。遂寤，不數日，即歿。歿時，口占偈云："誤落人間七十年，今朝重返舊林泉。崧山道侶來相訪，笑指黃花白鶴前。"《曠園雜志》

康熙乙丑科，余與錢塘馮禮部紫燦同邸居。二人適共分中外簾，及撤棘，對酒邸舍。禮部云："第二場，洗號東盈，五號壁有二詩甚佳。其一云，'朱旂夜瞭九成臺，葭火當樓曉角哀。分膳局前催飯去，至公堂上送題來'。其二云，'魚鑰深深鎖棘籬，麻衣如雪淚如絲。不虞萬里歸來日，還見三條燭盡時'。是必係塞外赦回，或西南初開。辛苦從賊中來者，惜不署姓氏。其得失皆不可考。"《西河詩話》

康熙庚午，江西鄉試，中丞宋公犖爲監臨，中秋夕得《鎖闈即事》詩二首，有"使者定推冰作鑑，老夫先識劍爲龍"之

句。及榜發，解元萬儼，豐城人也。人以爲詩讖云。《夢月巖偶鈔》

施侍讀愚山先生，己丑進士，歷任分守江西參議，後以博學鴻詞中制科。[宋人亦曰大科。]將改官，家園老梅四月忽花，又適四枝，人皆賦《瑞梅詩》，亦不解當是何祥也。時己未科五月殿試，賜進士一甲及第者，第二人孫編修如齋，第三人茆編修一峰。是秋，廷試辟薦五十人。侍讀與高遺山檢討同入史館，高公，蓋起明經也，於是咸以梅放爲四翰林之兆焉。施侍讀集有《瑞梅詩》，余從公子孝虔得其墨蹟云："己未夏，家園老梅作四花。余適同孫予立、茆楚畹、高阮懷同官翰林，里中梅淵公諸故人作《瑞梅》詩歌，索和漫題其後。'金門客子苦栖遲，故園梅花發幾枝。花開不是梅花時，青梅結子久垂垂。園林此事亦罕見，俄傳盛事爭稱羨。花枝人數適相符，四子同時登翰苑。主人愛閒不愛官，可憐親舊滿堂歡。繪圖作詩侈花瑞，封題卷軸來長安。老梅憔悴非奇樹，餘花再發人何與。偶然作異轉傷心，當年吾叔高吟處。時艱才盡徒咨嗟，不待秋風便憶家。三人年少余獨老，剩有星星兩鬢華。'"《二樓紀略》

嚴宮允繩孫，字蓀友，號耦漁，明兵部侍郎一鵬之孫。己未廷試博學鴻詞，授檢討，轉右中允，乞歸，餘十年，卒於家。中允性恬靜，不慕榮利，年五十餘，旅食京師。其書詩畫并極雋妙，至以布衣名動公卿。上蒙帝鑒，當廷試鴻博，時僅成

《省耕詩》一首，不得進呈，帝親閱卷，亟命取進，曰："史局不可無此人。諸臣獨不聞唐祖詠'南山陰嶺秀'二十字入選乎？"他日召見，從容垂問曰："朕知汝能寫真。"繩孫辭，尋轉中允，其《紀恩》一詞云："烟月滿漁村，一道飛書下九閽。聖主臨軒初試日，逡巡，白髮青衫拜至尊。隱矣又焉文，歸去空留土木身。何意片詞親檢自，楓宸，九死從今總負恩。"《梁溪詩鈔》

蔡升元《乙丑正月二十五日御試翰詹諸臣子保和殿越二日上親擢十一人再試于乾清宮臣升元完卷後蒙召對移時抵暮命侍衛執燈伴至閣門恭紀》詩云："甲子初元運，勳華復旦時。治隆參化育，道大統君師。聲教敷寰宇，甄陶勵庶司。特開天祿閣，齊賦柏梁詩。應詔陪鴛侶，含毫集鳳池。春風三殿轉，御札十行披。經術儒林重，昌言史職宜。懋勤調節侯，宵旰廑疇咨。欲索苞符秘，旁搜筆削遺。篇章雖小技，拜獻實先資。通籍經三載，銜恩借一枝。便便憗腹笥，碌碌謝囊錐。空擁青綾被，誰工黃絹辭。丹鉛標甲乙，冰鑑別妍媸。濫廁前茅選，旋膺後命馳。五題親再試，群彥許相隨。鈴索風初定，觚稜影漸移。筆牀頒翡翠，硯匣啓琉璃。雪乳車渠盌，瓊漿鸚鵡卮。傳餐容促坐，握管笑支頤。學并雕蟲陋，才無吐鳳奇。里歌邀帝賞，宮樹少人知。入夜千門靜，中天萬象垂。分明瞻紫極，咫尺傍青規。温語偏親切，深宵尚委蛇。御爐香篆細，仙掌露華滋。歸院金燈晚，還家玉漏遲。遭逢

多異數,揚扢會昌期。造就曾無外,栽培豈有私。同文今四訖,鼓吹樂雍熙。"《方麓集》

陳元龍《奉命教習庶吉士示館中諸君子》詩云:"五雲多處舊橫經,三十年來鬢已星。領袖清班真忝竊,楷模群彥愧儀型。官同山岳千尋峻,人到蓬萊萬選青。莫負聖朝培養意,他年相待上槐廳。諸公濟濟盡時英,肅拜登堂誼不輕。君命欲儲公輔器,師資難副友生情。聲華一代文章重,品誼千秋竹帛明。正好三冬窮萬卷,休嫌五夜對孤檠。庭前靈鵲噪空枝,起倚迴欄有所思。共想花開全盛日。須知釀就最寒時。清如冰玉從來冷,堅似喬松詎可移。綸閣巖廊皆舊學,何人不憶鳳凰池。慧業文人鍊骨仙,多從冰雪結因緣。能甘寂境才方老,不坐空山道未堅。青簡憑誰堪不朽,紫煙有路敢爭先。他山頑石虛磨礪,恰喜初陽氣已旋。"《愛日堂集》

沈廷文《臚傳第一蒙賜宮花袍帽等恭紀》詩云:"聖藻超千古,同文被入埏。升書崇選造,連茹集英賢。授簡金坡側,掄才黼座前。百僚承叱肅,萬騎擁階虔。苑柳春舒麗,宮槐日吐鮮。鶯歌丹陛裏,雞唱紫宸邊。香動螭頭霧,祥開雉尾烟。蒼龍行歲德,玉虎應星躔。猥以衡茅陋,欣霑雨露偏。拔尤真十五,對策愧三千。散櫟宜居後,揚秕敢在先。何當蒙睿鑒,親擢冠臚傳。御蓋張行幄,天廚出禁筵。迎賓京兆尹,歸從曲江仙。內幣沾榮徧,宮衣沐寵專。異香纏錦繡,珍采耀珠蠙。被服懷滋戀,捐糜念獨堅。抒葵寧計日,食藿矢

窮年。探賾蓬山迴，搜奇秘殿連。一經思幼學，爲報紀恩篇。"《原蘇詩鈔》

顧圖河《初入院即事》詩云："蓬山深處靜無譁，蕭朗槐廳掃落花。日影風聲皆典故，井闌亭角也清華。[柯亭劉井，前朝院中故實，上句用花磚鈴索事也。]官供載筆無餘事，吏報頒書當坐衙。莫信外人嫌冷淡，老夫鉛槧舊生涯。"《雄雉齋詩集》

高其倬《館中即事》詩云："西頭芸館近椒除，信史難成築室如。下士寧諳天上事，後來誰會刼前書。百年人遠參稽少，五等勳高紀載疏。日佩銀魚慚飽食，自憐歲月二毛初。"《味和堂詩集》

查嗣瑮《奉使典試粵東午門宣旨恭紀》詩云："日華五色映蓬萊，睞眼窺天霧忽開。敢謂九重親試用，尚煩諸老更廷推。[是日，命下，復令九卿公核賢否？]寸心何計酬明主，五字真難辨異才。七十二人應跋踕，誰充駿骨上金臺。[權文公，貞元中奉詔考定草澤賢良之士，擢第者七十二人，粵東舉額適符此數。]"《查浦詩鈔》

勵廷儀《聚奎堂偶成呈同事諸君》詩云："二十一人銜帝命，四千餘士向天衢。良桐忍遣還遭爨，老馬寧云舊識途。不道藍田無美玉，只愁魚目似真珠。初心自問渾難負，況是恩深倚任殊。輕寒料峭散槐廳，列坐披裘戶早扃。燭透風檐和月照，堂移春漏隔簾聽。詞源力足窮三峽，學海人寧守一經。試上層樓高處望，千輝萬燄徹蒼溟。"《雙清閣詩集》

張廷玉《康熙乙未二月奉命分校會闈恭紀》詩云："拜奉

絲綸入鎖闈,君恩重疊向來稀。[臣三與會試分校,爲舊事所無。]最憐燭盡三條影,佇奏雲成五色輝。讁劣何堪居絳帳,品題休説任朱衣。矢將公道酬知遇,屢見鴻鸞刷羽飛。棘院重來鬢雪侵,依然燈火紙窗深。三年再試持衡手,午夜仍懷飲水心。架上圖書翻舊帙,門前桃李長新陰。[編修潘允敏,乃臣壬辰本房所得士也。今同與分校,亦是佳話。]拂衣不學楊公巧,或免譏嘲在士林。"
《澄懷園詩》

《雍正癸卯四月初六日奉命主順天鄉試恭紀》詩云:"哲后龍翔日,儒生豹變時。持衡良有幸,秉鑒貴無私。未必符人望,將何答主知。贊襄雲漢治,拜手誦周詩。籲俊宸衷切,觀光士氣歡。風雲乘夏令,桃李屬春官。[四月特恩開科,臣以禮部尚書主試,故云。]報國慚三獻,傳家愧二難。[時三弟廷璐主閩試。]燕山與閩嶠,同日見鵬摶。"同上

《九月初六日奉命爲會試正考官恭紀》詩云:"文教光昌景運新,普天率土荷陶甄。群儒爭獻山中璞,聖主旁求席上珍。遙指雲光籠棘院,親承天語下楓宸。波濤欲涉憑忠信,未覺龍門是嶮津。[拜命之頃,深切惶懼。上面諭曰:'汝與朱軾,朕深信必能副委任,慰衆望也。'聞之益增慚悚。]鄉舉曾叨簡命榮,南宮又復掌冰衡。兩番鎖院秋兼夏,一室掄才弟與兄。[三弟廷璐奉命分校。]舉首愛看奎影聚,問心無愧月華明。休言桃李公門事,願贊菁莪德化成。"同上

《甲辰八月初六日奉命爲會試正考官恭紀》詩云:"風雲

腾士氣,綸綍聽王言。再主南宫試,難酬北闕恩。掄材收杞梓,采玉識瑶琨。臣職何能副,踧踖出禁門。經國資儒術,持衡重藝林。幾番膺特簡,方寸凛初心。欲變浮囂習,先除爛漫音。夏卿人共諒,無用更揮金。"同上

丙戌分校春闈,闈中有同事人以微詞探余者,余逆知其意。因棘闈中《對月》絶句四首,中有云:"簾前月色明如晝,莫作人間暮夜看。"其人覽之懷慚而退,撤棘後,士林頗傳誦之。《澄懷園語》

汪灝《仰荷聖恩欽賜爲壬午科舉人恭紀》詩云:"太平聖治邁陶唐,重士崇文沐寵光。一樣桂花香萬國,獨頒金粟兩枝黃。臘月寒枝剩幾叢,破除冰凍是東風。瑶階一夕生春草,都在皇仁雨露中。持將定鏡辨媸妍,何幸高天碧月懸。一自聖人親策士,人間玉尺總無權。塞上烟雲捲地平,已拚百里宰邊城。誰知飄泊秋風後,雪裏梅花一夜生。"《浣亭詩鈔》

查慎行《太和殿傳臚恭紀》詩云:"九霄臺閣九重城,臚唱親聽第四聲。自比蓬麻資灌植,群欣燕雀荷生成。雲開閶闔趨冠珮,風過江湖識姓名。從此酧知須努力,勉承鞭策赴王程。"《敬業堂集》

《文廟釋褐》詩云:"數仞宮牆霄漢連,兩楹俎豆故依然。曾陪鼓篋三千士,重到橋門二十年。末學豈增科目重,菲才特荷聖人憐。較他儕輩蒙恩早,獨在青衫未换前。"同上

蔣廷錫《蒙恩欽賜進士恭紀》詩云:"主恩深重荷生成,拂

羽欣如出谷鶯。翰墨一旬邀供御,科名俄頃附光榮。共隨鴛序趨中禁,同向天門策太平。扇影爐煙瞻望處,寸心慙感百端并。雲氣晴明曉色鮮,巍巍三殿護祥烟。侍臣拱立螭頭外,綵仗平分御道邊。天上恩波流不盡,人間名姓喜初傳。一聲仙樂金門出,新換宮袍雁塔前。"《西谷詩集》

賈國維《傳臚日紀恩》詩云:"紫陛朝儀肅九賓,聲聲臚唱出楓宸。忽聞御宴探花客,即是孫山下第人。天子深恩能造命,寒儒榮遇頓生春。喜心到劇翻嗚咽,百折名塲困此身。〔臣鄉榜以藉貫被劾,蒙恩賜復會試。落第,又蒙特賜殿試,感極而悲,不自知其所由也。〕"《毅菴詩鈔》

劉青藜《題湯西厓校士圖》詩云:"使院蕭蕭夜漏沉,丹黃未了藥頻斟。人人解說群空驥,爭識孫陽一顧心。蓬山紅燭罷修書,白簡千言動玉除。畢竟中原修底福,三年留得范公車。"《高陽山人詩集》

嵇曾筠《丙戌獲儁館選》詩云:"薄質元非萬選錢,何當蕊榜聽臚傳。龍光鳳彩瞻今日,潛節奇忠訴往年。特念遺孤頒館俸,暗驚凡骨立花磚。承恩感激還嗚咽,旌拔幽淪荷九天。"《師善堂詩集》

《奉命中州典試》詩云:"搆葺秋闈甫落成,何期開府典文衡。高懸燭照三條朗,深恐紗籠五色生。洛下多才嚴藻鑒,卷中真賞貴鼇清。求賢籲俊儒臣事,祇有冰心答聖明。"同上

趙熊《詔庚辰榜後》詩云:"戰敗方知取勝難,不關天意好

摧殘。抱冰悔未因人熱，採菌憑誰守歲寒。花樣另翻遲乞巧，鳥魂頻顫易驚丸。此間那得中山酒，醒後重登舊將壇。奪錦人爭歸故鄉，天涯何事絆疏狂。雨絲細織愁成片，風絮新鋪淚點裳。中酒病深佯薄醉，賭棋輸盡怯稱強。夜來匣劍聲如吼，夢逐荊高易水旁。春色欺人薄命宜，劇憐風景太差池。歐陽竄遠生離日，〔謂彭城師。〕謝朓修文死別時。〔謂慈谿師。〕冷落花城殘似鐸，〔謂懷來師。〕翻新刀筆細於絲。一朝衣鉢飄零盡，歸燕詩成獨自悲。矰繳餘生已倦飛，君恩似海許忘機。玉階應制遭逢盛，鎖院論文心事違。不飯王孫寧便死，長貧季子豈無歸。等閒莫拭華陰土，曾有光鋩動紫微。"《趙裘萼公剩稿》

繆沅《壬辰春日奉命分校禮闈束勵南湖張硯齋蔣西谷諸前輩》詩云："清霜簾幙髯毛侵，天日無私共照臨。十五國中才最盛，三條燭下感逾深。滿懷冰雪消餘滓，一片空明共此心。學士鑾坡清望重，爨桐從此有知音。"《餘園詩選》

阿克敦《京兆秋闈和諸城總憲韻》詩云："紫泥封啓拜天書，受命先將萬慮除。千古論文歸大雅，一時襄事集華裾。香飄雲外秋風裏，雨過籬邊暮靄餘。寂寂虛堂人靜後，就中消息更何如。搜奇未暇問清尊，學古誰能破舊藩。竈火茶烟遲永晝，秋光槐影隔重門。空群騏驥應殊種，逝海波濤自有源。今日文章歸大手，西臺冰鑑共春溫。持衡虛步諸君後，暮雨晨風院字深。領得箇中多至味，自然物外有清音。巉巖欲剖空山玉,冷落誰尋碧海琴。相對三旬吟未了,秋蘭芳意矢堅金。老去清班愧有聲,寸心堪信不須盟。但求至理無今古,肯向時流逐變更。碧落晴開秋月皎,青山遠帶暮雲平。當年記得經由處,敢詡今朝藻鑑精。"《文勤公詩鈔》

李紱《典試命下恭紀》詩云:"周官鄉大夫,三年大比士。賢能登天府,厥書內史貳。其上考德行,次亦程道藝。後來制屢更,積重到文字。言揚古所先,法久乃滋弊。幸逢天子聖,聲教四訖暨。慎簡持衡臣,旁燭詢三事。繄余本薄劣,榮光屢叨被。[紱自甲午冬,蒙恩超四級擢庶子。乙未夏,轉侍講學士;秋,典武會試。今歲,除日講起居注官。]司徒今大賢,薦牘首愚昧。九重輒聽采,命典雲南試。滇僰古要荒,職方昔未隸。道路楚始通,郡縣漢稍置。王褒馬相如,使節啓文字。唐撓鐵橋變,宋畫玉斧棄。晦蒙復千載,衣冠阻中外。元明再開闢,風氣一變至。中谿擅詩筆,文襄重勳位。聖朝久化成,光不遺遐裔。安敢薄遠人,山川憚迢遞。猶恐負任使,隕越滋罪戾。惟公明乃生,惟勤拙可貴。辛苦習所能,澹薄性所嗜。務窮心目力,仰副旁求意。萬里揚休命,心盟吾獨莅。"《穆堂初稿》

《倣裝二首》詩云:"立國賢才重,爲臣道路輕。三年頻奉使,五載四持衡。大火西流影,賓鴻北去聲。橐衣原自簡,徒御莫相驚。文獻吳興舊,山川越絕新。名家宋南渡,王會禹東巡。玉尺吾何有,冰壺昔所珍。聊持精白意,象罔或能神。"同上李紱《中秋後七日冰玉堂限韻》詩云："聞道公餘共賦詩，月痕剛到下絃時。生花筆在分題遍，束筍文多覓句遲。已怪星河移碧落，也同冰玉鬬清奇。推敲倘許從公後，一字真慙不定碁。"《穆堂別稿》

《丙辰孟冬特恩越次補授詹事恭紀四絕》詩云："當年菲薄忝遭逢，飛過蓬山第幾峰。[余初由侍講學士，越少詹事、詹事，直陞內閣學士。]今日重來補遊展，玉堂東畔且從容。[詹事府在翰林院東。]自疑筦庫本非才，館潤脂膏更可猜。[余以戶部左侍郎兼筦三庫事，降調。]何似冰銜一條好，餐霞飲露絕塵埃。宮端地望領清華，舊法廷推始降麻。[自有明至今銓法，雖《尚書》亦由開列，惟大學士、掌院學士、詹事、祭酒四缺，必由會推補授。]今日由中出恩詔，鳳凰飛下玉皇家。散仙早列瀛洲籍，宦海浮沉已六回。[余三仕三已，今四仕矣。]卻憶微之舊詩句，謫居猶得住蓬萊。"同上

方觀禮《闈放榜》詩云："紅日騰騰恣穩眠，誰知身在大羅天。入傅信至偏心怯，自想名成忽涕漣。捧檄已辜毛義志，論文多愧董生篇。如何可稱陶甄力，瓦礫蒙收慮枉然。何幸登科及此時，退無言屈進無私。仰窺恩地登龍峻，暗數仙班起鳳遲。牓下看來多欲泣，朝中說去半能知。傳聞上相虛懷甚，卻問明珠幾顆遺。"《石川詩鈔》

《登第後寄內》詩云："雖信青雲有路通，馬蹄行處徧春風。一名成就何關汝，三載分離不負公。身外更知多事在，眼前聊放百愁空。餘寒料峭連朝甚，憶殺麟衫兩袖紅。[鄉俗報

捷,例用紅綾書賞帖。去秋,余舉京兆,信至,婦倉卒截衫袖付之,家人戲云'留取一半待明年'。來書嘗舉此相勉,故報之云爾。]"同上

張大受《典試四川出都門敬賦一律》詩云:"曉騎官馬出都城,白髮欣爲萬里行。盛暑山川勞跋涉,名區人物費權衡。難酬黼座憐才意,[癸未歲,召入御舟,問會試如何不中,咨嗟至再。乙酉,賜金赴闕,纂修四朝詩。]敢負寒牕泣玉情。要采褒雄來應制,堯天復旦與同賡。"《匠門書屋文集》

《成都試院八月十五夜》詩云:"衡鑑堂開月色澄,臣心敢擬玉壺冰。人才類萃奇難得,文字銓量老尚能。蜀國江山如錦列,皇朝館閣若雲蒸。分明露浥蟾宮近,桂樹清香此夜凝。"同上

《十一月初十日使蜀旋行至獲鹿新綸載賁司學黔南望闕謝恩恭紀十二韻》詩云:"使蜀初迴轡,新恩士課黔。江山千里接,雨露一時霑。髦士鄉皆產,經書義足漸。文章開瘴癘,風化際黃炎。梼質叨頻薦,天顏荷屢瞻。逢時今更異,寵命近能兼。潭古蛟藏穴,崖荒霧撥尖。掄才須卓越,律己必清嚴。白髮期相報,青衫憶久淹。須爲噦鳳集,庶應拔茅占。史氏承丹詔,賢人溯碧兼。矢心仍遠役,實學振幽潛。"同上

顧嗣立《下第將歸吳中留別張大漢瞻查二德尹吳大山掄宮八友鹿徐大大臨汪三文升錢四亮功宋五嘉升柯大南陔諸子》詩云:"半載風塵污濁泥,棘門一試蹶霜蹄。妻孥失望音書懶,奴僕相看顏色低。莫向鵷雛矜腐鼠,堪嘲野鶴混群雞。

[戏山抡、大临、文升、嘉升也。]三千里外抛君去,独向三间老屋栖。新句比邻日费哦,友鹿有《比邻》诗。丹邱查浦数相过。[寓居与南陔、德尹相接。]枕中梦觉轻车响,市上香飘细马驮。不信酒徒多磈礧,缘何词客漫蹉跎。自夸一著强人处,赢得长安歎息多。[时余名在副榜,故云。]"《闇邱诗集》

程梦星《到馆》诗云:"引试列鹓行,相将入玉堂。地清宜馆阁,官冷爱文章。刘井茶烟白,柯亭花气香。前贤有风味,总是荷恩光。"[刘井、柯亭,详朱竹垞《日下旧闻》。]《今有堂诗集》

胡煦《戊子山东闱中》诗云:"东国人文著意搜,罗才奢望在竿头。不辞骏骨千金售,定要珊瑚一网收。远望蓬瀛连紫气,近探济洑酌清流。圭璋已向宾筵贡,只待连城作价酬。好向天衢快着鞭,诸贤从此遂陶甄。持衡东阁今名士,佐试西曹旧谪仙。双映碧纱笼上座,高悬明镜照深渊。秋清夜听梧桐落,月旦评量践宿缘。静缮文字苦追求,阁笔沉吟想未休。也解终童能豹变,更疑梁灏属龙头。藏阄知己谁烧尾,探策同人各运筹。料得马群空冀北,康庄行处识骅骝。"《葆璞堂诗集》

张廷璐《礼闱次静海大司寇韵》诗云:"圣朝文教久涵濡,济济群贤集九衢。杞梓选材归上苑,骅骝逐队向皇途。蓝田争献怀中璧,碧海谁探颔下珠。正是棘闱春浩荡,温纶重叠荷恩殊。簪裾列席共槐厅,锁院深严永昼扃。湘管丹铅宁漫试,风檐铃柝忆曾听。惟期蕊榜罗群俊,敢负芸香守一经。

况有宗工持藻鑑，寸心同矢對青旻。"《詠花軒詩集》

陳萬策《瀛洲亭宣旨日口占》詩云："藁榜重登翰墨臣，瀛洲亭北拜恩新。共知晚達非干世，所恨微榮不逮親。識面至今餘故吏，題名自古續先人。空憨前輩殷推獎，浪許駑駘逐後塵。庚杲身依綠沼蓮，品題國士受恩偏。一枝尚在孫宏閣，萬里曾隨元禮船。良實不妨當晚歲，好花合擬待秋天。殷勤訓語鏤肝膈，敢忘春風三十年。"《近道齋詩集》

鄭江《宣州校士》詩云："銀袍如鵠立庭隅，應識清冰在玉壺。尚憶槐陰初滿院，三千草罷没階趨。官燭燃餘夜未闌，東風習習送輕寒。揩摩老眼清于水，不遣名花霧裏看。"《筠谷詩鈔》

錢陳群《丁卯典試西江榜發後登明遠樓見百花洲上有被放者徙倚水濱若不能歸狀愀然有作用涪翁詠李伯時韓幹三馬韻》詩云："何人澤畔頭低垂，絶似病馬脱韁絲。此時相對風前葉，昨日自許囊中錐。暮雲欲雨且不雨，西顥隱隱如駒馳。駒馳況復看火馬，衝泥報捷誰能羈。貧女何堪老不嫁，將軍自古歸數奇。幾家博塞呼五白，孤夢逐雄終成雌。三十年前曾下淚，今日登樓一見之。芳蓀被迾不可採，吁嗟不如敗鼓皮。水邊人哭人不識，樓上人愁人不知。惟有廬陵老居士，目迷五色真吾師。"《香樹齋詩集》

鄂爾泰《三場試畢檢閱從此始矣述懷三百字奉同事諸君子》詩云："乾隆歲壬戌二月，舉賓薦，再命領春闈。惕息增驚憚,自惟荒落姿。學植無偏擅,況乃衰病牽。心搖目昏眩,聚奎仰高堂。旁求殷秘殿,恃此衡量才。奚翅憂咎譴,所願同事賢。深感皇情眷,巨眼推老劉。汪仲并高選,分校十八人。一一瀛洲彥,學優行尤方。力充才不衒,流派窮淵源。元音審正變,推是足經綸。何有于摩研,念茲復欣然。手足忽欲旋,從來科目塲。功過常居半,氈毦餘風標。鹵莽矜月旦,論文貌雌雄。憎命形歡歎,渠伊寸晷長。余吾五色眴,得人良獨難。失者孰稱善,願言體誠求。有祗禪心辦,中不中云何。無然乘懈倦,文章品類殊。穢妙各真贗,拙樸合離奇。穠華并孤幹,或瘦而溫腴,或短而精悍,但令氣味存。妍醜皆生面,可畏非人言。人言等諧諺,凡有瑕與疵。吹求自躬先,惟虛明斯生。惟明公斯現,虛明兩或虧。一公詎能判,無心以爲心。見見原非見,朂哉熨帖平,庶以答恩盼。"《西林詩集》

吳龍見《甲子秋闈命舉諸臣親加考試充主考同考官用明人黃佐韻》詩云:"蓬瀛何處集遊仙,珠樹翔鸞不計年。梧省近連雙闕下,槐堂深護五雲邊。剪除鈎棘開文範,洗濯英華啓御筵。玉署平衡推卓爾,彤廷淵鑒獨超然。冰壺朗若雲歸岫,金鏡瑩於月在川。郭隗入燕臺自築,賈生當漢席頻前。已聞經術敷堯壤,更見風謠叶舜絃。氣肅粉闈霜皎潔,香生桂苑露澄鮮。百僚共秉千秋鑑,萬國同瞻咫尺天。猶記大羅前日事,霓裳妙舞鬭嬋娟。"《薜帷文鈔》

甘汝來《丙午秋九月二十九日粵西撫署得家君舍弟及禾

兒鄉試捷音三世同榜喜而賦之》詩云:"當年壯氣負雄圖,健舉如何駐副車。[家君甲子初應鄉試,即中副榜,今四十三年矣。]欲爲科名增盛事,故遲孫子共賢書。碧桐秀發新枝早,丹桂香分老幹餘。莫羨前驅執殳者,簸揚糠粃獨慚予。"《莊恪公集》

槐廳載筆

卷十九

詠歌三

予自辛卯至壬子凡八入棘闈，塲屋之苦備嘗之矣。吾友陳亦韓亦老於塲屋，嘗作《別號舍》文，備極形容。是年，遂得中式。其辭云："試士之區，圍之以棘。矮屋鱗次，百間一式。其名曰號，兩廊翼翼。有神尸之，敢告余臆。余入此舍，凡二十四。偏袒徒跣，擔囊貯糈。聞呼唱喏，受卷就位。方是之時，或喜或戚。其喜維何，爽塏正直。坐肱可橫，立頸不側。名曰老號，人失我得。如宦善地，欣動顏色。其戚維何，厥途孔多。一曰底號，糞溷之窩。過猶唾之，寢處則那。嘔泄昏恀，是爲大瘥。誰能逐臭，搖筆而哦。一曰小號，廣不容席。檐齊於眉，墻逼於跖。庶爲僬僥，不局不脊。一曰蓆號，上雨旁風。架構綿絡，藩籬其中。不戒於火，延燒一空。凡此三號，魑魅所守。余在舉場，十遇八九。黑髮爲白，韶顏變醜。逝將去汝，湖山左右。抗手告別，毋掣予肘。"《柳南隨筆》

康熙三十八年春，聖駕南巡，自浙江回鑾駐蹕蘇州。舉人吴山掄廷楨中丙子北闈,以冒籍革。至是獻詩,上覽而稱善,命登御舟賦詩,賜韻三江,廷楨應制云:"綠波瀲灩照船窓,天子歸來自越邦。忽聽鐘聲傳刻漏,計程今已到吳江。"賦畢,進覽,天顔有喜,給以御箭。俾次日至行宮,及至,命復還舉人。當廷楨之賦詩也,已得首二句,而思不能屬,窘甚。忽聽御舟自鳴鐘,即景生情,而詩乃就。好事者戲呼"自鳴鐘"爲"救命鐘"。同上

吾邑汪太史玉輪繹,以康熙丁丑舉禮闈。未及對策,而以外艱歸里。迨庚辰服闋北上,邵青門送之詩云:"已看文彩振鸂鶒,重向青霄刷羽翰。往哲緒言吾解說,狀元原是舊吳寬。"是年,汪果大魁天下。同上

有督學江南者,待幕友薄甚,群誚之,乃集《四書》句,縮脚爲詩曰:"拋卻刑于寡,來看未喪斯。只因三日不,博得七年之。半折援之以,全昏請問其。"結句未就,群哄而笑。適東君至,訊知其由,乃續曰:"且過子游子,棄甲曳兵而。"一章皆用四支韻,通押虛字,亦奇搆也。《在園雜志》

康熙五十年辛卯科,左副都御史左公必蕃,翰林院編修趙公晉,同典江南主考官。榜發,物議沸騰,下第士子爲之語云:"左邱明兩目無珠,趙子龍一身是膽。"用古巧合如此。《亞谷叢書》

康熙戊午議修《明史》,上命廷臣各舉所知充纂修官。明年開博學鴻詞科,欽試諸徵士璇璣玉衡賦、省畊詩五言排律

二十韻于體仁閣。取高等五十人，授翰林院侍讀、侍講、編修、檢討，其餘年老回籍者若干人，授中書舍人正字各有差，一時目爲"野翰林"。其主司爲寶坻杜文端公立德，高陽李文勤公霨，馮文毅公溥，崑山葉文敏公方藹，有以詩諷之者曰："自古文章推李杜，而今李杜實堪嗤。葉公憒憒遭龍嚇，馮婦癡呆被虎欺。宿搆零鞿璙玉賦，失拈落韻省眦詩。若教修史真羞死，勝國君臣也皺眉。"用姓巧合，真滑稽之雄也。其前六句皆有指實，向聞長興項鑑亭、廣文灝爲余言之，今不能記憶矣。同上

謝編修道承，字又韶，別號古梅，閩縣人。釋褐後謁文廟，賦詩云："六經原不爲科名，爵判天人在此行。今日瓣香分獻後，驅車歸去自分明。"《榕城詩話》

汪繹，字東山，江南常熟人。康熙庚辰賜進士第一人，官翰林院修撰，著有《秋影樓詩》。殿撰於臚唱曰馬上得句云："歸計未謀千畝竹，浮生只辦十年官。"癸未假歸，未十年卒，知詩讖之早成矣。詩切蹉於邵陵，然邵陵真而近俚。殿撰則骨秀天成，禀諸性生，友朋莫易。《國朝詩別裁集小傳》

泗州選貢毛俟園藻，辛卯秋赴金陵鄉試，主試爲彭芸楣侍郎。其友羅孝廉恕彭，門下士也，寓書索觀近藝，戲爲催粧俳語，毛答以詩云："月影空濛柳影疏，秦淮水漲石城隅。小姑獨處無郎慣，爭似羅敷自有夫。"榜揭，毛獲雋，羅往賀，入門狂叫曰："今日小姑亦嫁彭郎矣。"一時傳爲佳話。《隨園詩話》

《唐書》載,賀知章在禮部選輓郎,取捨不公,門蔭子弟喧鬧盈門。知章不敢出,乃于後園昇一梯,出頭墻外以決事。康熙辛丑會試,李穆堂先生用通榜法所取,皆一時名士。落第者糾衆作鬧,新進士無由入謁,或呈一詩云:"門生未必敢升堂,道路紛紛鬧未央。我獻一梯兼一策,墻頭高立賀知章。"丙辰,予在都中見先生,白鬚偉貌,有泰山巖巖氣象,待後輩當面必訓斥,逢人必贊揚,人以故畏而服之。余謂,此張乖厓待彭公乘法也,前輩率真,亦可不必。同上

苕生分校禮闈,作詩云:"再然犀炬焰波心,恐有遺珠碧海沉。記得當時含木石,十年辛苦作冤禽。"朱香南子年有句云:"寄語群公高著眼,青衫明日淚痕多。"余甲子分校,亦有句云:"帶入秋闈示同伴,當時落第淚痕衫。"同上

黃莘田落第,賦《無題》云:"禿毫成家還成陣,未抵靈犀一點通。"吳竹橋落第,賦《無題》云:"聞說千金才買笑,紫騮休繫莫愁家。"王介祉落第,亦作《無題》云:"眄得纖兒還蕩子,傳來小婢又夫人。"同上

雍正乙卯春,余年二十,與周蘭坡先生,同試博學鴻詞于杭州制府。其時主試程公元章,學使帥公念祖。詩題是《春雪十二韻》,因試日下雪故也。先生有句云:"堆從梨蕊銷難辨,迸入梅花認亦稀。"今乾隆戊申矣,其孫雲翮為上海令,招余入署,謀刻先生詩集,因得重讀一過,追憶五十四年前同試光景,宛然在目。同上

鄭次公于康熙壬子副漁洋典四川鄉試。《精華錄·送鄭郎中赴粵西幕府》詩："當時紅旆向西川，水部風流似鄭虔。被酒共眠金雁驛，分題多在浣花箋。故人一別成千載，公子重逢又十年。去謁征南年正少，牂牁春盡水如烟。"《感舊集詩話》

丁酉科，江南塲屋弊發。按驗得白者，李藻先及陸其賢、沈旋三人而已。龔芝麓贈詩云："名成多難後，心白至尊前。"同上

劉統勳《京兆秋闈即事呈大司寇兼示分校諸君子》詩云："綸扉曉啓捧鸞書，簡命持衡玉筆除。鳳闕乍聞傳姓字，天門旋見列簪裾。桂華香帶秋風早，梧葉涼飄夜雨餘。行到庭陰重回首，當年辛苦意何如。分席明陪耆宿尊。憶曾立雪仰籬藩。人推朗鑒高三館，心爲熙朝闢四門。每以虛懷參衆論，幸因先達識詞源。廷評會見勞丹筆，且坐春風一月溫。六曹三館聞名久，比屋聯床鎖院深。問字異時容載酒，論文此日歎知音。奇探昌谷囊中句，妙聽成連海上琴。樺燭光添傳好語，寒沙撥盡得南金。想像春蠶食葉聲，寸心凜凜敢寒盟。玉音須善酬三策，雨立應連徹五更。久昑文章歸大雅，邇來格律見昇平。洛陽紙價從教貴，信有群賢鑒別精。"《劉文正公集》

范咸《壬子八月初六日入廣西鎖院呈鄒編修》詩云："桂林奇峯起平陸，參差離立遥相望。萬山回環趨都會，選勝乃結文士塲。入門臺級踰數仞，翠挽螺髻列兩傍。獨秀一峯峙

其後,宛似百丈屏風張。特立不屑與衆伍,梯攀迴絕峩巍昂。巖直皮皴瘦露骨,嵌空樹色皆老蒼。四周遠山擁其外,兒孫羅侍環中央。斜倚雙鬟若婢妾,睥睨秀色形相方。覿此奇境神聳立,緬思往事何茫茫。藩封初啓縱驕逸,僞朝偷息徒郎當。殿廷舊址存柱礎,宮牆永巷猶塗黃。翳惟峻削形勢險,衆峯戟立戈矛强。驕騰殺氣拱岬兀,焉能衽席思安康。以之程才聚儒雅,銜枚戰勇師堂堂。樓頭吹角星斗動,三千毛穎銛鋒芒。歌以鹿鳴和其聲,上獻天子觀國光。吾儕校文須賈勇,休使山精罔象旁飛揚。"《浣浦詩鈔》

汪由敦《入闈紀事用少保西林相國闈中書懷韻》詩云:"文治光華麗日輝,新恩申命啓春闈。宮花艷壓承筐帛,寶翰香沾在笥衣。材入鄧斤多杞梓,羹調元鼎異甘肥。雲芝威鳳逢時見,始信千秋遇合稀。"《松泉詩集》

《春闈雨雪上念士子衣履霑濡特頒諭旨各賜帑金次韻恭紀》詩云:"春雪凝膏動曉輝,欣聞天語達重闈。勤農望切期登麥,愛士情殷重解衣。有志敢先天下樂,〔以上述上諭中語意。〕銜恩不爲一身肥。朱提拜賜歡聲洽,瀜澤均霑自古稀。"同上

陳浩《雍正己酉福建闈中閱卷示同考諸君》〔是科,各省同考官皆用鄰省進士舉人。〕詩云:"校文同靜夜,不覺漏聲沉。官燭三條影,窗寒十載心。秋風多健翮,流水待知音。政恐泥沙底,元珠未易尋。"《生香書屋詩集》

王泰姒《由庶常改授户曹恭紀》詩云:"幾年珥筆奏長楊,

此日承恩拜省郎。豈解度支籌國賦,但能清儉凛官常。新銜雨露司農部,舊夢香烟繞玉堂。碌碌簿書叢裏過,漫將雙鬢笑馮唐。"《知稼軒詩》

《散館引見乾清宫授編修復賜克食紀恩恭賦》詩云:"瑤宫重得近天顔,驚喜猶疑夢寐間。三載户曹居下考,一時翰苑忝頭班。[一等共八人,列爲頭班,予名第四。]涸鱗畢竟歸南溟,鞅掌何煩賦北山。[任郎中時,曾奉差審理案件二次。]縹緲鰲峯容托跡,蓬壺方信隔塵寰。"同上

《壬子闈中即事》詩云:"争看雲路闢龍津,文體欽承寶訓新。[場前有正文體,上諭。]五色可無迷目恨,三番曾是折肱人。斗牛遥映冰壺朗,尺蠖應從碧海伸。思報國恩終抱愧,參苓藥籠爲誰陳。"同上

彭啓豐《分校禮闈次壁間王衷白韻》明萬曆庚戌總裁。詩云:"重闈風静廣庭深,分席遥瞻奎壁臨。蓮炬經宵開宿霧,杏花幾樹放春林。傳衣想像題黄絹,鬭藝分明試緑沉。冰鑑敢云迷五色,校量評薦證初心。"[芝庭詩蘽]

《分校京闈和同事諸公》詩云:"鎖院風光景色同,依然分舍住西東。諸公總是登瀛侣,三試初看皓月中。短綆井闌深汲注,疏櫺燭爐晃曈曨。獨憐染袖青藍筆,零落江花逐曉風。"同上

蔣溥《庚辰春闈聚奎堂用壁間法司馬和明人韻》詩云:"細雨簾纖鎖院深,御題初捧斗光臨。幾能丙鑒裁文體,重向

辰年拔士林。[戊辰奉命爲總裁官,兹復蒙恩膺斯任。]卞玉恐教山未采,隋珠終覺海還沉。晝長簾幙清如水,願與諸君共此心。槐陰几席正春深,肅肅高瞻儼帝臨。勉以虛公酬主遇,敬將辛苦重儒林。燭華尚憶三條跋,漏點徐聽五夜沉。舒眼敢云真賞在,但無成見即平心。力穡逢年有淺深,得魚誰不羨淵臨。好花的的休翻樣,新笋班班待作林。一世功名皆理數,暫時得失聽升沉。請看案上糊名卷,盡是風簷寸晷心。運際重熙雅化深,賢關曾荷聖人臨。從今不薄邀天語,[乾隆九年十月,上特幸貢院,《御製詩》四章有'從今不薄讀書人'之句。今恭刊至公堂,敬誦之下,無不感涕。]振古爲昭式藝林。杏苑露濃春浩浩,奎躔雲净碧沉沉。焚香獨坐頻添句,平旦清明一證心。"《恒軒詩鈔》

倪國璉《丙辰五月十七日奉命典試湖南恭紀》詩云:"鳳翽生才地,龍飛籲俊時。秋英求澤國,文教洽南陲。慎簡欽恩命,推揚忝素知。大庭重較藝,三殿屢登墀。佇聽宮壺漏,齊瞻御仗儀。記名天語藹,奉詔使車移。蒲綠薰風長,葵紅曉露滋。邅湖新驛路,作客舊題詩。岳麓開蒼霧,湘流湛碧漪。遊曾三楚遠,官豈十年遲。暑雨逢行邁,關河入夢思。星河明一點,照我玉衡持。[時爲乾隆元年恩科,特命大臣保舉典試之人。三月十七日,保和殿考定等第,引見養心殿,記名以試差用。璉爲錢塘徐公所保,考列一等十四名。五月十七日,恩命典試湖南。憶自丁未秋迄己酉夏,客長沙者三年,兹奉使而往,實爲稽古之榮。且此地人文昔略,識其櫑于持衡之際,亦稍有定見云。]"《春及堂詩集》

程盛修《陳定先領袖南宮旋登狀頭作四絕調之》詩云："五更聲徹六街頭，英妙輸君第一籌。傳徧洛陽聲價遠，卅年重與説揚州。[謂樓村前輩。]三載淒涼冷樹秋，此番高出衆仙儔。教官金榜非難事，難在蓬萊最上頭。[教官金榜挂名時，諺語也。]馬上昂藏七尺軀，風飄絃管溢通衢。捲簾紅粉知多少，盡道髽鬏頗有鬚。雄姿英發妙初時，三十卿材認本師。衣鉢相傳作公輔，到來已是十年遲。[衣園先生以亞卿左遷分校，年甫二十九，君今已三十九矣。]"《夕陽書屋初編》

阮學浩《三晉棘闈和壁間陳南麓前輩韻呈同事諸君子》詩云："深嚴鎖院比巖疆，籤紱聯翩雁一行。身傍雲霄看歷歷，夢迴江海思茫茫。工歌席正懷張籍，授簡筵應對謝莊。千古河汾昭正派，清時女羽頡還頏。芝蘭論臭記交初，同調相憐氣不疏。敢信珠淵搜易盡，終教駿骨市非虛。披吟密座驚籤雀，[謂分校諸君。]整肅重闈静鑰魚。[謂監卷某司馬。]最是聖朝勤側席，循名應勿負賢書。"《裴園詩鈔》

張映斗《特賜官第爲庶吉士肄業之所月給供饍感恩勵志恭述十二韻》詩云："適館英賢禮，餐錢貴仕資。何當厠新進，重與沐鴻慈。聖德隆文治，人才貢有司。引來鸚鵡隊，遂入鳳凰池。士氣清華振，天恩稠叠施。儒風承藝苑，皇路翊明時。夏屋經掄選，冬官載整治。群書標錦賰，衆器列緗帷。彩棟通黄道，朱提下赤埠。星羅分廣座，月計定成規。誦讀原臣分，鈞陶仰帝熙。緬思籌旅食，奕世頌昌期。"《秋水齋詩集》

《丁卯偕龔學畊學士典蜀試首途次韻》詩云："宗伯傳宣拜主恩，封題紅紙旋當門。暫收館閣丹鉛筆，待埽峨嵋翠黛痕。我愧三廳齊月旦，人占二使動星垣。不辭暑雨官程促，馬踏槐黃跡已繁。"同上

張湄《奉命典試雲南出都門恭紀》詩云："萬里西南第一程，征塵驛騎趣裝行。籠霄御氣回頭近，當暑征衫稱體輕。信有文章移樸俗，肯教顏色著離情。碧雞使者殊堪數，我愧王褒共馬卿。"《柳漁詩集》

阮學濬《戊午黔闈次相國西林公留題韻》詩云："使星萬里權行旌，丹詔飛來忝注名。敢謂文章堪報稱，卻慚溫飽負平生。鑑衡魁柄歸公道，山斗儀型奉老成。上相憐才垂訓切，碧紗籠處望中明。兩行樺燭透簾旌，憶昔南宮倖廁名。一瓣香前依座主，三千士裏號門生。追維陸氏情如昨，多媿顏回鑄未成。我是宣公門下士，荒莊已事記分明。濬，癸丑禮闈受知于大司農公。賓興隆禮媲干旌，選俊升賢此策名。自是經綸推碩彥，莫將章句鄙儒生。寸心慘淡微吟苦，尺幅淋漓落筆成。漫說煎茶傳故事，試瞻奎宿五星明。秉鑑何殊進善旌，無端遇合是科名。但教辛苦初心在，不遣冬烘物議生。駿骨定緣千里貴，爨桐須要七絃成。聖朝文教孚寰宇，玉尺樓頭署字明。[試使所居前輩沈恪庭先生，顏曰玉尺。]"《澄園詩鈔》

周人驥《丙辰奉命貳柏攟菴太史典試入閩同日出京賦贈》詩云："高文典冊迥塵埃，太史聲華國士才。愧我疏庸

上下,聯名廷試荷天裁。南國持衡任匪輕,簡書飛下促行旌。芸窗鉛槧童年業,好竭平生會聖明。憶昔珠江視學時,丹黃午夜每參差。閩南更是人文藪,賴有宗工玉尺持。"《鄉遠堂詩》

金德瑛《奉和香樹侍郎榜發後登明遠樓見百花洲上有被放者徙倚水濱若不能歸愀然有作用涪翁詠李伯時韓幹三馬韻》詩云:"妙技爭誇和與垂,闇中得失千鈞絲。一朝榜發欷自嘆,默默愧此三寸錐。聖朝選士命歐陸,冒暑六月鋒車馳。正當珠玉搜仄陋,肯以糠粃輕孤羈。須知藻榜有定命,一士數偶百士奇。長途弗與整秋駕,故里還復烹伏雌。爾方倚闌意何似,公已遠望默識之。文章公器宜自反,洗濯骨髓寧毛皮。金針度處誰共喻,馬首噪者或無知。如得其情矜勿喜,公之衡文真士師。"《檜門集》

劉綸《塗次見青衫席帽策蹇西歸者詢之僕夫知其下第諸生也詩以示慰且致勗焉》云:"勝來可喜敗欣然,一紙泥金孰與傳。乍失意時休顧甑,得空心處自忘筌。名經千佛多先輩,樺燭三條剩後緣。賦就阿房懷袖底,吾曹應笑杜樊川。衆裹無須苦厭身,龍門知不少潛鱗。清時莫問終南徑,離緒空迷灞水津。見獵幾番心尚壯,爛柯一度識偏真。十年燈火秦淮夢,我亦人間罷耗人。"《繩菴外集》

《鎖闈催放》詩云:"小吏橫將紙尾陳,簾前催放重逡巡。須知一日閒題品,回首遺文似束薪。"同上

杭世駿《己未二月六日赴禮部宴恩賜簪花表裏恭紀》詩

云:"金水橋邊路,朱衣導引來。陽和迴曲宴,遲日上春臺。法酒將花艷,宮袍稱紵裁。聖朝恩禮重,不敢負賢才。"《道古堂詩集》

沈廷芳《散館後引見特授編修感恩恭紀》詩云:"鳳池半載沐恩波,常愧閒鷗上玉坡。廣廈端居兼教養,綸書旋下振鑾珂。欣同束晢除西觀,遠勝匡衡中丙科。特予一階真異數,兩人幸校八人多。〔乾隆元年考取詞科諸臣,甲等五人,俱授編修;乙等十人內,五人以科甲出身,授檢討,五人以諸生改庶吉士。踰年,散館,御試時,臣士瑝、臣廷芳皆拔置甲等,奉旨授編修,實異數也。〕"《隱拙齋集》

周煌《乾隆七年壬戌會試和西林相公入闈言懷元韻》詩云:"鴻鈞萬類應神幾,上相承恩出省闈。到此更誰忘矮屋,有人猶自著麻衣。鶯過杏苑金初綻,魚跳桃花水正肥。最是同時參盛典,瀛洲十八比來稀。〔同考十八人皆官翰林,為前此所少。〕"《海山存稿》

《予壬戌甲子兩司分校後不入貢院者三十七年矣庚子入闈和吉渭涯學士元韻》:"桃李蹊成半沒苔,衰遲還荷主恩來。地經辛苦心常在,路欲低迷首重回。未信金鎞終可刮,敢誇玉尺尚能裁。斯文并有初中晚,風氣何當更一開。登堂三復御題詩,校士惟應慎所司。總有文章歸雅正,莫將藻鑑賞新奇。搜林斧且期同入,分水犀猶待共披。我亦麻衣難再著,告君此事聖心知。"同上

郭肇璜《京兆秋闈分校奉和總憲諸城劉公原韻四首》詩

云："閶闔晨開下玉書，榮襄盛典拜丹除。台光乍接冰爲鑑，旻氣初分爽拂裾。鵬路烟澄新霽後，瓊池香散嫩凉餘。庭槐黃似當年色，今日從公意穆如。　清望原知獨坐尊，更無綾刺涉籬藩。法星自炳中垣側，散木都歸大匠門。丰采頻年占物論，文章此日問真源。鎖廳未覺商飈厲，一月春風坐宴溫。　月案風簾漏易沉，重吟細把意尤深。心緣清白留真賞，時值昇平發雅音。符采顯分和氏璧，海山高寄伯牙琴。連朝親見披尋苦，大冶應無躍冶金。　儆心不待曉鐘聲，一段孤懷暗自盟。江上秋蓉銜暮色，簾前樺燭憶殘更。拈毫轉愧科名易，展卷多令士氣平。喜見巨公司玉尺，從知象罔即心精。"《鳳池詩集》

德保《奉命視學順天恭紀》詩云："星槎迢遞豫章回，中道恩綸日下來。敢詡量材操玉尺，卻欣買駿向金臺。士逢燕趙多奇氣，詩採輶軒擅別才。況復論文遍桑梓，[奉旨八旗考試，無庸迴辟。]千秋曠典自天開。"《樂賢堂詩鈔》

《恩復充辛丑科會試總裁恭紀》詩云："昨歲探珠慮有遺，主恩珊網許重持。封緘題紙來千里，[時駕幸五臺，欽命題山驛馳遞。]報國文章凛四知。儒雅真逢謝康樂，[金圃，少宰。]詩才合讓沈佺期。[雲椒，少司馬。]草廬更有傳經彥，[香亭，副憲，三公皆同事。]同看三條燭影移。承乏禮闈逢癸未，于今屈指四司衡。敢將曖昧欺寒素，惟以虛公答聖明。老馬識塗才智短，全牛游刃鑒裁精。一堂分校聯衣鉢，黽勉相期矢寸誠。[同考多通家。]"同上

《甲辰會試蒙恩充總裁官恭紀》詩云："弱冠科名憶短檠，余年十九成進士。禮闈五度荷持衡。化隆稽古文增盛，鑒愧知人老漸驚。千里封題緘御墨，題自江南行在，封發到京。三春花氣滿金城。虛堂清閟苔痕舊，秖有煎茶句未成。"同上

裘曰修《南闈揭曉日示多士二首》詩云："門外青袍如立鵠，[用東坡語。]十年前記此間過。自維舊業成荒落，端藉新知與琢磨。卷裏蟲魚催我老，榜中龍虎得人多。只愁結就珊瑚網，別有遺珠可奈何。桂花香發杏花叢，一種東皇雨露功。敢詡老夫親手植，須知吾道此心同。四朝培養群英出，六代浮華往蹟空。勉矣前途無限事，鹿鳴歌闋莫匆匆。"《叔度詩集》

沈德潛《臚唱恭紀》詩云："鳴鞭靜後奏箾韶，御幄香濃入絳霄。鹵簿疊陳儀仗肅，鴻臚三唱姓名標。羽毛共看翻靈鳳，文采爭傳賦洞簫。天半倘逢雲五色，魏公碩望在同朝。"《歸愚詩鈔》

《鎖闈即事呈同事諸公》詩云："桂香濃處月輪圓，棘院深深別有天。歷塊正須千里駿，搜奇恐愧九方歅。諸公秉鑑除纖翳，老眼持衡戒小偏。汲水煎茶非我事，好詩只讓大蘇傳。[試院煎茶，東坡監試時事，衡文恐無暇及此。]慘淡經營各逞思，打頭屋裏吐瑰奇。蠶聲食葉管齊下，駒影騰空日漸移。鼓瑟湘靈有神助，運斤輪扁寸心知。可能五夜饒餘勇，興滿三條燭盡時。經義由來貴大醇，胸中抱負總探真。芻靈木偶防因陋，土伯蛇神戒鬭新。清廟遺音原淡淡，高樓落紙敢頻頻。熊劉風範

今存否？願爲荊襄辨玉珉。號舍曾經十七回，[康熙丙子始。]偶逢天澤潤枯荄。選才已與屠龍遇，變色還因談虎來。欲報聖明憑翰簡，敢期朋好鼓衰顏。諸生發軔從茲始，突兀同登郭隗臺。"同上

錢維城《乾隆己卯江西省闈題奎宿堂》詩云："年少封侯客，都忘百戰場。塵沙來廣武，雷雨憶昆陽。色變猶談虎，津迷更望洋。呼聲聞壁上，心怯陣雲黃。坐使英雄老，三年一選場。不緣偏雨露，也復走風霜。莫羨冲霄去，長懷鍛羽傷。初心無可負，惟有厚顏將。"《茶山詩鈔》

邵齊燾《甲子秋闈余以庶常獲與同考次聚奎堂壁間舊韻》詩云："聚奎承乏主恩深，越次追隨愧不任。多士他年皆鄧杞，此身前度尚雲林。須扶人雅還先正，敢導狂瀾使陸沈。代斲無才真忝竊，未忘直道是初心。"《玉芝堂詩集》

圖鎔布《壬申闈中和壁間韻二首》詩云："金鎖重闈試院深，持衡時念帝天臨。鵷鸞迥異庚家鷟，杞梓偏多鄧氏林。千載頹波歸雅正，三門激浪判升沉。慈恩塔下看花者，不負乘風萬里心。似水秋光冷漸深，東房西序偶閒臨。連茵壁映神仙窟，抵掌風驚道德林。花落蓮燈光颯颯，壺傳銀箭漏沉沉。人間不羨芝蘭室，別有清芬愜素心。"《枝巢詩鈔》

《癸酉入蜀典試紀恩》詩云："清曉纔齊侍從班，鸞章高自五雲頒。銀魚暫許辭文陛，玉尺從教出武關。夏仲遠衝梅雨去，秋深應趁菊香還。君恩軫念烟雲癖，奉使仍兼看好山。"同上

《庚辰山左典試出都紀恩》詩云："秋光澹蕩露溥溥，結束征衣稱曉寒。路指青齊千里迴，心懷御陛五雲盤。花縈柳拂乘軒過，水送山迎按轡看。好是文章堪報稱，幾多佳士正彈冠。"同上

葉觀國《奉命督學廣西紀恩述懷》詩云："秋闈玉尺忝分持，拜命重叨校士司。萬里星軺臨桂海，三年絳帳憶滇池。延英召對天容霽，宣政頒麻制勅隨。慚愧恩私難報稱，飲冰集木是心期。繫門官馬向風鳴，騶從翩翩出鳳城。作吏不離香案貴，書銜應勝玉堂清。盧溝水落秋經盡，灰洞塵高日久晴。遙喜前途歸使節，時時林下一班荊。[時奉使諸君皆先後還朝。]十年五度奉恩光，出入頻經楚豫疆。傳吏來迎多舊識，館人相見道勝常。摩挲驛壁留題在，指點郵亭記憶詳。周道今方趨八桂，征夫舊已涉三湘。[觀國蒙恩，自乾隆癸酉至壬午十年之中，嘗典河南、湖北、湖南試事，督雲南學政。今又赴廣西驛路，皆出豫楚一帶也。]陽朔山川古所誇，圖經先為討幽遐。宗元自喜尋愚谷，靈運還能賦永嘉。五管星辰懸嶺外，三江烟水極天涯。承平文化涵濡遠，定有英才煥物華。《綠筠書屋詩鈔》

錢載《丁丑春闈聚奎堂後東房宿次》詩云："郤擬王融筆，仍權李諤篇。煎茶方欲賦，寫韻孰如僊。簾頓風微動，廊深月乍偏。外堂收卷畢，想未得宵眠。[上欽定科制二場經文四首，改表為詩八韻一首。先日選韻，總裁屬同考寫之以刻。]"《蘀石齋詩集》

《己卯廣西衡鑑堂》詩云："朱邸重階舊，方城列舍寬。夜

临西月静,秋拥北峯寒。五字吟初叶,三场勘总难。矫然风气望,江岭郁相蟠。"同上

《庚辰聚奎堂后西房宿次》诗云:"旭景当檐最近南,高依槐干叶犹含。广廷软草闲行趁,净几微香寂坐参。感切主恩频岁及,愧疏经术寸心谙。恭闻磨勘应蒙宥,持择斤斤尚勉堪。"同上

乾隆甲午科,余典试江西,舟发南昌。回忆丁卯秋文端公典试江西,余随往陪冯侍御、金学使、彭方伯登北兰寺之秋屏阁,载有诗云:"沙软江斜竹逗青,夜遥相映入禅扃。烛光林影栖鸦起,露气虫声落桂馨。朱阁从容秋士展,碧霄清切使臣星。待悬晓月阑干上,看尽西山十二屏。"今登阁者,惟载在矣。《镡石斋诗集注》

翁方纲《入翰林院恭依御制诗四首元韵》诗云:"星垣蓬岛镜中春,天笔亲题席上珍。如此褒荣蒙圣主,谁无感激况微臣。步趋晓日花瓴影,篆隶卿云翰墨新。赓和廿年名辈在,画栏邍读重逡巡。仪舞周阿集凤鸾,瑽琤玉佩蔼衣冠。人间绿字金书少,今日奎宫璧府看。学士柏曾依井植,[刘井西即枏亭。]瀛池槐记覆亭团。[前辈有《瀛洲亭补种新槐赋》。]御河桥接红墙影,东面周遭万顷澜。敢诩交游气谊联,虔共天保鹿鸣篇。读书识字求忠孝,立志修途向圣贤。排比琳琅珍月露,铺陈清祕富云烟。肯徒藥榜霓裳詠,四十人同拟众仙。[同年入院者四十一人。]词源万派汇冲融,著录诸家一折衷。八代韩公能振

起,[堂東韓祠。]群經御定益尊崇,師儒唐宋規難并,故事洪陳輯孰同。[洪遵《翰苑群書》,陳騤《館閣錄》。]拜手賡歌千載遇,光華復旦日方中。"《復初堂詩集》

顧光旭《校士己卯秋闈中作》詩云:"我思海忠介,如山有泰岱。我思熊次侯,如器有鼎鼐。昔我八世祖,瓊海得公在。洎我高祖時,漢陽出當代。[海忠介,先八世祖洞陽公門下士。熊次侯,先高祖勉齋公己丑分校首薦。]二公列門墻,下士盡茫昧。鑒別具真賞,不在文字內。大儒相輝映,後先百餘載。由今溯國初,極盛難為再。熙朝協文明,五色羅藻繢。藻繢何足多,不辨懼目眛。試官任掄才,摸索資進退。顧憨伯樂知,欲空冀北隊。豈無荊山璆,忍使和氏廢。豈無珊瑚枝,轉慮鐵網碎。重簾閟幽光,氣數分顯晦。取人豈徒言,磊落看意態。敢云紹家風,於此求俊乂。得士佐休明,持作大廷對。"《響泉集》

槐廳載筆

卷二十

詠歌四

錢香樹《尚書喜聞從孫載南宮捷音即次誠兒韻》詩云："琢成楮葉廿年遲，著論韓公伸紙時。"自註："今年欽命題，即廿年前載中副車題也。與退之《不貳過論》相類。"又詩云："門下同官修後進，月中通籍悟前身。"自註："兒子汝誠，蔣庶常楖，皆受業門下。今入翰林，寔近年科舉佳話也。"《竹葉菴雜記》

康熙丁未，授秘書院辦事中書舍人共十二人，曾祖偕田公雯、沈公印范、張公鵬、張公鴻猷、張公衡、申公穟、朱公射斗、李公迴、梁公聯馨、紀公愈、孫公百藩。一日在署，張公鵬嘆曰："吾輩何日可成正果？"申公穟吟曰："書生薄命還同妾，丞相憐才不論官。"田公雯吟云："失路嗟何益，癡懷老漸平。"因相對泣下。《種李園詩話》

乾隆壬午春，余從雲巖學使於衡州試院，將按永州，余暫歸清泉署。次日，買舟追赴于祁陽，中途雲巖用昌黎合江亭韻作詩相待，云："別君甫二日，勝踐事已左。扁舟感卬須，好風思咳唾。豈無同心彥,歡情託參佐。之子期未來,欲餽詎可貨。暝投孤嶼泊,側想千帆過。夢裏尚遲君,依稀展齒挫。朝來傳好語,檣燕屢鳴和。江郎檀半分,陶家力一箇。溯洄亦阻長,君來忘坎坷。祇乘剡溪興,不戀彭城卧。念君住東軒,令弟最吏課。謂蔗畦明府。耐官理宜爾,留滯勢豈那。君方舉龍文,健筆振群愞。著書排俗説,一字國門播。文如繁露醇,詩笑東野餓。憐子遠追逐,敢以得士賀。三年乘輶車,舊學益荒惰。江山空到眼,賓客鮮驚座。同心喜蘭芬,析理已的破。跌宕風月閒,誰能即塵涴。"余亦即和答,一時同人皆有作。至永雲巖復疊和數篇,命吏抄錄成帙,郵寄蔗畦,屬入《清泉志》。雅情逸興,至今思之。洵屬前輩風流,不可多得。《瀟湘聽雨錄》

　　吳白華司空省欽,久困鄉闈,丙子被貼,《飲長干酒樓》詩:"歸燕吟成近十霜,吳鞋重踏大功坊。故侯寥落遺民老,忍見西風字數行。"大功坊,被貼處。丁丑召試,授中書,《感遇詩》:"再四蹉跎牓未填,蹇人豈分上青天。科因制舉尊鴻博,典爲遊巡予量銓。"迨癸未入詞館,戊子秉文衡,及今已三十年。凡典鄉試七次,會試同考三,總裁一,學政五任。弟省蘭以舉人學正,甲午充同考,戊戌賜進士,以編修充丙午浙江正主考。大考第一,侍講擢正詹事。《藤陰雜記》

　　壬午鄉試,趙甌北編修翼分校,作《秋闈雜咏》詩,一時傳誦,錄其最警策者。如《宣名》云:"觚稜淑景日初寅,御紙簽名下紫宸。同輩半爲揚觶客,至親翻有向隅人。一時朝服班行肅,隔夜巾箱檢點頻。卻笑門前廻避字,主人出後貼偏新。"《赴闈》云:"衣冠一隊出朝來,銜尾雕輪轣轆催。故友相逢休問訊,諸生旁睨或低徊。登瀛數恰符仙侶,觀象臺應聚斗魁。太息十年辛苦地,敢期珊網入羅才。"《封門》云:"關鎖中分棘院森,外簾信息總沉沉。官封恰似泥丸固,人望居然入海深。選佛塲清塵自隔,聚星堂迥路難尋。由來令甲嚴防禁,如水臣心久自箴。"《佔房》云:"紙窓隣并似僧寮,三面分排判葩茅。幽谷新鶯頻繞樹,畫堂舊燕早投巢。[舊曾分校者多佔正房,新進不知,則兩廂矣。]宵來説鬼常盈座,曉起聞雞爲近庖。斗室敢嫌湫隘甚,風簷猶憶號簾敲。"《聘禮牌》云:"齋期停宴鹿鳴筵,白鏹仍頒錦盒鮮。鎔處金分三品貢,鐫來字異五銖錢。質精應識披沙苦,禮重真同納采虔。卻笑儒珍常待聘,今朝何以答求賢。"《供給單》云:"食品開明二等殊,仍防中飽落厨夫。漫疑乞米書成帖,不比充饑餅在圖。日有隻雞公膳半,夜無斗酒客談孤。歌魚詎敢彈長鋏,苜蓿儒餐分已逾。[食單無魚酒。]"《鄉厨》云:"不諳烹飪強司厨,每一房頭撥一夫。聊可爓柴當老婦,偏工媚竈謟人奴。[奉奴僕甚謹,冀分餘瀝也。]饞腸定有羊蹄踏,敝袴誰憐犢鼻污。乞得爨餘頻護視,出闈一飽共妻孥。"《刻匠》云:"梨棗先期妙選材,風斤月斧一時來。官差獨應詩文役,儒術偏資刀筆才。詎以刃游矜絶技,所期紙貴賣名魁。關心更有同門卷,預向經房訂幾回。"《分經》云:"不多數子領群流,餘輩經堂各探籌。多士未遑談虎觀,考官恰似劃鴻溝。逢來未必專門業,分後偏防易地謀。信有科塲如射覆,量才人亦聽拈鬮。"《擬策》云:"策題分擬戒搜羅,不比賢良古制科。腹笥愁渠真太少,記珠笑我亦無多。略鈔兔册留方便,暗度鴛針教揣摩。莫笑巽巖編摭拾,果誰成誦口如河。[巽巖編,即策括也。見《文獻通考》。]"《刷題》云:"剞劂纔完促刷題,[以泥襯板,足踏之使平,謂之跳題。]錯疑響搨印層綈。烟雲頓滿非濡墨,[刷印用煤汁。]文字何災卻污泥。消息怕傳通信鳥,限期頻聽報更鷄。[刷字關防甚嚴,五鼓即發外簾散題。]還愁漫漶文難別,監刻輪番仔細稽。"《選韻》云:"令甲初添試帖新,主司選擇爲臚陳。華嚴字母刪奇險,韶濩詩林取雅馴。义手揮成知幾輩,吟髭撚斷定多人。最先一字休忘卻,官韻當頭耀炳麟。[限得某字例,刻在第一。]"《薦條》云:"三寸冰銜鏤刻工,卷端鈐與薦書同。品題未便無雙士,遇合先成得半功。佛海漸登超渡筏,神山猶怕引回風。笑論此即量才尺,大抵抽長在短中。"《文几》云:"東西棐几兩排連,序坐居然十八仙。旁列如參尊宿座,經闈剛半主司筵。[主司方桌,同考半桌。]席間地豈睽函丈,[每桌皆接連不隔。]案上文常擁累千。詞館向論先後輩,如何位次按經編。"《卷箱》云:"曹倉鄴架漫相同,無限精靈閟此中。敗卷堆成團扇篋,佳文貯即碧紗籠。封鈐怕有冤啼鬼,扃鐍如防氣吐虹。在笥衣裳誰佔取,卻須破壁去飛空。"《紅燭》云:"五色迷離晚退堂,例燃紅燭照昏黄。文心已炳增熒燐,官體聊存取吉祥。恰映朱衣人現影，不容硃卷字分光。[傍晚不閱卷。]別憐矮屋蠅頭字，剔盡寒花夜未央。"《藍筆》云："中書不判五花工，凝碧池頭染翠融。欣賞情同青眼客，別裁權亞黑頭公。淡痕豈向眉添黛，濃抹何須帛勒紅。卻笑出藍凡幾輩，異時若個最葱葱。"《落卷》云："幾陣雲烟過眼輕，案頭堆疊太縱橫。落花退筆全無艷，食葉春蠶尚有聲。續命縷殘誰起死，返魄香到或更生。闇投未必皆珠顆，無限人間嘆不平。"《副卷》云："去取真看雞肋如，棄之可惜味無餘。戰塲旗色標偏將，馳道椎聲中副車。文采原輸全豹變，姓名休笑續貂書。側生荔子香雖減，猶勝西風落葉疏。"《撥房》云："中額難均數迴懸，按房衰益主司權。未妨蜾蠃艱生子，笑比琵琶別過船。紅藥贈行應割愛，錦棗托宿亦成緣。莫憇掠美如醯乞，磨勘嚴條藉獨肩。[既撥房後，如磨勘干吏議，則所撥之房任之，原薦者不與。]"《勘卷》云："校勘深防吏議持，闈中先自細求疵。世情肯爲微瑕掩，宦況愁停薄俸支。入穀仍憐危縋落，干霄或厄閏年遲。[頭塲已中，後塲有疵者停科。]始知完璧真難得，看取縱橫抹筆垂。"《闈墨》云："十八經房各數篇，篇端未有姓名鐫。人間可許千秋鏡，此地居然萬選錢。紙價明朝增幾倍，魁星一輩又諸天。卻愁衆口吹求甚，斤削先加鍥刻前。"《草榜》云："編排紅號據文評，一榜翻疑以字行。恰似風簷纔起草，尚遲澹墨爲書名。異時雁塔依先後，明日龍頭可老成。[填榜前一日。]穎脫諸生應得兆，家家乾鵲樹頭鳴。"《諭帖》云："匝月嚴扃絕寸箋，忽揮僮约出闱传。定知书到堪金抵,却命车来以贿迁。[供给所余,皆载以归。]露简不封书半草,冰衔自写笔如椽。还同路引经关隘,点验层层始放前。"《填名》云:"堂吏声高唱拆封,关防加密锁闱重。掀髯剧喜名流出,防口深愁熟客逢。星斗光连千炬火,鱼龙气动五更钟。荣观最是填魁候,六幕文昌景倍浓。"《拜榜》云:"淋漓墨瀋遍填名,肃穆朝衫告礼成。所愿人皆为国士,岂嫌师转拜门生。满堂灯火荣光照,一路笙箫雅乐迎。却顾东方已辨色,卿云糺缦日晶明。"《谢恩》云:"朝房冠佩雁行排,放榜明朝诣阙皆。报国文章聊可藉,儒官职役此为佳。求师已有襕衫客,逢友多称玉笋侪。稍逊皇华人复命,亲承天语叩瑶堦。"《赴宴》云:"退朝车骑又喧阗,京兆堂高綵绣悬。喊凤尽来新贡士,馂羊犹见古兴贤。堂餐味出官厨馔,厅壁图开礼宴筵。[主司及执事官,皆与宴堂上悬宴图。]此地恩荣惭最荷,去年骖从满庭前。"《门包》云:"红毡名帖认师生,执贽仪文草草成。修脯自行原有例,锱铢必较太无情。士如画饼宁供啖,我亦荒庄敢取盈。莫以戋戋薄羔雁,穷经人本少金籯。"《房卷》云:"校官各自有房元,试牍从排似弟昆。十数名分新雁塔,一家人集小龙门。合编恰比联珠宿,溯绪原非异茧盆。师说谁堪传枕膝,十年诗法要相论。"时蒋苕生士铨亦与分校,赋《满江红》词。《蓝笔》云:"毛颖先生,新除授蔚蓝天使。青眼内,生平不识,杨朱墨氏。翠壁间题应减迹,绿天偏写难寻字。草新诗,待借碧纱笼,添螺子。　黛眉恨,何关爾。青衫淚，多由此。判升沉，一句辛苦，三年悲喜。疏密圈來方入縠，縱橫抹去非知己。比盧公，老臉坐中書，操生死。"《薦條》云："判姓分銜，縱五寸六分寬窄。雕鏤出，一行細字，堪陪玉尺。左右分陳監試案，收藏不到司衡席。認經房，卷面印分明，存稽覈。　天人界，鴻溝畫。雲霄路，函關隔。發軍符，好風吹送，幾行飛翮。半喜猶争文字命，終身已注師生籍。抱遺珠，借慰老儒心，嗟何益。"《落卷》云："經笥便便，知不等巾箱儲藴。歎燕石，豐年難售，篋中重轀。趙括殘兵同一泣，田橫義士都相殉。待求他，藥籠貯黃楊，偏逢閏。　冬烘册，陳年券。魚豕字，尖义韻。向此中，沉淪苦海，地天俱悶。躍冶豈無干莫寶，藏鋒偶作鉛刀鈍。祝他年，拔宅共飛昇，体長困。"同上

施愚山《移寓寄宋牧仲》詩："書聲不敵市聲喧，恨少蓬蒿且閉門。此地栖遲曾宋玉，蘚墻零落舊題痕。"《曠園雜志》："己未，愚山寓邸，寄雲樓下，老梅四月開四花。俄而報至，施與高詠俱入翰林，南隣孫卓榜眼，茆薦馨探花，皆同里人。是科，四月殿試，果符四花之兆。"同上

本朝直隷狀元，自雍正甲辰，陳大宗伯悳華始封。翁夢神人贈松柏兩株，桂花一枝，咏詩以紀，有"庭樹二株邀祖德，天香一瓣續孫枝"之句。長子悳榮，少子悳正，俱以進士官藩臬。宗伯登上第，年八十三而卒。《石鼓齋雜錄》

陽湖莊本淳培因學士，少負才華，不作第二人想。乾隆

乙丑,令兄方耕先生存與,以第二人及第,學士賦詩調之,落句云:"他年令弟魁天下,始信人間有宋祁。"後果中甲戌狀元。嘗館課"夏雲多奇峯",有"天際落芙蓉"句,頗自矜詡。未幾,卒。此與蔣菱溪麟昌編修"羊燈無燄三更碧"同一詩讖。《炙硯瑣談》

于宗瑛《闈中典試和彭芝庭大司馬步壁上明王衷白先生元韻》詩云:"泰山北斗望同深,司馬中丞喜共臨。[時鍾大中丞亦同典試。]一鑑明明懸璧府,雙星耿耿照珠林。龍門躍露秋霄潔,鴛瓦衝涼月色沉。十八簾官同嘯咏,冰壺想見大賢心。"《來鶴堂詩鈔》

蔣士銓《壬午八月六日入京兆闈紀事呈梁觀兩院長及館閣同事諸君》詩云:"舳舮晴靄氾晨光,冠佩趨朝集璈廊。御筆僉名珠可貫,禮臣宣敕鳳鳴鏘。鴛鷺小會聯新翼,奎壁重來解急衰。[時兩院長于塞外奉命至。]何幸微臣樗散士,叨陪列宿入文昌。雕輪銜尾出東華,六府頭廳已放衙。齋日例停京兆宴,天衢樂導使臣車。迴翔雲路思前轍,指點風簷說舊家。那識虛堂清閟極,斗牛邊畔許乘槎。玉皇案吏并台階,新侍長楊羽獵回。文囿全邀枚馬坐,絳紗仍為戴彭開。[同人半出兩先生門下。]三年種樹依喬木,[王夢樓、朱小岑,己卯舉京兆,即出兩院長門。]節次持衡應斗魁。揭好同來簪筆侶,[十八人皆先後出入館閣,是為盛事。]朱衣屏後最低回。院宇深嚴戶牖排,登瀛人數恰相偕。豸冠雙入監闈使,縹檢分呈聘禮牌。鳳覓高梧原有舊,[曾與分校者,皆各居前舍。]燕投新壘便爲佳。難忘矮屋苔花碧,檢點衣痕尚可揩。陳縑寢食廿年俱,忽漫巾箱寸帙無。伏案低顏思卷軸,聞雞失咲送庖厨。朝曦過隙心猶惜,夜魄窺簾影未孤。此是桂輪蟾窟裏,萬間廣厦一冰壺。老眼無花鏡月縣,玉堂連袂領群仙。臣心空洞知恩重,天語分明藉口傳。[兩院長口傳上旨,諭同考諸臣各宜公慎。]經注牙籤編象緯,風和蘭座聚星躔。消閒擬和坡翁句,試院茶香可共煎。"《忠雅堂文集》

初八夜對月感舊,呈葉毅菴、秦叙堂、汪耕雲、紀曉嵐前輩,張懷月舍人。五君子皆丁卯鄉舉同年,故有作。"微颸料峭嫩寒尖,門徑斜封鏁鑰嚴。題紙裁雲同密護,印泥分彩各新鈐。秋河顯晦翻層浪,好月盈虛隔一簾。十六年前今夜漏,六人五處卧風檐。[注紀同舉京兆。]"同上

諸重光《和徐芳圃師校士貢院敬依御製臨幸貢院詩四首元韻》詩云:"高秋晴旭豁嘉辰,籲士宏開踏省闈。兩地鈞衡勞甲乙,三條樺燭憶庚辛。[先生于庚午登賢書,辛未成進士,故云。]無邊風月歸才筆,有美湖山認主人。江上芙蓉争得氣,欣看十月小陽春。星辰曳履近三台,玉尺頻持爲選才。天上幾人得雋者,大夫如此信賢哉。桂林香滿因風發,嵩岳雲高待雨開。小試亦煩真作手,人歌何暮慶公來。 幾輩因風已上搏,門庭清峻有誰千。傳家自許盟心在,報國從知得士難。太守愛人甘似肉,書生得句勝于官。一時桃李皆新植,莫以霜華任菊殘。 樹花茵溷判升沉,也比歡塲醉且吟。雜沓賓朋東閣

盛,從容絲竹後堂深。同時席帽誰登巇,再著麻衣愧入林。白髮門生甘下拜,如公真不負初心。"《二研齋遺稿》

王文治《壬午京兆試以分校入闈呈兩座主并示同人用蔣心餘前輩韻二首》詩云:"奎宿遙分日月光,行營銜命到朝廊。瑤墀露重黃封泹,禁樹風微紫綬颺。幾許鵷鷺陪載筆,昨宵鴻雁送歸裝。司天合奏卿雲旦,見說文明應壽昌。[時近聖節。]鎖院槐陰透日華,分曹左右列蜂衙。高寒最近文昌座,閉置休嫌新婦車。往日閒官原似客,經時小住便爲家。爲傳奉使諸同學,憶爾張騫八月槎。"《夢樓詩集》

胡高望《辛卯山東闈中即事》詩云:"東來海岳見高深,恩許論文啓士林。自昔師儒崇正業,即今齊魯嗣清音。含毫肯負三條燭,點額寧忘千載心。共指爲章星漢麗,春風新荷六飛臨。城上雙鋒照碧霞,鏁廳秋靜試煎茶。律諧軒管聯仙侶,繡曳宮袍倚使車。敢擬千絲同結網,還期百鍊出披沙。承筐聽取和鳴鹿,紫塞前旌更拜嘉。[望先奉命隨往木蘭圍行在扈蹕。]"《嘉樹堂詩集》

趙翼《臚傳紀恩四首》詩云:"玉殿臚聲肅早朝,雲端仙樂奏虞韶。班依雉尾開宮扇,時先龍舟奪錦標。[向例臚傳在五月,今改四月二十五日。]四海人才文一等,十年場屋蠟三條。生平望此如天上,何幸今真到絳霄。　三唱依然伏地堅,[令甲唱名至三聲,猶伏地不起,鴻臚官掖之出班。]緣知仕宦戒爭先。無才名敢羞王後,有客書能炫趙前。[東坡詩:'羅趙前頭且炫書。']蓬島雲霞曾到顶,洞霄班位總稱仙。已慚鼎足猶非分,敢望魏科第一傳。走馬長安已老蒼,多慚人說探花郎。來從金水橋中道,出有天街繡兩行。恩重始知無可報,才微自問有何長。宮花插帽生輝處,也比山妻瘦面光。　卻憶燈窗弄墨丸,先公珍作掌珠看。弱齡時已期今日,舉世人皆艷此官。一第倖成偏已晚,九原雖笑對誰歡。只餘簫鼓喧迎處,略慰慈闈兩鬢殘。"《甌北集》

《壬午秋闈分校即事》詩云:"澹墨纔分榜蕋香,遽持玉尺許評量。敢誇眼似新磨鏡,尚有魂驚古戰場。珊網慮疏羅一目,經籤欲叩腹三倉。所期瑞集高梧鳳,藉手文章報廟堂。魚雅衣冠列座分,科場責望此番新。主司原是蓬瀛長,分校全聯館閣人。文到醉翁應□變,莊收陸氏不妨貧。異時千佛經傳出,紙價長安幾倍論。[梁、觀二主司皆兼院長,同考十八人皆館閣人。]黑白漫漫局未明,別裁忍負夙心盟。九還可煉誰功到,一筆能勾奈哭聲。腕力袖穿風兩肘,眼花燈眩鼓三更。可憐利市襴衫客,豈識持衡爾許情。連日西風落葉繁,人間渾未識秋痕。勞薪已作溝中斷,戰骨猶留夢裏魂。曉擲靈蓍勤問兆,夜看雄劒擬酬恩。生平此味曾嘗遍,束筍堆邊手再翻。紙窗雁齒互排連,恰稱朋儕作達緣。選佛廣塲兼說鬼,聚奎仙界合談天。[諸同人連夕劇笑。]鼻尖出火欹燈穗,舌底翻瀾沸酒泉。捫腹自慚無故實,衆中堅坐聽轟闐。"同上

《散館恭紀》詩云:"三十餘人試殿墀,姓名獨荷帝疇咨。

［上獨呼臣翼名宣見垂詢。］小臣未敢他途進，聖主真懸特達知。詩草行書呈滿幅，［詩稿恭呈御覽。］甄花跪奏語移時。廿年牢落菰蒲士，何幸親承雨露私。傳聞天語殿東頭，益愧才非第一流。已忝班行詞館綴，曾邀名字御屏留。［去歲京察蒙恩記名。］文章似惜楊無敵，骨相兼憐廣不侯。［引見後，上語大學士傅公謂，臣文自佳而殊少福相。］寒士從來感知己，況蒙帝鑒更何求。同上

蔣雍植《戊午鄉試被放同諸君飲酒肆》詩云："不比窮途哭，聊爲酒肆歌。歸耕吾足矣，痛飲日亡何。秋雨寒難下，羞顏醉欲酡。殘骰吹火炙，還勝射堂鵞。"《待園詩鈔》

沈初《和德定圃先生辛丑主試禮闈原韻》詩云："唱酬試院昔賢遺，拜命文衡許共持。尋味酸鹹新什展，問途辛苦夙心知。風塵得士憑超俗，今古論才總應期。竊喜折衷師席近，日偕先達共肩隨。［謂謝金圃、吳香亭兩前輩。］雅意妍詞均罕友，主恩人望一爲衡。茶聲忽到重簾靜，星彩當空五夜明。心迹相看清可挹，文章要使遠能行。淵珠敢信搜能盡，品隲惟期矢慤誠。"《蘭韻堂詩集》

韋謙恒《蒙恩復入詞館恭紀》詩云："聖主恩波海樣寬，詔書忽下五雲端。自慚舊業荒蕪甚，彌歎前愆補捄難。芸館從教添故事，［京官鐫級，例不得補翰林，外吏削職復入詞垣，尤異數也。］花甎更許結新歡。蓬萊再到真如夢，感激唯餘淚獨彈。"《傳經堂詩鈔》

《己亥奉使滇南別京華諸同志》詩云："七年前記留鴻爪，

萬里重看試馬蹄。舊跡已拋春夢外,新恩又過夜郎西。關河歷歷猶能說,父老依依好更攜。獨悵故人成小別,秋來孤負月如圭。"同上

吳省欽《五月九日乾清宮引見選館恭紀》詩云:"觚棱端聳五雲間,隔晝傳呼法駕還。[駕在西苑,引見者俱須祗詣,惟新進士引見,駕特先日還宮,以卹寒畯食宿之費。]年貫竝繙蝌斗字,趨蹌分領橐馳班。名超甲第先排等,[自戊辰至是科除一甲外,皆先命王大臣驗列,一等數人,二等者三四倍之。欽在二甲三十名,時列一等之第三。]喜送丁奴各候關。[從人止中左門外。]通籍七年官數月,宮扉初次聽金環。堯廷列跽姓名通,詔傍階墀覽下風。[引見官跽處,距階例二丈許。是日,命移近至階下。]譽忝朝元珠錯落,[新進士試保和殿,第一者謂之朝元,時欽忝此選。]蹟聯館少玉玲瓏。[館選齒最少者謂之館少,欽與海寧祝德麟、壽光李鐸同列一等,其年皆祇二十。]丹豪結體天旋左,[名摺既下,丹圈者,庶吉士;尖者,分部額外主事;連點者,知縣候選。御筆圈處,皆由左而右,丹蹟宛然。]黃闈凝暉日正中。好與元和徵故事,喜歡三十二人同。[陳標句案,元和十三年,放進士三十二人。今科一甲三人,授館職,庶吉士選二十九人。]引對頻煩翰苑司,[引見新進士,由翰林院司之。]傳宣頃出鳳凰池。瀛洲雖到官稱士,郊殿初旋帝命師。[庶吉士,例以掌院學士及内閣學士列本候簡,俾教習焉。協辦大學士劉綸、侍郎德保未待題本,先膺是命,距北郊後祇三四日云。]掌院分書長論齒,[雲、貴、川、廣人,免習國書,其餘三十歲以下者,多令派習掌院學士,於館選後數日,以齒分清書、漢書,謂之分書。]到門換帖緩需期。[後輩謁前輩,初次俱用晚生白帖,例以科分,最先之前輩,擇期

於庶常館謁報,謂之换帖。]山林臺閣懸霄壤,免習唐賢二應詩。唐人以應制、應教作爲'二應體'。麟角牛毛命不居,下江祇選四中書。[江蘇庶吉士四人,俱中書改授。其不由此者,惟修撰秦大成而已。]乍支雙俸分幫俸,[各關額解庶常館,共銀三千餘兩,謂之幫俸。]未引單車列後車。[庶吉士車入院門,與編修學士無異,惟少單引而停車,亦稍後云。]教養恩兼三殿上,哀榮感及九泉餘。卷堂叩假臣何敢,忠信齊心奉玉除。[館選乞假者,衹准註病,或卷堂而散聞,將嚴是令焉。]"《白華前稿》

《散館授職紀恩》詩云:"六街新報狀元歸,西苑熏絃協舜揮。襆被預租金地淨,押班齊望火城圍。三年教養恩如海,兩字賢良德有輝。執卷趨蹌敷坐穩,氊茵髹几咫顏威。[時尹文端、劉文正,以大學士爲館師,率領謝恩訖,入賢良門散卷。]殿東晴接殿西陰,正大光明仰帝心。丹字分題雙捧下,錦袍合跽三思尋。盡[即忍切]求麥隴秋濤壯,莫負花甎晝晷沈。一賦五詩真鹵莽,願闞鳳律破蛩吟。[是日,試入甄影賦、麥浪詩,省欽成五首。]翠輦東來降玉階,羽林全撤仗雙排。平臨天步光先近,宣索雲箋韻未諧。[巳刻,御輦經殿前,隨下上殿,諭詩成者以稿上。]封進閣門重簡點,評量樞院尠參差。二三等第勞宸覽,留館容看發綠牌。[清、漢書皆分一二三等,折封後依序繕綠頭牌引對勤政殿。]宵衣勤政仰家傳,雁序通名豈論年。職志已完文士業,詞章也荷聖人憐。但循資格安時命,蚤託編摩遺俗緣。如此清華難副望,向陽葵藿勉精專。[省欽與修《一統志》《音韻述微》《續文獻通考》,時列一等第二。]"同上

《四月五日大考翰詹諸臣八日拜擢侍讀紀恩》詩云："天門詄蕩曳青縜，甲第聯銜候試差。月旦待題名士重，風儀難信病坊諧。[朔日，引見應出試差人員，坊缺中有年老者，遂命大考。]六年大比宜循典，三日常雩適致齋。館吏一時喧走語，筆牀硯匣細安排。[自壬戌後屆六年，即舉大考於西苑，時值雩典。]文闈宏開曙色霋，羽林雙引翰詹齊。抱從佛腳靈當乞，仰過天顏候漸稽。薦寢拜霑嘉果賜，留田策罷遠糧齎。茂先王佐臣何有，慚媿枋榆斥鷃低。[試擬張華《鷦鷯賦》、《新疆屯田議》、《紫禁朱櫻出上闌》詩。]白華朱實捧宸廣，草屋標題兆豫成。[省欽自號'白華'，伏聞御製《朱櫻》詩首聯有'白華細結三冬月，朱實紛垂首夏天'之句。]新進無資還壓卷，故人有分輒連名。[省欽列一等第一，褚侍講廷璋一等第二，自召試朝考，省欽名皆在褚上。]寸心得失終難問，鼎甲廻翔暫比榮。[一等例止三人。]今後好修衷倍矢，勅頭何易副親旌。[歷奉諭旨觀其文，復觀其人，親定等第。]丹翰遷除寵命新，光明喜遇佛生辰。三升未信由司馬，五品先誇不遜人。[明張位《詞林典故》，五品不復推遜，引《虞書》語，人以爲笑端。]報主文章徒夢寐，致身富貴孰精神。飛沈時數關前定，少賤驚心四十春。同上

姚頤《奉命視學楚南恭紀》詩云："微生遭聖明，謬忝文字知。服官十五載，雨露天所私。一持南黔節，三佐春官闈。年來禁廷直，冰競夙夜思。謂言乏涓埃，豈意恩重施。駪駪使者車，載得鴻恩慈。昔歲迓板輿，七載蒙祿養。一從南轅返，坐思寢門曠。大哉聖人恩，慰此望雲望。楚南與吉江，纔

隔幾亭障。他時依子舍,歡顔聊可暢。顧慚螻蟻私,遂荷皇天諒。三楚多秀士,詩人夙所誇。斯文騷雅餘,歷歷凡幾家。流風未宜墜,況多蘭杜葩。我馳千里轍,遠泛八月槎。何以塞吾責,一心矢無瑕。願言衡岳雲,散作士林霞。得人未可必,敢辭梳與爬。維聖有明訓,崇實黜浮華。"《雨春軒詩草》

管幹珍《丁酉夏五月奉命使黔望後七日小雨啓行留別京師諸友》詩云:"驪駒復驪駒,踥蹀沙間柳。勞亭酒既清,肴核亦惟有。杯杓非爲歡,流連情孔厚。繼見雪花前,將離榴火後。余行指青山,繫心在黄口。舍意弗復申,揮手謝良友。"《松厓詩鈔》

《戊申秋試闈中述志疊韻答端厓》詩云:"幾回恩重捧新緗,典試京圻命又申。暮雨恰來攻苦地,秋風須惜耐寒人。囊留敗墨防無色,篋撿行衣尚漬塵。髯鬢頻年多似雪,眼明終合讓經神。"同上

《己酉季春六日奉會試考官恩命恭紀》詩云:"欣看釋耒便橫經,宴罷春官棘院扃。每愧承恩頭盡白,何曾相士眼能青。奎光鎖闥占星聚,秋雨疏簾憶夜聽。我亦孤寒真面目,年來衡鑑倍惺惺。"同上

吳壽昌《奉命赴熱河行宫謝恩》詩云:"晚暮叨渥恩,文枋屢膺使。鎖闈尚未撤,[壽昌時分校京兆試,于闈中聞恩命。]星軺許南指。顧維龍鍾軀,婆娑久金陛。泥首赴行殿,駕竭車爲駛。合圍屆旋蹕,聖顔覿如咫。祥訶古荒陬,雅化資振起。敢因

浙產人,一切惟俯視。[蒙諭以臣浙人閱黔省文,故云。]區區心所銘,往飲五溪水。"《虛白齋存藁》

吳錫麒《春榜放後作》詩云:"驚雷一夜魚燒尾,矯首龍門許共飛。豈有奇文高輩行,遥知喜氣動庭闈。嚴親憶遠方占夢,老母憐寒欲寄衣。今日天涯差慰藉,三千里外捷書歸。"《有正味齋集》

《五月八日乾清宫引見館選恭紀》詩云:"御苑先期回鳳輦,[時駕在北苑,以引見新進士先一日還宫。]彤墀咫尺覲龍顔。何圖白屋單寒士,得入丹毫點注間。仙露飛來沾小草,天風引到即三山。秖慙未竟詩書業,便許叨陪侍從班。"同上

馮培《乙卯京兆試分校入闈》詩云:"乍踐論文席,仍參薦士班。駁征虛遠道,鎖院凛嚴關。奎壁層霄上,風雲列坐間。眼中吾已老,惆悵鬢先斑。聽鼓三條燭,含毫一寸心。當年曾此地,辛苦棘垣深。痛定宜思痛,音希有賞音。勿云操鑒易,咫尺鬼神臨。始進渾無事,鼇衙三面齊。爭先資健僕,即次得安棲。庖湢連牀近,衣袂傍户低。暫教離禁直,不問夜冠啼。供具食單來,龍門際曉開。盤餐兼蔌肉,鼎味及鹽梅。留飼雞雛小,聞香餺飥催。君恩叨飫賜,果腹到輿儓。卷多如束筍,早晚耐頻看。輒念終場苦,翻愁點筆難。瓜田毋過細,藥籠未妨寬。惟有冰心在,中天月照寒。但取光芒見,何能瑕纇無。艱難求趙璧,愛護握隋珠。伸詘原天定,妍媸敢自誣。殷殷承下問,老馬愧知塗。昭代文章伯,歐梅接武同。

别裁除轧茁,商榷秉虚公。骏骨能高价,鸿毛喜遇风。举头日五色,无复笑冬烘。祢才登孔表,郊贱达韩诗。谓荐上诗。昔重非常士,今真鸣盛时。惟愁启事拙,勿怨蹇修迟。落纸如飞后,呦鸣尚梦思。"《鹤半巢诗存》

《丙辰分校会闱》诗云:"丹毫捧出御题新,又逐鹓行叩紫宸。握椠故应吾辈事,寻巢还属去年人。光分列宿占奎壁,庆集初元纪丙辰。海内英雄争辐辏,程材敢自许皋歅。"同上

汪如洋《闱中校文将毕赋示同事诸君》诗云:"桂轮一瞬过优昙,依旧晨昏此盍簪。泰岱材抡松柏茂,重阳节盼雨风酣。频烦使馆牲牵给,累拟僧堂梵课耽。迅觉埽阶多落叶,枯怜下笔有春蚕。夏侯经术申公埒,[夏青岩明府。]魏相勋猷丙吉参。[魏又泉明府。]颖士清才奴仆爱,[萧二馀明府。]逋仙雅伴鹤梅堪。[林敬庐明府。]中兴朝望名兼宋,[姚肆三明府。]梦赍家声学继甘。[傅怡亭明府。]辋水图教兰渚配,[王劢堂、燕南两明府。]司勋句岂拾遗惭。[杜疏莨、青厓两明府。]由来饲雀归阴德,[杨又山明府。]最好闻鸡领快谈。[刘蕴亭明府。]数合辰躔缘岂偶,情驰海网力俱探。和如崦管吹嘘应,秀比巫峰指顾谙。到眼谁迷日色五,烧心已尽烛条三。点头暗想神光合,种玉深期宝气含。失笑朱宁看似碧,他时青敢过于蓝。[以上四句戏谓朱蕙圃、蓝润田两司马。]沈埋可叹牛腰束,蹇劣虚追骥足骖。匝月尘襟须盥涤,明湖秋老胜江南。"《葆冲书屋集》

铁保《己酉春闱典试》诗云:"莘莘多士庆弹冠,精鉴应惭

报称难。列坐论文七吏部,[松厓前辈现摄吏部侍郎,赵、宋、关、祥四君,俱吏部主政。而保与朗岩,旧任功曹,前后得七人。典试事,亦盛举也。]一堂执事两春官。[时伟人相公兼理礼部。]令增覆试三年始,岁闰重裘四月寒。更幸主恩叨破格,九重先为计盘餐。[入关前一日召见,知贡举,问考官俱给。]"《楳菴诗钞》

《典试江南留别都门诸子》诗云:"江南江北文章地,拜领新衔宠复惊。岂有虚名扶大雅,惭无精鉴慰群英。海中珠网搜难尽,眼底金篦刮未明。敢恃臣心如水白,暴鳃人有不平鸣。桑乾河外息征骖,渺渺星軺路未谙。去日生徒怀蓟北,归时桃李问江南。韩潮苏海文澜阔,楚尾吴头客梦酣。他日奚囊存好句,六朝名胜满诗龛。"同上

《癸丑礼闱典试》诗云:"大江南北昔论文,[余去岁江南典试。]棘院风清日又曛。铁网偶疏珠有泪,云程争赴骥无群。五经备合抡才法,[是科始五经并试。]三传全消聚讼纷。[特诏《春秋》用《左传》,亦自是科始。]猥典春闱今两度,[余己西曾典试事。]金篦刮目愿逾殷。同上

石韫玉《闻喜》诗云:"杏林槐市十年中,先后蒙恩庆榜同。欲报高深持底事,愿将多寿祝皇躬。牺尽箕畴贯古今,八徵念切圣人心。乾乾更法天行健,策士先咨大宝箴。王后卢前定价难,十人先觐五云端。君恩特敕魁天下,[韫玉试卷,读卷大臣初拟第四,仰荷圣恩特擢第一。]御笔亲题墨未干。龙飞占协大人祥,[胪传次日,诸进士礼部赴宴,堂西北悬飞龙画轴,设香案谢恩。]舞蹈班

聯宰相行。[錫山嵇拙修相公,以雍正庚戌登第,今歲恩賜重赴瓊林。]九十七人同與讌,宮花獨占一枝芳。曾遇仙人夜降乩,妄言妄聽等兒嬉。而今始識榮枯事,早定男兒墮地時。[己亥春,客澄江,有扶鸞者叩之,乩作三魁字。余鄉試第十三,會試第十四,殿試第一,皆如左券。]"《獨學廬集》

洪亮吉《八月十四日闈中奉視學黔中之命紀恩八首》詩云:"手披口誦日巡環,清福誰言不等閒。卻愧主恩原過厚,校文纔了許看山。未妨旬日緩征程,官閣西偏瑣院清。[時居會經堂。]八百孤寒倘回首,使星猶傍玉階明。學荒寧好作人師,心賞偏教下筆遲。日向一堂橫處坐,沉思不異課經時。二十三人說聚星,[三主試,十八同考,及內收掌二人,共二十三人。]橫排几案敞扉櫺。諸公僻事勞相訪,我尚應懸劉石經。一紙除書下九重,凌晨傳徧棘闈中。神仙亦有升沉感,閒向瑤階說杜冲。[時分校十八人,惟余及江西李編修傅熊,奉視學之恩命。]箱擎甲乙卷縱橫,宵漏沉沉入五更。忽得一篇勤擊節,卻逢紅燭語分明。[俗言,燭花語爲吉祥。]七尺筠籃手乍拋,[舉子入場,携竹籃貯什物。]竟攜文筆試同曹。官資深淺由君較,[坐中有言科分深淺者,是以及之。]只我前年尚白袍。姓名題向榜頭遲,短李才偏噪一時。[填榜畢,本房頗有知名之士。]纔欲解顏先下淚,孤兒十載已無師。[予少孤,從太安人授經,今太安人下世已十七年矣。]"《卷施閣詩集》

魏成憲《八月八日夜聚奎堂監刻試題用壁間王衷白先生韻》詩云:"奎斗躔中夜景深,露華涼透月華臨。自來咫尺雲

霄路，也似尋常翰墨林。簾外雙扉嚴啓閉，人間一紙判升沉。青袍鵠立知多少，如水初心映錦心。《秋簾小草》

康熙間，汪東山繹修撰嘗預分校闈中，有三絕句曰："三更獨自捲簾坐，皓月青天見此心。"曰："敢恃平生麓意氣，誤他燈火又三年。"曰："不知爨尾留多少，待遇中郎已半焦。"一時人多傳誦之。《亦有生齋筆談》

李柒《丁酉奉使楚南出廣寧門》詩云："星軺初試出皇都，遥指南天戒首塗。斾影雲開閶闔地，恩波秋滿洞庭湖。敢矜胸次操冰鑑，祗秉風期比玉壺。此日遄征持節去，江山文物賞心俱。"《惜分陰齋詩鈔》

《庚子夏奉命典試蜀中出廣寧門即用丁酉使楚原韻》詩云："復賦皇華出帝都，軺車遄發睇長塗。才推西蜀源流峽，人憶南湘月滿湖。〔予於丁酉奉使典試楚南。〕敢説珊瑚歸鐵網，祗將清潔付冰壺。十年回首石城下，〔予於辛卯領鄉薦，今已十年。〕故我依然心跡俱。"同上

《甲寅初秋奉簡典試中州出彰義門》詩云："爲賦皇華出帝京，疊膺文柄荷恩榮。宣勞不憚泥塗險，〔時雨水過多，道路積水難行。〕矢志肯渝冰玉衡。春雨河隄踪跡舊，秋風梁苑夢魂清。即今重去思休沐，鎖院霜嚴月旦評。"同上

《乙卯仲夏奉命典學四川出廣寧門用庚子典試蜀中原韻》詩云："軺車遄發指成都，囷節城臨戒首塗。風雨遙天開棧閣，星霜節使歷江湖。當時八月思冰鑑，此地三年凛玉壺。

祗愧菲材無報稱,雙清心跡月明俱。"同上

吴樹萱《奉命典試粤西紀恩兼寄家孟嶺南》詩云:"溯到湘源路鬱紆,平生誓願訪三吾。西南微有相思埭,左右江臨使者符。犵鳥獞花山入畫,裹鹽包飯户輸租。[時苗民綏靖,氣象益臻恬豫。]書生馳傳由來慣,蠟屐今能濟勝無。歸從劍棧已三年,詄蕩蓬萊尺五天。名在藤廳陪啓事,夢迴錦水傲游仙。四回雲朵裁麻捧,[萱自癸卯、丙午、壬子、歷今戊午,凡四奉典試之命。]萬里星郵擁節遄。敢忘初心最辛苦,青氊燈火舊因緣。風雨彭城悵別離,者番仍負對牀期。[藎濤兄於乙卯秋卓薦入都,引覲時,萱視學西川,尚未旋輿。憶自庚戌歲都亭餞送,後別經八載,今于役嶺西翹首羊城,更增悵惘。]試攀桂嶺瑶篸上,偏隔花田珠水湄。衣鉢總飯千佛選,壎箎同譜百蠻詩。起家文字殊多幸,先後叨榮感懼滋。同曹拔幟愧先登,文物中原鑑不勝。送别偏來投轄客,催行又作打包僧。嵯峨蒼玉環城立,寥穴丹霄傑閣憑。贏得新篇富裝篋,鬱林載石凛如冰。"《壽庭詩鈔》

《乾隆辛酉陳星齋先生充湖北正考官前此乙卯使者爲孫虚船先生同里人清風店壁間有孫題詩先生次韻》云:"皇華四出駕連錢,芳躅相尋入楚天。只有穆如詩最好,風流猶記兔兒年。"先生闈中閲卷,戲謂同事曰:"我輩用心自不敵,神力但不肯被一。"罩便述耳,故紀事。詩末二句有"罩眼點頭終被紿,只增神力幾分勞"之句。《梧桐詩集》

補遺目録[①]

《經緯堂文集》杜臻

《介和堂集》任辰旦

《華嶽堂集》許孫荃

《白雲山房詩集》翁嵩年

《遊秦詩集》徐雲瑞

《陸堂詩集》陸奎勳

《艮齋詩集》王峻

《露香書屋集》張映辰

《澄碧齋詩鈔》錢琦

《玉壺齋稿》吳嗣富

《靜廉齋詩集》金甡

《東麓詩鈔》錢汝誠

《雲巖詩鈔》吳鴻

《磯漁詩稿》盧文弨

[①] 陸續編次,不分門類,以便梓工,目易觀覽

《安雅堂詩鈔》謝墉

《澹俱齋詩鈔》沈世煒

《鴻爪錄》周大樞

《昭代舊聞》屠元淳

《忠雅堂雜著》蔣士銓

《凫亭詩話》陶元藻

《兩浙輶軒錄》阮元

《碧溪草堂雜記》朱文藻

徵引書目

《大清會典》

《大清一統志》

《皇朝通志》

《日下舊聞考》

《詞林典故》

《四庫全書總目》

《科場條例》

《學政全書》

《館選錄》

《八旗通志》

《盛京通志》

《畿輔通志》

《江南通志》

《江西通志》

《浙江通志》

《福建通志》

《湖廣通志》

《河南通志》

《山東通志》

《山西通志》

《陝西通志》

《四川通志》

《廣東通志》

《廣西通志》

《雲南通志》

《貴州通志》

《湖南通志》

《甘肅通志》

《內閣絲綸簿》

《吏科冊》

《翰林院玉堂譜》

《庶常館冊》

《國子監志》

《順天府冊》

《庸言》魏象樞

《資塵新聞》魏裔介

《邇語》熊賜履

《春明夢餘錄》孫承澤

《三岡識略》董含

《蓴鄉贅筆》董含

《池北偶談》王士禛

《居易錄》王士禛

《香祖筆記》王士禛

《分甘餘話》王士禛

《應庵隨錄》羅鶴

《萬青閣偶談》趙吉士

《寄園寄所寄》趙吉士

《梅牕小史》

《雞牕剩言》

《訒庵偶筆》

《觚賸鈕琇》

《蚓庵瑣語》李王逋

《筠廊偶筆》宋犖

《粵西偶記》陸祚蕃

《言鯖》呂種玉

《鈍吟雜錄》馮班

《曠園雜志》吳陳琰

《北墅奇書》陸次雲

《湖壖雜記》陸次雲

《述異記》吳震方

《試院冰淵錄》施閏章

《蠖齋詩話》施閏章

《矩齋雜記》施閏章

《說鈴》汪琬

《瀛洲道古錄》朱彝尊

《西河詩話》毛奇齡

《制科雜錄》毛奇齡

《渭仁筆記》方象瑛

《鶴徵錄》李延年

《果報見聞錄》楊式傳

《見聞錄》徐岳

《信徵錄》徐慶

《聞見卮言》顧珵美

《今世說》王晫

《康熙乙酉日記》查慎行

《查浦輯聞》查嗣瑮

《知新錄》王棠

《隙光亭雜》識揆敘

《臚傳紀事》繆彤

《簪雲樓雜記》陳尚古

《御試恭紀》狄億

《夢月巖隨鈔》呂履恒

《澄懷園語》張廷玉

《崑圃自訂年譜》黄叔琳

《芝庭自訂年譜》彭啓豐

《時庵自訂年譜》蔣元益

《在園雜誌》劉廷璣

《稗勺》鮑鉁

《亞谷叢書》鮑鉁

《柳南隨筆》正應奎

《雙柳堂日記》余棟

《施氏家風述略》施彥恪

《杳樹齋詩集自註》錢陳群

《行廨剳記》錢陳群

《三台洞仙記》

《二樓紀略》佟賦偉

《感舊集詩話》盧見曾

《山左詩鈔案語》盧見曾

《詞科掌錄》杭世駿

《詞科餘話》杭世駿

《榕城詩話》杭世駿

《越風》商盤

《詩鈔小傳》鄭方坤

《國朝別裁詩集小傳》沈德潛

《隨園詩話》袁枚

《新齊諧》袁枚

《南池筆記》陳大猷

《紀恩錄》梁錫璵

《籜石齋詩集註》錢載

《復初齋雜錄》翁方綱

《秋燈叢話》王椷

《禮堂詩評》王鳴盛

《灤陽消夏錄》紀昀

《槐西雜誌》紀昀

《如是我聞》紀昀

《姑妄聽之》紀昀

《灤陽續錄》紀昀

《陔餘叢考》趙翼

《炙硯瑣談》湯大奎

《茶餘客話》阮葵生

《藤陰雜記》戴璐

《石鼓齋雜錄》戴璐

《吏垣牘略》戴璐

《吳興詩話》戴璐

《桑梓述聞》孫辰東

《瀟湘聽雨錄》江昱

《蓮坡詩話》查爲仁

《水曹清暇錄》汪啓淑

《淮海錄》吳文溥

《史館綴聞》梁上國

《讀書翼註》張甄陶

《雨村詩話》李調元

《新搜神記》李調元

《條例約編》玉德

《南園筆記》錢澧

《二雲山房贅筆》邵晉涵

《温故編》鮑之鍾

《翰詹源流編年》吳鼎雯

《詞垣考鏡》吳鼎雯

《竹葉庵雜記》張塤

《信心錄》劉喬松

《夜譚隨錄》和邦額

《史館雜記》郭在逵

《柳崖外編》徐昆

《虛谷閒談》李如筠

《樂圃閒述》顔崇槼

《種李園詩話》顔崇槼

《樂圃故人尺牘小傳》顏崇榘

《曉讀書齋雜録》洪亮吉

《邸鈔存略》沈祖詒

《師友淵源録》嚴長明

《宸垣識略》吳長元

《感應篇》

《南窗雜志》李桼

《秋史筆徵》江德量

《諧鐸》沈起鳳

《海濱人物鈔存》殷希仁

《聞見瓣香録》秦于鎬

《宜泉筆記》翁樹培

《亦有生齋筆談》趙懷玉

《劍潭偶筆》汪端光

《淵雅堂雜著》王芑孫

《春水居筆記》戴堯坦

《識小編》孟仁言

《紫垣隨筆》曹宮

《淮海遺聞》沈琛

《續子不語》

《質直談耳》錢肇鼇

《松門日鈔》戴光曾

《廣新聞》
《耳食錄》樂宮譜
《秋坪新語》張昌運
《梧巢緒聞》徐起鳳
《使湘紀驛》伊秉綬
《青箱堂詩文集》王崇簡
《棲雲閣集》高珩
《託素齋文集》黎士宏
《靜惕堂詩集》曹溶
《讀史亭集》彭而述
《兼濟堂全集》魏裔介
《佳山堂全集》馮溥
《穀詒堂全集》熊伯龍
《寶綸堂稿》許纘曾
《湯子遺書》湯斌
《昊廬文集》王澤宏
《蒼峴山人詩文集》秦松齡
《容齋詩集》李天馥
《經義齋集》熊賜履
《午亭文編》陳廷敬
《讀書齋偶存稿》葉方藹
《文貞集》張玉書

《蠶尾集》王士禎

《漁洋文略》王士禎

《霜紅龕集》傅山

《南雷文選》黃宗羲

《亭林文刪存》顧炎武

《尺五堂詩刪》嚴我斯

《浦雲堂詩集》熊一瀟

《靜觀堂詩集》勞之辨

《篤素堂文集》張英

《存誠堂詩集》張英

《孫司空詩鈔》孫在豐

《憺園集》徐乾學

《榕村集》李光地

《有懷堂文集》韓菼

《有懷堂詩集》韓菼

《橫雲山人集》王鴻緒

《修吉堂文稿》徐倬

《道貴堂類稿》徐倬

《南畇詩稿》彭定求

《寶嗇堂詩稿》張榕端

《傅恭堂詩集》張廷瓚

《飴山文集》趙執信

《野香亭集》李孚青

《雙溪草堂詩集》汪晉徵

《松桂堂全集》彭孫遹

《世恩堂詩集》王頊齡

《浣初集》周清原

《湖海樓詩集》陳維崧

《曝書亭全集》朱彝尊

《平山草堂全集》汪琬

《鈍翁續稿》汪琬

《蓮龕集》李來泰

《遂初堂全集》潘耒

《學餘堂詩文集》施閏章

《南州草堂集》徐釚

《鶴棲堂集》尤侗

《健松齋集》方象瑛

《西河全集》毛奇齡

《叢碧山房全集》龐塏

《秋水集》嚴繩孫

《西陂類稿》宋犖

《古歡堂詩集》田雯

《懷秋集》

《江村全集》高士奇

《百尺梧桐閣集》汪懋麟

《青門簏稿》邵長蘅

《東江文鈔》唐孫華

《方麓詩鈔》蔡升元

《愛日堂集》陳元龍

《雙雲堂文稿》范光陽

《鶴侶齋集》孫勷

《原蘅詩鈔》沈廷文

《懷清堂集》湯右曾

《恭毅公剩稿》趙申喬

《紅豆山莊集》惠周惕

《雄雉齋集》顧圖河

《味和堂集》高其倬

《太僕集》嚴虞惇

《湛園未定稿》姜宸英

《菀青集》陳至言

《查浦詩鈔》查嗣瑮

《雙清閣詩集》勵廷儀

《澄懷園文存》張廷玉

《澄懷園詩存》張廷玉

《樓村詩集》王式丹

《沅亭詩鈔》汪灝

《敬業堂詩集》查慎行
《西谷詩集》蔣廷錫
《毅庵詩鈔》賈國維
《師善堂詩集》嵇曾筠
《高陽山人集》劉青藜
《裘萼公剩稿》趙熊詔
《餘園詩選》繆沅
《德蔭堂詩集》阿克敦
《穆堂初稿》李紱
《穆堂別稿》李紱
《圭美堂集》徐用錫
《石川詩鈔》方覲
《匠門集》張大受
《橘巢小稿》王世琛
《閭邱詩集》顧嗣立
《今有堂詩集》程夢星
《葆璞堂集》胡煦
《容安齋詩集》汪應銓
《詠花軒詩鈔》張廷璐
《近道齋詩集》陳萬策
《筠谷詩鈔》鄭江
《香樹齋文集》錢陳群

《西林全集》鄂爾泰

《南溪偶刊》鄭性

《震滄集》顧棟高

《白漊文集》沈受宏

《泉山堂剩稿》耿賢舉

《修月堂集》王爾梅

《紀城文稿》安致遠

《尹文端公集》尹繼善

《劉文正公詩鈔》劉統勳

《浣浦詩鈔》范咸

《松泉文集》汪由敦

《松泉詩集》汪由敦

《生香書屋全集》陳浩

《知稼軒詩》王泰甡

《芝庭詩稿》彭啓豐

《恒軒詩鈔》蔣溥

《春及堂詩集》倪國璉

《夕陽書屋初稿》程盛修

《裴園詩鈔》阮學浩

《秋水齋集》張映斗

《柳漁詩鈔》張湄

《澄園詩鈔》阮學濬

《莊恪公集》甘汝來

《望溪集》方苞

《月槎集》張漢

《雅雨堂集》盧見曾

《謙受堂集》邵大業

《薜帷文鈔》吳龍見

《四知堂文集》楊錫紱

《集虛齋文集》方楘如

《檜門集》金德瑛

《鮚埼亭文存》全祖望

《繩庵外集》劉綸

《道古堂全集》杭世駿

《隱拙齋集》沈廷芳

《賓綸堂文鈔》齊召南

《寶綸堂遺文》齊召南

《海山存稿》周煌

《鳳池詩集》郭肇璜

《樂賢堂詩鈔》德保

《小倉山房全集》袁枚

《叔度詩鈔》裘曰修

《歸愚文鈔》沈德潛

《歸愚詩鈔》沈德潛

《茶山集》錢維城

《石君文》鈔朱珪

《玉芝堂詩集》邵齊燾

《枝巢詩草圖》轄布

《梅崖文集》朱仕琇

《綠筠書屋詩鈔》葉觀國

《籜石齋詩集》錢載

《復初齋詩鈔》翁方綱

《白鶴堂集》彭端淑

《石笥山房詩集》胡天游

《海峰文集》劉大櫆

《一樓集》黃達

《述庵文鈔》王昶

《響泉集》顧光旭

《笥河文鈔》朱筠

《來鶴堂詩鈔》于宗瑛

《忠雅堂文集》蔣士銓

《二研齋遺稿》諸重光

《夢樓詩集》王文治

《嘉樹堂詩集》胡高望

《甌北集》趙翼

《待園詩集》蔣雍植

《蘭韻堂詩鈔》沈初

《傳經堂詩鈔》韋謙恒

《白華前稿》吳省欽

《雨春軒詩草》姚頤

《松崖詩鈔》管幹珍

《虛白齋詩稿》吳壽昌

《有正味齊集》吳錫麒

《東原文集》戴震

《鶴半巢詩存》馮培

《葆真書屋詩集》汪如洋

《梅庵詩鈔》鐵保

《獨學廬詩集》石韞玉

《卷施閣詩集》洪亮吉

《紅欄書屋文集》孔繼涵

《惜分陰齋詩鈔》李桀

《壽庭詩鈔》吳樹萱

《秋簾小草》魏成憲

《方雪齋詩鈔》何道生

《賞心集》張錚

《檇李詩繫》沈季友

《詩觀初集》鄧漢儀

《詩觀二集》鄧漢儀

《詩觀三集》鄧漢儀

《百名家詩選》魏憲

《董氏詩萃》董熜

《宛雅三編》張汝霖

《練音初集》王輔銘

《楚詩紀》廖元度

《國朝詩正》朱觀

《七十二峰足徵集》吳定璋

《東皋詩存》汪之珩

《金華詩錄》朱琰

《山陽耆舊詩》吳玉搢

《二南遺音》劉紹攽

《湖北詩錄》高士熙

《梁溪詩鈔》顧光旭

《淮海英靈集》阮元

附載

《梧門詩話》

《礿西雜記》